60 Bohme (Jacob). Des trois principes de l'Es-
sence.Divine ou de l'Eternel Engendrement sans
origine. De l'homme ; d'où il a été créé et pour
quelle fin. Comment tout prend son commencement dans le tems ; comment tout poursuit
son cours, et ce que tout redeviendra à la fin ;
trad. par le Philosophe Inconnu (de Saint-Mar-
tin). *Paris*, 1802, 2 vol. in-8, d.-v. f., tr. m. 30 fr.
    D'une grande rareté. Bel ex.

DES

TROIS PRINCIPES

DE L'ESSENCE DIVINE.

SE VEND A PARIS;

Chez

{
Laran, Imprimeur-Libraire, place du Panthéon, aux ci-devant Ecoles de Droit.

Debrai, palais du Tribunat, galeries de Bois.
}

A LYON,

Chez les Frères Périsse, Imprimeurs-Libraires, rue Mercière, n°. 15.

On trouve chez les mêmes Libraires, *l'Aurore naissante*, du même Auteur.

DES TROIS PRINCIPES

DE L'ESSENCE DIVINE;

OU

DE L'ÉTERNEL *ENGENDREMENT*

SANS ORIGINE.

De l'homme; d'où il a été créé et pour quelle fin.

Comment tout prend son commencement dans le tems; comment tout poursuit son cours, et ce que tout redeviendra à la fin :

Par JACOB BÉHME, du vieux Seidenbourg, nommé le philosophe Teutonique,

Traduit de l'Allemand, sur l'édit. d'Amsterdam, de 1682;

PAR LE PHILOSOPHE INCONNU.

TOME PREMIER.

A PARIS,

DE L'IMPRIMERIE DE LARAN.

AN 10. — 1802.

AVERTISSEMENT

DU TRADUCTEUR.

C E T *Ouvrage qui est le second de Jacob Béhme, a été écrit en 1619, sept ans après l'Aurore naissante, dont j'ai publié, l'année dernière, la traduction française. Il paroît avoir sur son aînée quelques avantages : celui d'être moins informe, et celui d'ajouter aux richesses dont elle est pourvue, plusieurs trésors absolument neufs. On peut même le regarder comme un tableau complet de toute la doctrine de l'auteur, quoique tous ses autres ouvrages offrent des développemens intéressans de quelques uns des germes qui ne sont que semés dans celui-ci.*

Il ne faut pas croire, cependant, que soit quant au fonds, soit quant à la forme, il ne laisse rien à désirer.

On y verra reparoître les inconvéniens que l'on rencontre dans tous les écrits de Jacob Béhme ; savoir : des obscurités attachées à la profondeur des objets dont il a eu à parler, et cela sur-tout dans les premiers

chapitres de cet ouvrage , parce que c'est là
où il a eu à exposer les bases fondamentales
et très abstraites de sa doctrine.

On y verra de fréquentes répétitions , des
expressions peu distinguées , et la même né-
gligence de style , ce dont on sera peu étonné
quand on se souviendra, comme je l'ai annoncé dans l'Aurore , que cet écrivain étoit
sans lettres, qu'il étoit né pâtre, et qu'il étoit
mort cordonnier.

On y trouvera aussi , et même plus abon-
damment encore , de nombreuses et violentes
déclamations contre les ministres de la communion religieuse , de laquelle la Saxe et une
grande partie de l'Allemagne s'étoient séparées lorsque l'auteur a reçu le jour.

J'ai supprimé ici , comme dans l'Aurore,
quelques uns de ces passages. Par goût j'aurois
préféré de les supprimer tous, parce que, sans
prétendre justifier tous les ministres de cette
communion et les disculper de ce qui leur a
été tant reproché, je crois cependant devoir
révérer la chaire sur laquelle ils sont assis ;
parce que les traits qui se lancent contre eux,
n'entraînent que trop souvent l'homme léger
à envelopper le sacerdoce et les prêtres dans
le même jugement , tandis qu'il seroit si im-

portant d'en faire le départ ; et parce que c'est spécialement à leur respectable ministère, qu'auroit dû appartenir la manifestation de toutes les merveilles et de toutes les lumières dont le cœur et l'esprit de l'homme auroient un si pressant besoin.

Mais je n'ai pu me dispenser de laisser subsister une grande partie de ces passages : soit parce qu'il s'y trouve des vérités utiles, qui, malgré leur virulence, ne peuvent déplaire qu'à ceux qui ne seroient pas de sincères et fidèles serviteurs de Dieu ; soit parce que Jacob Béhme, ayant parcouru en théosophie une carrière que personne, avant lui, n'avoit pas même aperçue, il m'a paru que je devois le présenter à mes lecteurs tel qu'il s'est montré lui-même, c'est-à-dire, non-seulement avec les connoissances extraordinaires qui lui sont propres ; mais encore avec les opinions et les préjugés qu'il a pu emprunter, comme naturellement, du siècle et de la contrée où il a vécu.

Dans l'avertissement que j'ai mis à la tête de l'Aurore naissante, j'ai donné un précis très court de la vie de l'auteur, et particulièrement de la manière dont il a fait son entrée dans la carrière théosophique.

J'y ai joint quelques réflexions sur les désavantages avec lesquels cet auteur devoit
se montrer aujourd'hui, en comparaison de
l'époque où il a écrit, puisqu'alors les idées
morales, métaphysiques et religieuses, n'a-
voient point à redouter, comme dans les
époques postérieures, l'épée de la philosophie
et qu'il ne leur eût fallu que son flambeau.

J'y ai exposé les motifs qui, malgré ces
désavantages évidens, me soutenoient dans
mon entreprise très laborieuse, et plus pénible pour moi que pour un autre, vu qu'à
mon neuvième lustre accompli, je ne savois
pas encore un seul mot d'allemand.

J'y ai rendu compte aussi de la marche
que j'avois suivie dans ma traduction.

J'y ai prévenu le lecteur de quelques mots
barbares qu'il m'a fallu inventer, ainsi que
de quelques notes interprétatives que j'ai cru
nécessaires de joindre au texte, et que j'ai
toujours mises en italique et entre deux crochets [ ]; j'y ai annoncé aussi que, tout ce
qui se trouvera entre deux parenthèses ( ),
sera la propriété de l'auteur.

Je renvoie à cet avertissement en question
pour ce que j'aurois à dire sur la traduction
des trois Principes, parce que le plan et le

mode en sont les mêmes que pour celle de *l'Aurore naissante*.

Voici cependant ce que j'ai à ajouter touchant la traduction que je présente aujourd'hui au lecteur, et dans laquelle, comme dans la précédente, je n'ai visé qu'à l'exactitude, et nullement à l'élégance.

J'ai supprimé assez fréquemment les deux crochets pour les mots qui ne sont pas français et qu'il ma fallu inventer, parce que j'ai cru suffisant d'employer quelquefois ces signes indicatifs de leur bâtardise. Mais je n'ai supprimé nulle part les deux crochets pour les notes interprétatives, afin qu'elles ne fussent jamais confondues avec le texte de mon auteur.

Vu l'extrême longueur du titre de cet ouvrage dans l'original allemand, j'ai cru pouvoir l'abréger dans ma traduction, d'autant que tous les objets que ce titre offre dans le texte, sont bien plus amplement exposés encore dans la préface de l'auteur.

Jacob Bêhme donne à chaque instant, dans cet ouvrage et dans ceux qui suivent, le nom de vierge à l'éternelle sagesse divine, et quelquefois aussi il la désigne sous le nom de SOPHIE. J'ai pris sur moi d'employer, presque par-tout, ce nom de SOPHIE pour indiquer cette vierge éternelle, que sans cela on auroit pu confondre, mal à propos, avec la créature terrestre, honorée comme vierge sainte, sous le nom de Marie, par les chrétiens.

Enfin, parmi les mots allemands qui n'ont point d'analogue en français, il en est un, le mot gemüthe, que j'ai traduit de tems en tems par ame, ce qui est le sens le plus usité dans les matières théosophiques ; mais l'auteur, lui-même dans quelques endroits, prouve par le fait, qu'il distingue l'ame d'avec le mot gemüthe ; et comme ce mot allemand m'a paru peindre cette intime faculté, par laquelle notre être spirituel et divin est capable de sentir sa dignité, de connoître ses rapports et d'exercer ses priviléges ; comme il m'a paru peindre, dis-je, cet état que j'appelerois, si j'osois m'exprimer ainsi, la puberté de l'ame, je n'ai rien trouvé de mieux pour le représenter, que l'expression de base affective, et c'est par cette dénomination que je l'ai très souvent caractérisé.

PRÉFACE

DE L'AUTEUR

AU LECTEUR PIEUX ET CHRÉTIEN.

1. DEPUIS sa naissance, et pendant toute la durée de sa vie dans ce monde, l'homme ne peut rien entreprendre de plus important et de plus utile pour lui, que de chercher à se bien connoître lui-même : 1°. Ce qu'il est ? 2°. D'où et par qui ? 5°. Pourquoi il a été formé ? et 4°. Quel est son emploi ? Dans cette sérieuse recherche il trouvera : 1°. Comment toutes les choses qui existent sont provenues de Dieu ; il trouvera : 2°. Comment parmi tout ce qui existe, il est la plus noble des créatures ; de-là il trouvera aisément : 5°. Quels sont les plans de Dieu à son égard, puisqu'il l'a établi souverain sur toutes les créatures de ce monde, et que, de préférence à elles, il l'a doué de la pensée, de la raison et de l'intelligence, et sur-tout de la parole, afin qu'il puisse discerner tout ce qui se fait entendre, tout ce qui se meut, tout ce qui croît ; juger

des propriétés, du cours et de la source de
toutes choses; et les tenir toutes sous sa puissance, en sorte qu'il soit le maître de les lier
toutes par sa pensée et sa raison ; de les employer et de les diriger à sa volonté, et comme
il lui plaît.

2. Mais Dieu lui a donné encore une bien
plus haute et plus grande connoissance, par
laquelle il peut voir dans le cœur de toutes
choses, quelle sont les essences, les puissances et propriétés qui leur appartiennent :
soit parmi les créatures, dans la terre, les
pierres, les arbres, les plantes, dans tout ce
qui a du mouvement, ou ce qui n'en a point,
soit même aussi dans les astres et les élémens,
en sorte qu'il connoisse leur essence et leur
puissance, et comment c'est dans cette puissance que gît toute sensibilité naturelle, la
croissance, la multiplication et toute essence
vivante.

3. Outre tous ces avantages, Dieu lui a
donné la compréhension, et la plus haute pé-
nétration pour pouvoir reconnoître Dieu pour
son créateur ; d'où, comment, et ce qu'est
l'homme ; où il est, de quelle source il est provenu et a été créé, et comment il est l'image,
l'essence, le domaine et le fils du Dieu éternel.

incréé et impérissable ; comment il a été créé de l'essence de Dieu, qui a *mis* en lui son essence et sa propriété ; qui, par son esprit, vit en lui et le régit; qui par lui, *homme*, gouverne sa création ; qui aussi, le chérit ardemment, comme son propre cœur et son essence en faveur de qui il a créé ce monde avec toutes les créatures, lesquelles pour la plupart ne pourroient vivre selon leur *qualification*, sans la raison et le gouvernement de l'homme.

4. C'est dans cette haute contemplation que consiste la vraie sagesse divine, et elle n'a ni nombre ni limite ; c'est là qu'on découvre le véritable amour de Dieu pour l'homme, en sorte que l'homme reconnoît ce qu'est Dieu son créateur, ce qu'il exige de lui, et ce qu'il a remis à son pouvoir, et c'est là ce que l'homme peut sonder et rechercher de plus profitable dans ce monde. Car il apprend là à connoître ce qu'il est lui-même, de quelle substance et de quelle essence il est ; ce qui meut ses pensées et son intelligence, et comment il est provenu de l'essence de Dieu. De même qu'une mère engendre un fils de sa propre essence, prend soin de lui, et lui abandonne ses biens et ses propriétés, et l'en rend possesseur ; de même Dieu en agit ainsi avec l'homme qui est aussi son fils. Il l'a créé,

il le soigne, et l'a rendu héritier de tous
ses biens. Dans cette contemplation, germe
la divine connoissance, et l'amour de l'homme
pour Dieu, comme *celui* des enfans envers
leurs parens, en sorte que l'homme chérit
Dieu son père, puisqu'il reconnoît qu'il est son
auteur, dans lequel il vit, se meut et existe, qui
le soigne et qui le nourrit. Car c'est ainsi que
parle le Christ notre frère qui nous a été engendré du père pour notre salut, et a été envoyé dans ce monde : la vie éternelle consiste à
vous connoître, vous qui êtes le seul vrai
Dieu, et Jésus-Christ que vous avez envoyé.
(Jean. 17 : 5.)

5. S'il est donc vrai que nous reconnois-
sions nous-mêmes, que nous avons été créés
de l'être de Dieu, comme image, essence et
propriété de Dieu, il est bien juste que nous
vivions dans son obéissance, et que nous
le suivions, puisqu'il nous conduit comme
un père conduit ses enfans. Aussi avons-nous
la promesse que si nous le suivons, nous aurons
la lumière de l'éternelle vie. (Jean 8.) Sans
cette considération, nous sommes tous des
aveugles, et nous n'avons aucune vraie connoissance de Dieu : mais nous cheminons
comme des animaux muets, et nous nous re-

gardons, nous – mêmes, aussi bien que la
création de Dieu avec un ébahissement stu-
pide ; nous nous opposons à Dieu et à sa volonté, et nous vivons ainsi dans la rébellion,
au préjudice du corps et de l'ame, et des nobles
créatures de Dieu. Nous tombons dans ces
cruelles et effroyables ténèbres, parce que
nous ne voulons point apprendre à nous connoître nous-mêmes ; ce que nous sommes ; de
quelle essence ; ce que nous deviendrons ; si
nous sommes éternels, ou périssables avec
notre corps ; en outre, si nous devons rendre
compte de nos œuvres et de notre être, puisque
nous avons été établis maîtres de toute la
création et des créatures ; que nous les avons
toutes en notre puissance, et que nous les
gouvernons.

6. Or, puisque nous voyons, savons, et
trouvons incontestablement que Dieu demandera compte de toutes nos œuvres, comment
nous nous serons conduits envers ses productions, et que si nous nous éloignons de lui et de
ses commandemens, il nous en punit terriblement, comme nous en avons d'effroyables
exemples dès ce monde, dans les Juifs, les
Payens et les Chrétiens, particulièrement celui
du déluge, de Sodome, de Gomorrhe, ainsi

que celui de Pharaon et du peuple d'Israel dans
le désert et depuis lors continuellement jusqu'à ce jour ; il est donc de la plus haute im-
portance que nous étudions la sagesse ; que
nous apprenions à nous connoître nous-mêmes ;
quels vices énormes nous portons en nous ;
quels loups effroyables sont parmi nous pour
s'opposer à Dieu et à sa volonté.

7. Car personne ne peut se disculper sur
son ignorance , puisque la volonté de Dieu est
écrite dans notre *base affective* , afin que nous
connoissions bien ce que nous devons faire.
Toutes les créatures servent aussi à nous en
convaincre. En outre , nous avons la loi et les
ordonnances de Dieu , en sorte que nous n'a-
vons aucune excuse, si ce n'est notre soporeuse
et nonchalante paresse ; aussi serons - nous
jugés comme étant des serviteurs négligens et
inutiles à la vigne du seigneur.

8. Enfin , il nous est essentiellement nécessaire d'apprendre à nous connoître , puisque
le démon demeure près de nous dans ce monde;
qu'il est l'ennemi de Dieu et le nôtre ; qu'il
nous égare et nous trompe journellement pour
nous séparer de Dieu notre père, comme il y
est parvenu avec notre premier père , voulant
par-là étendre son règne , et nous priver de

notre salut éternel, comme cela est écrit,
(1. Pierre 5 : v. 8) : Notre adversaire le démon
tourne autour de nous, comme un lion rugis-
sant, cherchant qui il pourra dévorer.

9. Puisque nous sommes dans un si effroyable danger en ce monde ; que nous sommes
environnés d'ennemis de tous les côtés, et que
nous ne pouvons marcher en sûreté dans notre
pélerinage, d'autant que nous portons en nous
le plus cruel ennemi ; que nous le voilons et
que nous ne voulons pas apprendre à le connoître, quoiqu'il soit cependant l'hôte le plus
pernicieux, et qu'il nous jéte dans la colère de
Dieu, étant vraiment lui-même la colère de
Dieu qui nous plonge dans l'éternel feu colérique, et dans l'éternelle angoisse inextinguible ;
il est donc nécessaire que nous apprenions à
bien connoître cet ennemi ; ce qu'il est ; qui
il est, et pourquoi ils est ; comment il vient en
nous ; quel est en nous son droit et sa propriété,
ainsi que son entrée et son autorité en nous ;
comment il s'associe avec notre propre ennemi
qui demeure en nous ; comment ils se favorisent
et s'appuient l'un et l'autre ; comment ils sont
tous deux ennemis de Dieu et nous épient
continuellement pour nous perdre et pour
nous détruire.

10. De plus, il est hautement essentiel de nous envisager, et d'apprendre à nous connoître, par la grande raison que nous savons et que nous voyons que nous devons mourir et périr à cause de notre propre ennemi, qui est à la fois le nôtre et celui de Dieu, et qui demeure en nous, et est vraiment la moitié de l'homme. Et s'il devient assez puissant en nous pour y obtenir la supériorité et le premier rang, il nous livre à tous les démons, dans l'abîme, pour demeurer avec eux perpétuellement dans les ténèbres éternelles, et dans des angoisses et des tourmens qui ne s'appaiseront jamais. En effet, il nous jète dans la maison de solitude, dans l'éternel oubli de tout bien, dans l'opposition à Dieu, de façon que nous combattons éternellement Dieu et toutes les créatures.

11. Nous avons encore une raison plus importante de chercher à nous connoître ; comment nous sommes dans le bien et le mal ; d'autant que nous avons la promesse de l'éternelle vie, que si nous soumettons notre ennemi personnel et le démon, nous devons être enfans de Dieu, et vivre éternellement dans Dieu, dans son royaume, près de lui et dans lui, près des saints anges, dans une joie perpé-

tuelle, dans la lumière, dans la gloire, dans la [*bénéficence*], dans les bonnes grâces, dans la douceur, sans aucune communication, et sans aucune connoissance du mal. En outre nous avons la promesse, que si nous avons soumis notre propre ennemi, et que nous l'ayons enfoui en terre, nous devons au dernier jugement nous remontrer dans un nouveau corps, dans lequel il n'y aura aucune angoisse ; et vivre éternellement avec Dieu dans un amour parfait, dans la joie, les délices et la sainteté.

12. Nous savons aussi, et nous connoissons que nous avons en nous l'ame raisonnable et immortelle, qui est dans l'amour de Dieu, et que si elle ne succombe pas sous son adversaire, mais que comme un conquérant céleste, elle le renverse sous ses pieds, Dieu et son esprit saint la protégeront, et lui donneront l'intelligence et la puissance pour vaincre tous ses ennemis, qu'ils combattront pour elle, et que lors de sa victoire sur le mal, elle sera glorifiée comme un digne conquérant, et recevra la plus belle couronne céleste. (2 tim. 4 : 7, 8. apoc. 2 : 10).

15. Or, puisque l'homme sait qu'il est aussi un être mixte, partagé entre le bien et le mal, et que l'un et l'autre est sa possession ; qu'il

est, *cependant*, un seul homme qui est bon et mauvais ; et qu'il doit recevoir la récompense de l'un et de l'autre ; que de quelque côté qu'il incline dans cette vie, son ame s'y porte quand il meurt, et qu'au dernier jugement il ressuscitera en *force et* puissance dans le travail qu'il a fait ici, et y vivra éternellement, et y sera glorifié, et trouvera là sa source et son perpétuel aliment ; il lui est donc essentiellement utile de chercher à se connoître ; pourquoi il est créé ; d'où lui vient l'impulsion du bien et du mal, et ce qu'est, toutefois, le bien et le mal en soi-même ; d'où ils sont mus. Il doit chercher particulièrement, quelle est la source de tout ce qui est bien et de tout ce qui est mal ; d'où et par où le mal est venu dans le démon, dans l'homme et dans toutes les créatures, puisque le démon a été un saint ange, et que l'homme aussi a été créé bon, et que le faux attract se trouve dans toutes les créatures qui se haïssent, se battent, se tourmentent et sont ennemies les unes des autres ; qu'il y a une semblable opposition dans toutes les créatures, et qu'un même corps est divisé d'avec lui-même. Et cela nous ne le voyons pas seulement parmi les créatures vivantes, mais aussi dans les étoiles, les élémens, la

terre, les pierres, les métaux, les feuilles,
l'herbe et le bois, où par-tout est le poison et
le mal. On trouve, en outre, que cela doit être
ainsi; autrement, il n'y auroit ni vie, ni mouvement, de même qu'il n'y auroit ni couleur,
ni *vertus*, rien de mince, rien d'épais, rien de
perceptible, mais tout seroit un rien.

14. Dans cette haute considération, on
trouve que le tout est venu de Dieu même, que
c'est sa propre essence, qu'il est cela lui-même,
et qu'il s'est lui-même produit de lui-même. Le
mal agit pour la corporisation et pour la mobilité. Le bien, pour l'amour. La force ou l'opposition, pour la joie. Tant que la créature est
dans l'amour de Dieu, le colérique ou l'opposition fait [*l'élèvement*] de l'éternelle joie ;
mais si la lumière de Dieu s'éteint, il fait l'é-
ternel *élèvement* de la source angoisseuse, et
le feu infernal.

15. Pour éclaircir toutes ces choses, je dé-
crirai ici les trois principes divins, dans lesquels tout sera expliqué ; ce qu'est Dieu ; la
nature et les créatures ; ce qu'est l'amour et la
douceur de Dieu ; son *bouillonnement* et sa
volonté ; ce qu'est le démon et la colère de
Dieu ; bref, ce qu'est la joie et la souffrance ;
comment toutes choses ont pris naissance et

continuent d'exister. Nous voulons aussi représenter la vraie différence qu'il y a entre les
créatures éternelles et celles qui sont périssables ; sur - tout, *considérer* l'homme et son
ame ; ce qu'il est , et comment il est une créature éternelle ; ce qu'est le ciel , dans lequel
Dieu , les anges et les hommes saints demeurent ; et ce qu'est l'enfer, dans lequel les démons habitent, et comment toutes choses ont
été créées ainsi dans l'origine ; en un mot, ce
qu'est l'essence de toutes les essences. Puisque
l'amour de Dieu m'a favorisé de ces connoissances , je veux les écrire comme un mémorial
et un souvenir pour moi, attendu que nous vivons, dans ce monde, dans un grand danger,
entre le ciel et l'enfer, et que nous devons sans
cesse combattre le démon. Par ce moyen, si je
venois, par ma foiblesse, à tomber sous la colère de Dieu, et que la lumière de mes connoissances me fût retirée, j'aurois de quoi pouvoir
me les rappeler , et les ressusciter *en moi.*

16. Car Dieu voudroit que tous les hommes
fussent secourus, et ne veut point la mort du
pécheur ; mais qu'il se convertisse, qu'il se
tourne vers lui, et qu'il vive éternellement en
lui. C'est dans ce dessein qu'il a laissé son cœur,
qui est son fils, devenir homme, afin que nous

puissions nous attacher à lui, nous ressusciter
en lui, et nous régénérer de nos péchés et de
nos fausses volontés.

17. Ainsi, pour l'homme qui, dans ce monde, vit dans cette souffrante et périssable chair,
dans un si grand danger, il n'y a rien de plus
utile que de se bien connoître lui-même; et s'il
se connoît bien lui-même, il connoît aussi Dieu
son créateur, et toutes les créatures; et en outre
combien Dieu est disposé pour lui; et cette
connoissance est la plus délicieuse que j'aie
jamais découverte.

18. Mais s'il arrivoit que ces écrits fussent
lus, et que, par hasard, le peuple de Sodôme
et autres semblables pourceaux se présentassent
pour fouiller dans mon jardin de délices, et n'y
pussent rien voir, ni comprendre, et n'y éplu-
chassent que des vices et de l'orgueil, et ne se
connussent ni eux, ni Dieu, ni encore moins
ses enfans; ce n'est point pour ceux-là que je
veux rien écrire; et je ferme mon livre avec un
mur épais et des barres pour ces sauvages gé-
nisses du démon, et pour ces idiots qui sont
enfoncés jusqu'aux oreilles dans les sépulcres
de l'enfer, et ne se connoissent point eux-
mêmes, mais font ce que fait le démon, leur
professeur, et demeurent enfans de la sévérité

colérique de Dieu. Si je désire donc d'écrire avec quelque clarté, c'est pour les enfans de Dieu. Le monde et le démon peuvent tempêter et rugir jusque dans l'abîme : car leur *sablier* est dressé. Alors chacun récoltera ce qu'il aura semé, et plusieurs seront chauffés par le feu de l'enfer, pour leur orgueil dédaigneux et insensé, quoiqu'ils ne l'aient pas cru en ce monde.

19. En outre, je ne dois pas négliger de mettre ces choses par écrit, parce que Dieu demandera compte des dons de chacun, et comment il les a employés : car il exigera, avec usure, le talent qu'il aura livré, et le donnera à celui qui aura beaucoup gagné. Mais comme je ne peux pas à présent faire plus pour lui, je me laisse gouverner à sa volonté, et je continue d'écrire selon mes connoissances.

20. Quant aux enfans de Dieu, ils aperçevront bien ce que sont mes écrits ; car c'est un excellent témoignage ; et l'on en peut voir la preuve dans toutes les créatures ; oui, dans toutes choses, et particulièrement dans l'homme, qui est l'image et la ressemblance de Dieu. Mais cela demeure caché aux enfans de la perversité, et est fortement fermé par un sceau. Quoique le démon puisse pressentir le coup, et exciter des tempêtes depuis l'Orient jusqu'au

Nord ; néanmoins, dans l'arbre colérique, il croît un lys avec une racine, qui va aussi loin que l'arbre s'étend avec ses branches, et qui porte son parfum jusque dans le paradis de Dieu.

21. Un tems plein de merveilles s'avance ; mais il commence dans la nuit : peu d'hommes ici bas le verront à cause de leur sommeil et de leur grande ivresse ; toutefois le soleil brillera pour les enfans au milieu de la nuit. Ainsi je recommande le lecteur au tendre amour de Dieu.

DES TROIS PRINCIPES

DE L'ESSENCE DIVINE.

CHAPITRE PREMIER.

Du premier principe de l'essence divine.

1. Puisque nous nous proposons ici de parler
de Dieu et d'exposer ce qu'il est, et où il est, nous
devons dire qu'il est lui-même l'essence de toutes
les essences. Car, c'est de lui que tout est engendré,
créé, et provenu ; et toute chose prend sa première
origine de Dieu. C'est ce que témoigne la sainte
écriture qui dit que : *De lui, par lui, et en lui sont
toutes choses ;* de plus : *Le ciel, et tous les cieux des
cieux ne peuvent te suffire ;* de plus : *Le ciel est mon
trône, et la terre est mon marche-pied ;* et on trouve
dans le pater : *A toi est le règne et la puissance*
(entendez la toute-puissance), *et le pouvoir et la
sainteté, d'éternité en éternité* [*On ne trouve point
littéralement dans le pater les mots qui sont ici.
L'auteur étend, par l'intelligence, le sens de la lettre.*]

2. Mais comme il y a cette différence que le
mal ne peut ni s'appeler ni être Dieu, ce n'est que
dans le premier principe [*séparé intellectuellement*

du second principe, ou de la lumière et de l'amour]
que l'on doit considérer le mal. C'est là, en effet,
que se conçoit la première source de l'âpreté,
selon laquelle Dieu se nomme un Dieu colérique,
sévère, et jaloux. Car, dans l'âpreté se trouve l'o-
rigine de la vie, et de toute mobilité ; mais lorsque
cette même source rigide et angoisseuse de l'âpreté
est *considérée comme étant* embrâsée de la lumière
de Dieu, elle n'est plus âpre, mais la rigide angoisse se change en joie.

3. Or, lorsque Dieu a créé ce monde et tout ce
qu'il contient, il n'a eu aucune autre substance,
d'où il pût le construire, que sa propre essence
sortie de lui-même. Mais Dieu est un esprit qui est
insaisissable, qui n'a ni commencement ni fin ;
son immensité et sa profondeur constituent et sont
tout. Or, un esprit ne fait que s'épanouir, bouil-
lonner, se mouvoir, et s'engendrer toujours lui-
même, et il a particulièrement trois formes dans
sa génération ; savoir : 1°. l'amer, 2°. l'astringent,
et 3°. le chaud ; et cependant de ces trois formes,
aucune n'est la première, la seconde ou la troisième ; toutes les trois ne font qu'une *forme*, et
chacune engendre la seconde et la troisième : car,
entre l'astringent et l'amer, s'engendre le feu ;
l'âpreté du feu est l'amertume, ou l'aiguillon même,
et l'astringent est la souche ou le père de l'un et de
l'autre, et est néanmoins engendré d'eux, car un
esprit est comme une volonté ou une pensée qui
s'élève, et qui, dans sa propre ascension, se
cherche, s'imprègne et s'engendre.

4. Mais la langue de l'homme ne peut rien dire sur ceci, ni rien porter à l'intelligence, car Dieu n'a aucun commencement. Je veux cependant poser les choses comme s'il avoit eu un commencement, afin qu'on puisse comprendre ce qu'il est dans le premier principe, et que l'on conçoive aussi la différence du premier et du second principe, et ce qu'est Dieu ou l'esprit. Il n'y a réellement aucune différence en Dieu ; seulement quand on cherche d'où vient le mal ou le bien, on doit savoir ce que c'est que la première et originelle source de la colère, ainsi que de l'amour, puisqu'ils sont l'une et l'autre de la même origine, de la même mère, et ne sont qu'une chose. Nous parlons d'une manière créaturelle, comme s'il y avoit eu un commencement, afin que cela puisse parvenir à l'intelligence.

5. Car on ne peut pas dire que dans Dieu il y ait du feu, de l'amer, ou de l'astringent, encore moins de l'air, de l'eau, ou de la terre ; seulement on voit que cela est venu de lui. On ne peut pas dire non plus que dans Dieu il y ait de la mort, ou du feu infernal, ou de la tristesse ; seulement on sait que cela est venu de lui ; car Dieu n'a engendré de soi aucun démon, mais des anges dans la joie, vivant pour ses délices. Mais on voit qu'ils sont devenus démons, et en outre ennemis de Dieu. Ainsi on doit chercher la source et la cause d'où provient cette première substance du mal ; et cela dans la génération de Dieu, aussi bien que dans les créatures ; car tout cela est un dans l'origine, et tout

a été fait de Dieu, de son essence selon le ternaire, comme étant un seul en essence et triple en personnes.

6. Voyez. Il y a particulièrement trois choses dans l'origine ; et de ces trois choses sont provenus l'esprit et la vie, le mouvement et la [*saisissabilité*]; ce sont le souffre, le mercure, et le sel. Vous me direz que ces choses sont dans la nature, et non dans Dieu. Vous avez raison. Mais la nature a son fondement dans Dieu (entendez selon le premier principe du père), car Dieu s'appelle aussi un Dieu jaloux et sévère. Ce n'est pas à dire que Dieu s'aigrisse en lui-même, mais dans l'esprit de la créature qui s'enflamme ; alors Dieu brûle là, intérieurement, dans son premier principe, et l'esprit de la créature souffre de la peine, et non pas Dieu.

7. Maintenant voici l'origine du souffre, du mercure et du sel, pour parler créaturellement. [*Car le sens de l'auteur est ici tout esprit. Voyez dans l'Aurore Naissante, ch. 8. n°. 37. ma note sur la langue de la nature.*] *Sul* est l'ame ; ou l'esprit s'élevant ; ou bien Dieu dans l'image. *Phur* est la première *matière* ou substance d'où l'esprit est engendré, particulièrement l'astringence. Mercure a en soi une quadruple forme : l'astringent, l'amer, le feu, l'eau. Le sel est le fils que ces quatre engendrent ; il est astringent, âpre, et une cause de *la* [*saisissabilité.*]

8. Or, concevez bien ce que j'expose. L'astringent, l'amer, le feu sont dans l'origine, dans le premier principe ; la source d'eau est engendrée en eux ; et selon le premier principe, Dieu ne s'appelle pas

Dieu, mais sévérité, âpreté, source colérique, d'où s'engendrent le mal, la douleur, le frémissement et *l'enflammement*.

9. Cela a été ci-devant représenté ainsi : l'astringence est la première *matière* ou substance. Elle est âpre, attirant généralement tout avec violence ; cela est le sel. Dans l'âpre *attirement* est l'amertume. Car, dans l'âpre *attirement* l'esprit s'aiguise de façon qu'il devient tout angoisseux. Prenez un exemple dans l'homme ; lorsqu'il s'aigrit, combien son esprit se concentre violemment ! De-là il devient amer et frissonnant ; et s'il n'est pas bientôt comprimé et appaisé, le feu de la colère s'enflamme en lui de manière qu'il brûle dans la méchanceté ; et alors dans son esprit et dans son ame, une substance, ou toute son essence, respire la vengeance.

10. C'est à cela que l'on peut comparer l'origine de la génération de la nature. Cependant il faut l'exposer plus intelligiblement. Voyez ce qu'est mercure. Il est une eau astringente, amère, ignée et sulfureuse, l'essence la plus terrible : toute fois, il ne faut entendre ici ni aucune matière, ni aucune substance saisissable, mais tout esprit, et la source de la nature originelle. L'astringent est la première essence qui attire à soi, puisqu'elle est une puissance dure et froide ; aussi l'esprit est-il perçant et aigu ; or, l'aiguillon ou l'aigu ne peut supporter l'*attirement*, mais il s'agite et se défend, ce qui fait une opposition et le rend ennemi de l'astringence ; or, de cette opposition vient la première mobilité, ce qui est la troisième forme.

11. Alors l'astringence attire toujours plus fort à soi. Elle devient ainsi rigide et âpre, en sorte que cette forte puissance devient dure comme les plus dures pierres : ce que l'amertume, ou l'aigre aiguillon lui-même ne sauroit supporter ; alors il y a intérieurement une grande angoisse, semblable à l'esprit de souffre ; et l'aiguillon de l'amertume pique et se froisse si fortement, que de l'angoisse il jaillit un brillant éclair qui s'élève d'une manière effrayante, et brise l'astringence. Mais comme il ne trouve point de repos, et est sans cesse engendré ainsi de plus en plus, de l'intérieur, il devient comme une roue circulante, qui se tourne dans l'angoisse et l'effroi avec ce même éclair oblique, et qui, *dans son agitation*, offre l'image d'une insensée. Là, l'éclair est changé en un feu mordant, qui cependant n'est pas un feu brûlant, mais semblable au feu dans une pierre.

12. Mais comme il n'y a là aucun repos, et que la roue tournante va aussi vîte que la plus rapide pensée (car l'aiguillon la poursuit avec la même vîtesse), alors l'aiguillon s'enflamme aussi fortement que l'éclair qui est engendré entre l'astringence et l'amertume ; il devient terriblement ardent et s'élève comme un feu horrible, ce dont toute la substance astringente s'effraie. Elle tombe en arrière, comme morte ou comme subjuguée, et n'attire plus si fortement à soi ; mais ils tendent à s'éloigner l'un de l'autre, et elle s'atténue. Car l'éclair de feu a pris le premier rang ; et cette même substance, qui, dans l'origine, étoit si âpre et si

astringente, est maintenant comme morte et sans
puissance : or, l'éclair de feu maintient désormais
sa puissance sur elle, car il est sa mère ; et l'amertume sort et monte avec l'éclair hors de l'astringence, et enflamme l'éclair ; car elle (l'amertume)
est le père de l'éclair ou du feu ; la roue tournante
demeure désormais dans l'éclair de feu , et l'astringence demeure soumise et impuissante. C'est alors
l'esprit d'eau : et la substance de l'astringence se
compare dès lors à l'esprit de souffre ; elle est
comme entièrement affoiblie et grumeleuse, étant
vaincue et dans l'angoisse. L'aiguillon tremble et
s'agite en elle ; il se dessèche et s'aiguise en éclair.
Mais à force de se dessécher dans l'éclair, il devient de plus en plus igné et effrayant, d'où l'astringence est toujours de plus en plus surmontée,
et l'esprit d'eau toujours plus grand. Ainsi il se ra-
fraîchit toujours plus dans l'esprit d'eau, et apporte
plus de *matière* ou de substance à l'éclair de feu,
d'où il s'enflamme lui-même d'autant plus, car on
peut le regarder comme le bois de l'éclair et de
l'esprit de feu.

13. Maintenant, comprenez bien comment est ce
mercurius. [*Lisez ma note, dans l'Aurore naissante,
ch. 8, n°. 73.*] Le mot *mer* est d'abord la forte astringence, car, dans ce mot exprimé sur la langue, il
faut entendre qu'il provient de l'astringence, et que
l'aiguillon amer s'y trouve aussi. En effet, le mot
mer est astringent et tremblant, car chaque mot se
forme de sa propre puissance, et exprime ce que la

puissance fait ou permet. Par la syllabe *cu*, entendez le froissement de l'aiguillon, ou le non-repos qui n'est pas ami de l'astringence, mais qui bouillonne et s'élève; car la syllabe passe avec force du cœur à la bouche. C'est ainsi que cela a lieu dans l'esprit, dans la puissance de la première matière, *ou substance*. Mais comme la syllabe *cu* a ainsi une forte impression du cœur, et est cependant aussitôt saisie par la syllabe *ri*, dans celle-ci toute la signification est changée; elle signifie et est la roue amère et piquante dans la génération, et qui s'engoisse et tourne aussi vîte que la pensée. La syllabe *us* est le prompt éclair de feu, de façon que la matière ou la substance, dans le rapide tournoiement entre l'astringence et l'amertume, s'enflamme et devient une roue rapide. Là, on entend très particulièrement dans le mot, comment l'astringence s'effraie, et comment la puissance dans le mot se précipite du cœur en arrière, et devient entièrement atténuée et sans force. Mais l'aiguillon, par le moyen de la roue tournante, demeure dans l'éclair, et sort par la bouche, au travers des dents; car là l'esprit siffle comme un feu allumé, et se corrobore de nouveau en mot, en se reportant en arrière.

14. Ces quatre formes sont dans l'origine de la nature. C'est de là que vient la mobilité, ainsi que la vie dans la semence, dans toutes les créatures. Et il n'y a d'autre [*saisissabilité*] dans l'origine, que cette puissance et cet esprit. Car c'est une puissance vénéneuse et ennemie; et cela doit être ainsi,

autrement il n'y auroit aucune mobilité, et tout
(seroit) un rien. La source colérique *ou âpre* est la
première origine de la nature.

15. N'entendez point du tout par ceci le mercure
dans le troisième principe de ce monde créé, que
l'on emploie dans les pharmacies, quoiqu'il ait
aussi cette puissance, et qu'il tienne de cette essence.
Mais il faut entendre *le mercure qui est* dans le premier principe, dès l'origine de l'essence de toutes
les essences, *ou dans le premier principe* de Dieu,
et de la nature éternelle et sans commencement
d'où la nature de ce monde est engendrée. Toutefois
entre l'une et l'autre, il n'y a dans l'origine aucune
autre séparation que le troisième et plus extérieur
principe. Le royaume sydérique et élémentaire est
né du premier principe, de l'éternel père, du saint
ciel par la parole et l'esprit de Dieu.

CHAPITRE DEUXIEME.

*Du premier et deuxième principe, ce qu'est
Dieu et la nature ; avec un plus grand
éclaircissement sur le souffre et le mercure.*

1. Puisqu'il faut une lumière divine pour
comprendre ces choses, et que sans elle on n'a
aucune intelligence de la divine essence, je vais
représenter, d'une manière créaturelle, quelques
parties de ces hauts secrets, afin que le lecteur entre
dans les profondeurs. Car il n'y a point de langue
qui puisse exprimer l'être divin. Ce qui peut seul le
saisir, c'est le *spiraculum vitæ*, l'esprit de l'ame
qui voit dans la lumière de Dieu ; attendu que
nulle créature ên peut porter sa connoissance et sa
vue plus loin que dans sa mère, de laquelle elle
est originairement venue.

2. L'ame qui tire son origine du premier principe
de Dieu, et qui a été soufflée par Dieu en l'homme,
dans le troisième principe, dans la génération sydérique et élémentaire, voit à son tour, dans le
premier principe de Dieu, d'où, et dans qui elle
est, et dont elle est l'essence et la propriété ; et il
n'y a rien d'étonnant ; car, elle ne fait que se voir
elle-même, dans l'expansion de son *engendrement*,
et là, elle voit toute la profondeur de Dieu le père,
dans le premier principe.

3. Or, les démons savent cela également et le voyent ; car, ils sont aussi du premier principe de Dieu, qui est la source de l'originelle nature de Dieu. Ils voudraient toutefois ne le pas voir et ne le pas sentir ; ils sont seuls la cause que l'on ait fermé pour eux le second principe qui s'appelle et est Dieu, unique en essence, et triple en distinction personnelle, comme cela sera clairement représenté par la suite.

4. Mais l'ame de l'homme, éclairée par l'esprit saint de Dieu (lequel esprit passe du père et du fils dans le second principe, dans le saint ciel, ou dans la vraie nature divine qui s'appelle Dieu, entendez l'esprit saint), cette ame voit aussi dans la lumière de Dieu dans ce même second principe de la sainte et divine génération, dans l'essence céleste. Mais l'esprit sydérique dans lequel l'ame est emprisonnée, et l'esprit élémentaire qui a la source et l'impulsion du sang, ne voient pas plus loin l'un et l'autre que dans leur mère, de laquelle ils viennent et dans laquelle ils vivent.

5. C'est pourquoi j'aurois beau parler et écrire du pur ciel, et de tout ce qu'il y a dans la claire divinité, je serois cependant muet pour le lecteur qui n'auroit pas la connoissance et le don. Je veux néanmoins écrire d'une manière aussi bien créaturelle que divine, pour tâcher d'allumer dans quelques uns le désir de contempler ces choses élevées ; et pour que, s'ils s'aperçoivent qu'ils ne le peuvent pas, ils tâchent de chercher et de frapper dans leur désir, et de prier Dieu par

son esprit saint qu'il d'aigne leur ouvrir la porte du second principe ; car le christ nous dit ; demandez, cherchez et frappez, et on vous ouvrira. Et il dit : *Tout ce que vous demanderez à mon père, en mon nom, il vous l'accordera. Demandez et vous recevrez, cherchez et vous trouverez, frappez et on vous ouvrira.*

6. Puis donc que c'est en cherchant et en frappant que ma connoissance est venue, j'écris ceci comme un mémorial, pour voir si quelqu'un désirera de chercher à son tour, afin que mon talent me produise avec usure et ne demeure point enfoui dans la terre ; mais je n'ai point écrit pour les savans ci-dessus qui savent tout, et cependant ne savent et ne connoissent rien ; car ils sont d'avance rassasiés et riches (pauvres). Je n'écris que pour les simples tels que moi, afin que je puisse me réjouir avec mes pareils.

7. Poursuivons au sujet du souffre, du mercure, et du sel, et au sujet de l'essence divine. Le mot *sul* signifie et est l'ame d'une chose, car il est, dans le mot *sulphur*, l'huile ou la lumière qui est engendrée de la syllabe *phur* ; il est ce qu'il y a de beau et de bienfaisant dans une chose : c'est son amour, ou ce qu'elle a de plus aimable. Il y a dans une créature la lumière, d'où la créature voit, et où se trouve l'intelligence et les pensées, et c'est l'esprit qui est engendré de la syllabe *phur*. Le mot ou la syllabe *phur* est la *matière* ou substance première, et contient en soi, dans le troisième principe, le macrocosme d'où le règne ou la subs-

tance élémentaire est engendrée. Mais dans le premier principe c'est l'essence de la première génération , d'où Dieu le père engendre son fils de toute éternité , et dont l'esprit saint resulte. (Entendez du *sul* et du *phur*). Dans l'homme , c'est aussi la lumière qui est engendrée de l'esprit sydérique dans le second centre du microcosme ; mais dans le *spiracle* ou l'esprit de l'ame , dans le centre intérieur , c'est la lumière de Dieu , laquelle , cette même ame ne possède qu'autant qu'elle est dans l'amour de Dieu , car cette lumière ne peut être allumée et soufflée que par l'esprit saint.

8. Maintenant observez la profondeur de la génération divine. Dans Dieu il n'y a aucun *sulphur*, mais de lui et en lui est engendrée un puissance semblable ; car la syllabe *phur* est la force la plus intérieure de la source originelle de la colère , de l'âpreté , ou de la mobilité , comme cela a été représenté dans le chap. 1. Et elle a en soi une quadruple forme ; savoir : 1°. l'astringence , 2°. l'amertume , 3°. le feu , et 4°. l'eau. L'astringent attire à soi , est rude , froid et aigu , et rend tout dur , serré , et angoisseux ; or , cet *attirement* est un aiguillon amer tout-à-fait effrayant , et dans cette même angoisse se produit le premier *élèvement ou la première expansion*. Cependant , comme il ne peut pas monter plus haut hors de son siége , mais qu'il est toujours engendré de dessous , il se change en une roue tournante (comme une rapide pensée) , et en une grande angoisse , dans laquelle il devient un éclair étincelant , comme

quand on frotte fortement une pierre et de l'acier l'un contre l'autre.

9. Car , l'astringence est aussi dure qu'une pierre, et l'amertume tempête et se tourmente dans l'astringence comme une roue brisante qui divise l'astringence, et souffle le feu , de façon que tout devient une éruption ignée , effrayante, qui sélance et dissippe l'astringence, ce dont la ténébreuse astringence s'effraie ; elle se précipite au-dessous de soi en reculant ; elle devient comme si elle étoit tuée ou morte ; elle se détend , elle s'atténue et se laisse soumettre. Mais quand le *jaillissement* colérique ou l'éruption du feu retourne en arrière et se montre de nouveau dans l'astringence, qu'il se mêle avec elle, et la trouve ainsi attenuée et soumise , il s'effraie bien davantage ; car c'est comme si on jetoit de l'eau dans le feu , ce qui, *comme l'on sait* , produit un pétillement. Mais comme ce jaillissement arrive alors dans l'astringence atténuée et soumise il acquiert une autre source. Et de colérique il devient un pétillement d'une grande joie ; il s'avance dans le colérique comme une lumière allumée. Car, sur-le-champ, l'éruption devient blanche, claire et lumineuse, attendu que l'*enflammement* de la lumière arrive dès l'instant que la lumière, ou le nouveau pétillement du feu se mêle avec l'astringence. Alors l'astringence s'enflamme et s'étonne de la grande lumière qui, dans l'instant, vient en elle, comme si elle se réveilloit de la mort. Elle devient douce , vivante , joyeuse ; elle perd

aussitôt sa puissance ténébreuse, dure et froide ;
elle s'élève dans le ravissement ; elle se réjouit
dans la lumière, et son aiguillon, qui est l'amertume, triomphe, avec un grand contentement, dans
la roue tournante.

10. Remarquez ceci. Le jaillissement ou l'éruption du feu se manifeste en esprit de souffre dans
la dure astringence. Alors l'explosion s'élève triomphante, et l'esprit de souffre, angoisseux, dur,
devient atténué et doux par la lumière. Car de
même que par le jaillissement igné dans l'astringence soumise, la lumière ou l'éclair devient brillante, et perd son titre colérique ; de même l'astringence perd son droit par la lumière impreg-
nante ; et par la lumière *développée* et blanche,
elle devient atténuée et douce ; car, dans l'origine,
l'astringence étoit entièrement ténébreuse et angoisseuse, à cause de son dur *attirement* ; maintenant elle est toute replendissante : c'est pourquoi elle perd sa première qualité. De colérique et
astringente elle devient une essence qui est liante
et pénétrante ; et la lumière en adoucit et en émousse
entièrement la pointe aigue.

La porte de Dieu.

11. Maintenant voyez. Quand l'amertume ou
l'aiguillon amer qui, dans l'origine, étoit ainsi aigre,
tempêtant et déchirant, en prenant naissance dans
l'astringence, obtient en soi cette claire lumière,
et goûte la douceur dans l'astringence qui est sa

mère ; alors il est tout satisfait ; et ne peut pas
s'élever davantage. Mais il tressaille et se rejouit
dans sa mère qui l'a engendré. Il triomphe dans
l'engendrement, comme en circulant joyeusement,
et dans ce triomphe *l'engendrement* obtient la cinquième forme, et sort de la cinquième source,
ou du gracieux amour. Quand l'esprit amer goûte
l'eau suave, il se rejouit dans sa mère, se ra-
fraîchit, se fortifie et fait que sa mère s'agite
dans un grand contentement. Alors une douce et
gracieuse source sort en esprit d'eau suave ; car
l'esprit de feu, qui est la racine de la lumière ;
qui, dans le principe, étoit une éruption colérique,
s'élève maintenant avec une douce joie.

12. Alors ce n'est plus que caresses et amour ;
l'époux embrasse sa tendre épouse ; ce n'est rien
moins que comme une vie aimable naissant dans
l'âpre mort ; et c'est ainsi qu'est *l'engendrement* de
la vie dans toute créature. Par cette agitation,
ce mouvement, ou ce tournoiement de l'amertume dans l'essence de l'astringence de l'esprit
d'eau, la génération ou *l'engendrement* atteint la
sixième forme, c'est-à-dire le *ton*, et cette sixième
forme s'appelle avec raison *mercurius* ; car il prend
sa forme, sa puissance et son commencement dans
l'astringence angoisseuse, par le tempêtement de
l'amertume, attendu qu'en s'élevant l'amertume
obtient la puissance de sa mère, qui est l'essence
de la douce astringence, et la porte dans l'éclair
de feu, d'où la lumière s'allume ; alors vient l'essai
ou l'épreuve, ce qui fait qu'une puissance voit

l'autre. Dans l'éclair de feu l'une sent l'autre par l'*élèvement* ou l'expansion. Par le mouvement l'une entend l'autre. Dans l'essence l'une *goûte* l'autre. Par l'aimable source gracieuse, qui, par la douceur de la lumière, sont de l'essence de l'esprit doux et amer (maintenant l'esprit d'eau), l'une *odore* l'autre, et de cette sixième forme dans la génération vient une sixième essence existant par elle-même, qui est indivisible. Là l'une engendre l'autre. Aucune n'est ni ne peut être sans l'autre, et, sans cette génération et cette essence il n'y auroit rien. Car les six formes ont chacune en soi les sextuples puissances *essentielles*, et c'est comme s'il n'y avoit qu'une seule chose et rien de plus. Seulement chaque forme a son espèce particulière. Car, remarquez bien,

13. Quoique dans l'astringence, il y ait amertume, feu, *ton*, eau ; et que de la source d'eau, provienne l'amour ou l'huile d'où la lumière s'élève et brille, cependant l'astringence conserve sa première propriété ; de même l'amertume, sa propriété ; le *ton* où le mouvement, sa propriété ; le [*surmontement*] dans la première astringence angoisseuse (savoir la rétrogradation au-dessous de soi, ou l'esprit d'eau), sa propriété ; la source qui s'élève *ou* le gracieux amour allumé par la lumière dans l'amer astringent (et désormais douce source d'eau), sa propriété, et cependant aucune essence n'est séparable de l'autre ; mais tout ensemble est une essence, et chaque forme ou *engendrement* prend son caractère, sa puissance, son

I.

opération, son *élévement*, de toutes les formes, et contient la génération de toutes à la fois, et particulièrement la quatrième forme, dans son *engendrement*; savoir : *l'ascendans*, et le [*précipitement*], et ensuite par la roue tournante dans l'essence astringente, l'oblique sortant de chaque côtés comme une +, ou, selon que je le pourrois dire, sortant d'un point vers l'orient, l'occident, le nord et le midi. Car du mouvement, du bouillonnement et de l'ascension de l'amertume dans l'éclair de feu, résulte une génération cruciale, attendu que le feu va au-dessus de soi, l'eau au-dessous de soi, et l'essence de l'amertume horisontalement.

CHAPITRE TROISIÈME.

De l'expansion ou génération infinie, multiple et innombrable de l'éternelle nature.

1. LECTEUR, comprenez bien mon écrit. Nous n'avons pas le pouvoir de parler de la génération de Dieu ; car elle n'a de toute éternité jamais eu aucun commencement. Seulement nous avons le pouvoir de dire de Dieu notre père, ce et comment il est, et comment est l'éternel *engendrement*.

2. Quoiqu'il ne soit pas très bon pour nous de connoître la sévère, âpre et originelle génération (de laquelle science et connoissance nos premiers parens nous ont apporté aussi le sentiment et la [*saisissabilité*] par la tromperie et l'insinuation du démon) ; cependant cette connoissance nous est grandement nécessaire pour que nous apprenions par là à connoître le démon, car il vit dans le plus sévère *engendrement*, qui est notre propre ennemi ; que nos premiers parens ont éveillé en nous, et nous ont transmis ; que nous portons en nous, et que nous sommes nous-mêmes.

3. Quoique j'écrive ici comme s'il y avoit ainsi un commencement dans l'éternelle génération, cependant il n'y en a point, mais l'éternelle nature s'engendre ainsi sans commencement. On ne doit

point entendre mon écrit créaturellement, comme de la naissance d'un homme (qui est l'image de Dieu), quoique cela soit ainsi dans l'éternelle essence, mais sans commencement et sans fin ; et l'objet de mon écrit, est que l'homme apprenne à se connoître lui-même, ce qu'il est, ce qu'il a été dans l'origine, et comment il est un homme éternel, saint, et puissant, qui n'auroit jamais connu la porte de l'âpre *engendrement* dans l'éternité, s'il ne s'étoit pas laissé séduire par l'impression du démon, et s'il n'eût pas mangé de ce fruit défendu. C'est là ce qui l'a fait devenir un homme nud et dépouillé, ayant la forme d'animal, et lui a fait perdre l'habit céleste de la puissance divine ; or, maintenant, il vit dans le *salniter* infecté, dans le royaume du démon, et mange des nourritures empoisonnées. [*Voyez le sens du mot salniter, dans l'Aurore naissante, chapitre* 11.] Ainsi il nous est nécessaire d'apprendre à nous connoître ; ce que nous sommes, et comment nous pourrions nous délivrer du rigide et âpre *engendrement*, et revivre dans un nouvel homme, né de nouveau en Chris, tnotre régénérateur, et qui ressemblât au premier homme avant la chute.

4. Car, quand même je parlerois et écrirois longuement sur notre première chute, et sur la régénération en Christ, et que je n'en vinsse pas au but, c'est-à-dire, à apercevoir la base d'où la chute est provenue, par où nous sommes devenus morts, ce qui a été la cause que nous sommes un dégoût pour Dieu, et à découvrir comment cela est arrivé, contre l'ordre et la volonté de Dieu, qu'est-ce que je com-

prendrois à cette régénération ? Rien : car comment
pourrois-je éviter ce que je ne connoîtrois pas ? ou
comment pourrois-je me porter au nouvel *engendrement*, et m'y abandonner si je ne sais pas comment,
où, et avec quoi ?

5. Cependant on remplit le monde de livres et
de discours sur la chute, et sur la régénération ;
mais dans les livres théologiques, pour la plupart,
ce n'est qu'une relation historique que cela est arrivé autrefois, et que nous devons nous régénérer
en christ. Qu'est-ce j'entends par là ? Rien : sinon
l'histoire que cela est arrivé autrefois, que cela arrive et arrivera encore ?

6. Nos théologiens appuient là-dessus par toute
sorte de moyens, et de toute leur puissance, y
joignant des persécutions et des calomnies, (disant)
qu'on ne doit pas chercher dans le profond abîme,
ce qu'est Dieu ; qu'on ne doit pas creuser et chercher dans la divinité ? mais pour en convenir nettement, qu'est-ce que cela ? De la boue et de l'or-
dure, avec laquelle on couvre le démon, et on cache
la vénéneuse méchanceté du démon dans l'homme,
afin qu'on ne voie dans l'homme ni le démon, ni
la colère de Dieu, ni la détestable méchante bête.

7. Et c'est pour cela que le démon qui sent ce
manège, en prend la défense, pour que son règne
ne soit pas connu, et qu'il demeure un grand prince,
autrement l'homme pourroit s'éloigner de lui. Où
nous est-il plus nécessaire de résister, qu'à l'ouverture où l'ennemi pourroit percer ? Il voile le cœur,
le sens et la pensée des théologiens ; il les porte à

l'envie, à l'orgueil, et à l'impudicité, pour qu'ils s'effraient et s'épouvantent eux-mêmes de la lumière de Dieu. C'est pourquoi ils se couvrent, car ils sont nuds, et ils dépriment ceux qui voient la lumière, ce qui s'appelle, dans le fait, être les courtisans du démon.

8. Mais le tems vient, où l'aurore du jour pointe, où la méchante bête, le méchant enfant doit rester nud, et dans une grande honte, car le jugement de la prostitution de la grande bête s'avance. C'est pourquoi, veillez, vous, enfans de Dieu, et fuyez, pour que vous ne portiez pas ouvertement sur votre front les marques de la grande et méchante bête; autrement vous seriez un grand objet de honte et de dérision. Il est tems désormais de se réveiller du sommeil, car l'époux se prépare à venir chercher son épouse. Or, il vient avec une lumière brillante; ceux qui auront de l'huile dans leurs lampes, les pourront allumer, et ils seront au rang des convives. Mais les lampes de ceux qui n'auront point d'huile, resteront ténébreuses; et ils dormiront, et garderont les marques de la bête jusqu'à ce que le soleil se lève. Alors ils seront terriblement effrayés, et ils resteront dans une éternelle honte; car le jugement sera exécuté; les enfans de Dieu le remarqueront, mais ceux qui seront dans le sommeil dormiront jusqu'à ce qu'il fasse jour.

Continuation sur la génération.

9. L'engendrement de l'éternelle nature est semblable à la pensée, là où une pensée s'engendre

d'un objet, et ensuite s'étend à l'infini. Ou bien il ressemble à l'engendrement de la racine d'un arbre, d'où viennent ensuite le tronc et plusieurs branches et rameaux ; et aussi de la même racine plusieurs racines, et plusieurs branches et rameaux ; et le tout vient d'une seule et première racine. Remarquez donc, ainsi qu'il a été exposé ci-dessus, comment la nature existe en une sextuple forme, et que chaque forme particulière engendre de nouveau de soi une forme selon sa propre qualité, qui alors a en soi les qualités et le caractère de toutes les formes.

10. Mais, faites attention. La première forme parmi les six, engendre simplement une source semblable à elle, semblable à cette même source, esprit, et non pas selon la première mère ou l'astringence. C'est comme une branche qui dans un arbre engendre de soi une autre branche. Car, dans chaque source-esprit il n'y a qu'un centre, dans lequel la source de feu s'élève, et de l'éclair de feu, la lumière ; et dans chaque source sont les sextuples formes de la première.

11. Mais remarquez la profondeur dans la similitude. Voici comme je l'établis. Dans l'origine, la source astringente est la mère, d'où sont engendrées les cinq formes ; savoir : l'amer, le feu, l'amour, le ton, l'eau. Dans sa production ce sont les membres ; et sans eux il n'y auroit rien qu'une vallée ténébreuse, angoisseuse, où il n'y auroit aucun mouvement, aucune lumière, aucune vie. Mais la vie est engendrée en elle par l'enflammement

de la lumière ; alors elle se réjouit dans sa propre
qualité ; et elle travaille dans sa propre qualité astringente pour réengendrer, et dans sa propre
qualité il s'élève de nouveau une vie dans laquelle
il se rouvre un centre ; et la vie en est de nouveau
engendrée en sextuple forme, non plus, il est vrai,
en une telle angoisse que dans l'origine, mais dans
une grande joie.

12. Car la source de la grande angoisse, qui,
dans l'origine, étoit dans l'astringence avant la
lumière, et dont l'aiguillon amer étoit engendré,
est maintenant changée en une douce source d'a-
mour dans la lumière, par l'esprit d'eau ; et de
l'amertume, et de l'aiguillon provient alors la
source et *l'élevement* de la joie dans la lumière ;
ainsi l'éclair de feu est désormais le père de la lumière, et la lumière brille en lui, et c'est là l'unique
cause de la mobilité de la production ; et la génération d'amour, qui dans l'origine étoit une source angoisseuse, est maintenant *sul* ou l'huile de l'aimable
source qui perce par toutes les sources ; c'est d'elle
et par elle que la lumière s'enflamme.

13. Et le *ton* ou le retentissement dans la roue
tournante, est maintenant le promulgateur qui pu-
blie, dans toutes les sources, que l'enfant chéri est
né ; car il vient avec son bruit devant toutes les
portes, et dans toutes les essences, afin qu'ayant
ainsi réveillé toutes les puissances, elles soient en
activité ; qu'elles se voient, se sentent, s'entendent,
s'odorent et se goûtent les unes et les autres dans la
lumière ; car toute la génération se nourrit dans

la rigide essence ; c'est-à-dire, dans sa première mère ; mais comme elle est ainsi devenue atténuée, humble, douce et joyeuse, alors toute la génération est grandement dans l'allégresse, l'amour, l'humilité et la douceur, et n'est plus qu'un aimable goût, un *voir* joyeux, un agréable *odorement*, un *ouïr* délicieux et un doux *sentir* ; et c'est ce qu'aucune langue ne peut exprimer. Comment n'y auroit-il pas joie et amour, là où l'éternelle vie est née au milieu de la mort ? là où il n'y a ni ne peut y avoir nulle crainte qu'il y ait jamais de fin ?

14. Ainsi, dans l'astringence il y a encore une nouvelle génération ; entendez là où l'astringence *atténuée* tient le premier rang dans cette même génération, et là où le feu n'est pas allumé selon l'aiguillon amer, ni selon le *sourcement* de l'angoisse. Mais la joie qui s'élève est maintenant le centre et *l'enflammement* de la lumière ; et l'astringence a désormais en sa propre qualité, le *sel*, l'huile et la lumière du père ; c'est pourquoi *l'engendrement* de la branche du premier arbre est entièrement *inqualifié* selon cette même *nouvelle* source astringente ; et dans cet engendrement, le feu est un feu astringent, l'amertume est une amertume astringente, le ton un *ton* astringent, l'amour un amour astringent ; et le tout est dans une entière perfection, dans un amour et une joie cordiale.

15. Ainsi le premier aiguillon amer, ou la première amertume (après que la lumière est allumée et que le premier engendrement est dans la perfection), réengendre de sa propre qualité une essence,

dans laquelle il y a un centre. Là aussi une nouvelle source s'élève en une vie nouvelle, ou un nouveau feu, avec toutes ses qualités, conditions, et
propriétés; et cependant, dans cette nouvelle production, l'amertume est la première parmi toutes
les formes; c'est-à-dire, une amère amertume; une
amère astringence; un amer esprit d'eau; un *ton*
amer; un feu amer; un amour amer; mais le
tout est parfait et ressent l'impression d'une grande
joie.

16. Et le feu engendre aussi un feu selon la propriété de toutes les qualités. Il est astringent dans l'esprit astringent; amer dans l'amer; dans l'amour il
est un cordial *enflammement* de l'amour, un très
chaud *enflammement*, et un très violent désir; dans
le ton il est un feu sonnant très clair, dans lequel
tout est nettement et distinctement particularisé; et
le *ton* représente dans toutes les qualités, comme
avec une bouche ou une langue, tout ce qui est dans
toutes les sources-esprits: il peint la joie, la puissance, l'essence et la propriété; et dans l'eau il est
un feu desséchant.

17. Remarquez sur-tout l'expansion de l'amour;
c'est la plus douce et la plus délicieuse de toutes.
Quand l'engendrement de l'amour produit de nouveau de soi, ou une entière génération, avec toutes les
sources des essences originelles, en sorte que dans
cette même nouvelle génération, l'amour soit le
premier dans toutes les sources, et qu'il y ait là un
centre qui se manifeste; alors la première essence
ou l'astringence est entièrement désireuse, entiè-

rement douce, entièrement lumineuse ; elle s'étend
pour la nourriture de toutes les sources-esprits, avec
une cordiale affection pour toutes, comme une tendre mère fait pour ses enfans.

18. Et alors avec raison l'amertume s'appelle allégresse, car elle est *l'élèvement* et le mouvement.
Quant à ce qu'est l'allégresse, il n'y a aucune comparaison à faire, si ce n'est que c'est comme si un
homme étoit soudainement délivré des peines de
l'enfer, et placé dans la joie de la lumière divine.

19. C'est aussi là ce que fait le *ton*, là où l'amour
est prédominant ; il porte la nouvelle du règne de
joie dans toutes les formes de la génération ; le feu
dans l'amour allume aussi l'amour dans toutes les
sources-esprits, comme cela a été dit. Et l'amour
(allume) l'amour dans ses propres essences. Quand
l'amour est prédominant dans l'amour, c'est la
source la plus douce, la plus humble ; et la plus
délicieuse qui s'élève dans toutes les sources, et qui
consolide et fixe la céleste génération, en sorte
qu'elle est une substance sainte et divine.

20. Maintenant, quant à la forme de l'esprit-eau,
lorsqu'il engendre son semblable, il faut remarquer
qu'il tient le premier rang dans son nouvel *engendrement* ; et en lui est éveillé un centre, ce qu'il ne
fait pas cependant dans sa propre essence, mais bien
les autres sources-esprits en lui ; il est tranquille,
comme une paisible mère. Il laisse les autres semer
leur semence en lui, et éveiller le centre, de façon
que le feu monte ; de-là la vie devient mouvante :
là le *feu* n'est pas un feu chaud, et brûlant, mais

froid, tempéré, tiéde, et doux. L'amertume n'est pas non plus amère, mais froide, tempérée, bourgeonnante, ou expansive, ou ce qui fait image, et d'où s'élève *l'imageant* dans la pompe céleste ; cela est une substance saisissable. Car dans cette génération le ton s'élève aussi très doux, comme s'il étoit compactable ou saisissable, ou par comparaison, comme une parole qui se convertiroit en une substance, ou en essence appréhensible. En effet, dans cette nouvelle génération qui arrive dans l'esprit-eau (c'est-à-dire, dans la vraie mère de la renaissance de toutes les sources-esprits), tout devient comme saisissable et substantiel ; quoique cependant il n'y ait là à entendre aucune [*saisissabilité*], mais tout esprit.

CHAPITRE QUATRIEME.

De la vraie éternelle nature ; c'est-à-dire, de l'incalculable et infinie génération de laquelle provient l'éternelle essence, qui est l'essence de toutes les essences ; d'où est provenu, engendré, et enfin créé ce monde avec les étoiles et les élémens, et tout ce qui se meut, remue, et vit.

Ouverture de la porte de la grande profondeur.

1. **I**ci je dois prévenir les insensés, et les ci-devant sages, qui ne sont cependant rien moins qu'enfoncés dans l'abîme, et qui ne savent ni n'entendent rien à l'esprit de Dieu : je dois les consoler, eux, et le lecteur désireux et aimant Dieu, et leur indiquer une petite porte de l'essence céleste, et comment ils pourront entendre ces écrits, avant que je m'étende dans le chapitre lui-même.

2. Je sais bien, car mon esprit et mon intelligence me l'annoncent, que plusieurs se scandaliseront de la simplicité et de la bassesse de l'auteur, en le voyant écrire des choses si élevées. Ils penseront qu'il n'en a pas le droit, qu'il agit en cela d'une manière coupable, et qu'un homme marcha

contre la volonté de Dieu, en voulant exprimer et dire ce qu'est Dieu.

3. Car c'est une chose lamentable que, depuis la chute douloureuse et épouvantable d'Adam, nous nous laissions toujours jouer et ballotter par le démon, comme si nous n'étions pas enfans de Dieu et de sa propre essence. Il (le démon) présente sans cesse à notre esprit, comme il l'a fait à la pensée de notre mère Eve, la forme monstrueuse dont elle se laissa préoccuper et dans laquelle forme, elle devint par son imagination un enfant de ce monde, sans intelligence, entièrement dans la privation et le dénuement. C'est ainsi qu'il en agit encore continuellement avec nous ; il veut nous introduire dans une autre image afin qu'à l'exemple d'Adam et d'Eve dans le paradis, nous ayons honte de la lumière de Dieu, ce qui fit qu'ils se cachèrent derrière des arbres, c'est-à-dire, derrière la forme monstrueuse ; lorsque le seigneur parut dans le centre de la génération de leur vie, et dit : *où es-tu Adam ?* Il répondit : *je suis nud et j'ai peur.* Cela n'est autre chose si non qu'il avoit perdu sa foi, et la connoissance du Dieu saint. Car la vraie cause est qu'il considéra cette forme monstrueuse qu'il avoit acquise d'après les plans du démon, présentés à son imagination et à son attrait, et par la fausse persuasion de manger du troisième principe dans lequel existe la corruption.

4. Comme le démon voyoit, et qu'il savoit d'après les ordres de Dieu que si *Adam* mangeoit

de l'arbre de la science du bien et du mal, il
mourroit, et périroit, il lui représentoit toujours
qu'il n'étoit plus enfant de Dieu, de la propre
essence de Dieu, et créé du premier principe,
l'homme crut alors n'être plus absolument qu'un
enfant de ce monde, puisqu'il voyoit sa corruption, et en outre l'image monstrueuse qu'il portoit
avec lui. Aussi le discernement, l'attract et la joie
paradisiaque l'abandonnèrent, d'autant que son
esprit, avec toutes ses perfections, fut chassé du paradis (c'est-à-dire, du second principe de Dieu,
dans lequel la lumière et le cœur de Dieu est engendré d'éternité en éternité, et où l'esprit saint procède du père et du fils). Il ne vécut plus seulement
de la parole de Dieu, c'est-à-dire, de et dans la sainte
génération divine, mais il mangea et but, c'est-à-
dire, que la génération de sa vie n'exista plus que
dans le troisième principe ou dans le règne des
étoiles, et des élémens. Il devoit désormais manger et vivre de la force et du fruit de ce même principe ou de ce même règne. Alors il conjectura que
c'en étoit fait de lui, que la noble image de Dieu
étoit brisée, le démon lui montrant en même tems
sa corruption et sa mortalité ; et en effet il ne pouvoit rien voir autre chose puisqu'i. étoit sorti du
paradis, c'est-à-dire, de la sainte, impérissable
génération divine, dans laquelle il étoit le fils et la
sainte image de Dieu, et dans laquelle Dieu l'a-
voit créé pour y demeurer éternellement ; et si l'a-
mour miséricordieux de Dieu ne l'avoit entrevu de
nouveau et consolé dans le centre de la génération

de sa vie, il auroit cru qu'il avoit été séparé de
toute éternité de l'éternel engendrement divin;
qu'il n'étoit plus en Dieu, ni Dieu en lui; qu'il
n'étoit plus de son essence.

5. Mais le très gratieux amour, ou le fils unique
du père (ou, comme je puis l'exposer à l'intelligence, la cinquième source d'où est engendrée
l'éternelle lumière de Dieu) s'éleva et fleurit de
nouveau dans Adam, dans le centre de la génération de sa vie, dans la cinquième forme de son *engendrement*. Alors Adam reconnut qu'il n'étoit point
séparé de la racine divine, mais qu'il étoit encore
enfant de Dieu, et il se repentit de son premier mauvais attract. Sur quoi le seigneur lui montra le briseur
de serpent qui devoit briser sa génération monstrueuse, et il devoit par les propriétés, formes, puissances, et *vertus* de ce même briseur de serpent et *re-
staurateur* de la génération monstrueuse, être engendré de nouveau; être rétabli avec puissance dans le paradis, dans la génération sainte; manger de nouveau
du verbe de Dieu, et vivre éternellement au-dessus et
en dépit des portes de la colère dans lesquelles vit le démon, etc. ce dont il sera traité plus amplement en son
lieu.

6. Cher lecteur, remarque ceci et penses y bien.
Ne te laisse égarer par aucun défaut d'attention.
L'auteur n'est rien de plus qu'un autre; il ne sait
ni ne peut rien de plus; il n'a pas une plus grande
puissance que les autres enfans de Dieu. Seulement considère-toi; pourquoi penses-tu terrestrement de toi? pourquoi laisses-tu le démon se moquer

de toi, comme si tu n'étois pas enfant de Dieu, *enfant* de sa propre essence? ne te laisse point jouer par le monde comme si tu n'étois qu'une image figurative, et que tu ne fusses pas né de Dieu.

7. Ta forme monstrueuse n'est pas Dieu, ni de son essence. Mais l'homme caché qui est l'ame (en tant que l'amour s'élève dans la lumière de Dieu dans ton centre), est la propre essence de Dieu, où l'esprit saint s'élève, et où demeure le second principe de Dieu. Comment ne voudrois-tu donc pas avoir la faculté de parler de Dieu, qui est ton père, de l'essence de qui tu es toi-même? Regarde : ce monde est certainement de Dieu. Et si la lumière de Dieu est dans toi, elle est donc aussi à toi, selon qu'il est écrit : *Le père a tout donné au fils ; et le fils te l'a donné.* Le père est la puissance éternelle, et le fils est son cœur et sa lumière, demeurant éternellement dans le père, et tu demeures dans le père et le fils. Or, si l'esprit saint procède du père et du fils, et si l'éternelle puissance du père est en toi, et si l'éternelle lumière du fils brille en toi, pourquoi te laisse-tu jouer? ne sais-tu pas ce que dit St.-Paul? *Nous cheminons dans le ciel d'où nous attendons le sauveur Jésus-Christ,* qui, lors du brisement du troisième principe de ce monde, nous fera passer de cette monstrueuse génération et image dans la génération paradisiaque pour manger du verbe du Seigneur.

8. Pourquoi laisses-tu donc l'antechrist te jouer avec ses préceptes, et son babil? où veux-tu aller chercher Dieu? Dans l'abîme au-dessus des étoiles?

Tu ne le trouveras pas là. Cherche-le dans ton cœur, dans le centre de l'engendrement de ta vie ; là tu le trouveras, comme firent le père Adam et la mère Eve.

9. Car il est écrit : vous devez être engendrés de nouveau par l'eau et par l'esprit, autrement vous ne verrez point le royaume de Dieu. Cette naissance doit arriver en toi ; le cœur ou le fils de Dieu doit s'élever dans *l'engendrement* de ta vie, c'est alors que le Christ, ton sauveur, est ton fidèle pasteur, et tu es en lui, et lui en toi ; tout ce que lui et son père ont, est à toi, et personne ne t'arrachera de ses mains. Mais comme le fils ou le cœur du père est unique, aussi ton nouvel homme dans le père, et le fils, est unique, une seule puissance, une lumière, une vie, un éternel paradis, une éternelle généra-tion céleste, un père, fils et esprit saint, et tu en es l'enfant. Si le fils voit bien ce que le père fait dans la maison, et si ce fils en acquert aussi la connois-sance, quel déplaisir le père éprouveroit-il au sujet du fils ? le père ne se réjouiroit il donc pas au sujet de son fils de ce qu'il prospère si bien ? pourquoi donc le père céleste s'ennuieroit-il de voir ses enfans dans ce monde s'attacher à lui, le supplier, chercher à le connoître, à opérer son œuvre, et à faire sa vo-lonté ? Aussi le régénérateur nous avertit de venir à lui, et celui qui vient à lui, il ne le repousse point. Quelqu'un voudroit-il s'opposer à l'esprit de pro-phétie qui est de Dieu ? considère les apôtres du Christ. Qui est-ce qui les enseigne, si ce n'est Dieu ? Il étoit en eux, et eux en Dieu.

10. O chers enfans de Dieu en Christ, fuyez devant

l'antechrist qui s'est établi lui - même dans toute l'étendue de la terre ; il vous représente une image de la conduite du serpent envers la mère Ève, et il vous peint votre image divine comme étant loin de Dieu. Pensez à ce qui est écrit : la parole est près de vous ; oui, dans votre cœur, et sur vos lèvres, et Dieu même est la parole qui est dans votre cœur et sur vos lèvres.

11. Mais l'antechrist n'a jamais cherché autre chose qu'à satisfaire son attrait pour le troisième principe, dans cette maison de chair ; c'est pourquoi il a étourdi les hommes avec des lois qui ne se trouvent, ni dans le paradis de Dieu, ni dans le centre de *l'engendrement* de la vie, et qui n'ont point été établies dans la nature.

12. Pense à lui, enfant de l'amour, vois avec quelle force et quelle puissance l'esprit de Dieu marcha dans la parole et dans les œuvres, par des prodiges et des merveilles au tems des apôtres, et même depuis, avant que l'antechrist et l'esprit d'orgueil particulier s'avançât avec ses lois et sa sagesse sydérique, et s'établît sur un bras mondain et charnel, uniquement parce qu'il cherchoit sa propre satisfaction et sa gloire. Alors les précieuses paroles du Christ (qui cependant n'a donné aucune loi aux hommes, si ce n'est la loi de la nature [*éternelle*], et la loi de l'amour qui est son propre cœur) durent être un dégoût pour lui, antéchrist ou contre-christ, *qui est* prince dans le troisième principe. Dès lors il voulut mettre ses propres institutions au même rang que la voix qui, sortant du buisson, se fit entendre à

Moïse. L'homme de l'orgueil se persuada qu'il avoit lui - même une puissance divine sur la terre , et ne connut pas dans son aveuglement que l'esprit saint ne se laisse point lier.

13. Mais si quelqu'un veut parvenir à la sainteté, il doit, selon le témoignage de Jesus-Christ , renaître de nouveau par l'eau dans le centre de la génération de la vie , et par l'esprit saint qui s'élève dans le centre de la lumière de Dieu. C'est pour cette fin que Dieu le père a ordonné par son fils le saint baptême, afin que nous eussions ainsi une loi , et un mémorial frappant, comme un enfant inintelligent reçoit un témoignage extérieur , et l'homme interne , la force et la génération nouvelle dans le centre de la génération de la vie ; et alors se manifeste la confirmation qui apporta dans Adam la lumière de Dieu , lorsque Dieu le père perça et pénétra dans Adam avec sa lumière , ou son cœur , dans le centre de la cinquième forme de la génération de la vie. Il en est de même du baptême de l'enfant, et de l'homme pénitent , et se convertissant au père dans le Christ.

14. La dernière cène du Christ avec ses disciples est dans le même sens ; c'est une alliance semblable à celle du baptême de l'enfant. Ce qui arrive dans le baptême pour l'enfant impubère , arrive pour le pauvre pénitent , et pour le pécheur , qui du sommeil de l'antechrist se reveille au Christ, et doit être ramené au père par le Christ , comme à sa vraie demeure.

15. C'est pourquoi j'ai voulu d'avance te prévenir et l'annoncer qu'il ne faut pas regarder dans ces

choses élevées avec la chair et le sang, ou avec la sagesse mondaine des écoles superbes ; pense au contraire que cette science est semée par Dieu même, dans les grands et les petits, c'est-à-dire, dans tous les hommes; tout ce que tu as à faire, c'est de retourner vers le père ainsi que l'enfant prodigue. Alors, il te recevra comme un enfant chéri, et te revêtira d'un nouveau vêtement, c'est-a-dire, de la noble vierge SOPHIE, et mettra à la main de t ones-prit un anneau (du grand mystère), et ce n'est que dans ce même vêtement (de la nouvelle génération) que tu auras la puissance de parler de l'éternelle génération divine.

16. Mais si tu ne l'as pas obtenue, et que tu veuilles beaucoup raisonner de Dieu, tu es un voleur et un meurtrier, et tu ne te diriges point vers l'entrée de la bergerie du christ, mais au contraire, tu l'assailles avec l'antechrist et les voleurs, et tu ne fais que massacrer, dérober et chercher ta propre gloire et ta satisfaction ; tu es loin du royaume de Dieu ; l'art de tes superbes écoles ne te sert de rien; c'est un poison pour toi que d'être placé dans de grandes dignités par la faveur des hommes. Tu es assis sur le siége de la *pestilence*, et tu n'es qu'un instrument de l'antechrist. Mais si tu étois régénéré et que tu enseignasses par l'esprit saint, alors ton siége seroit doux et agréable à Dieu ; tes brebis entendroient ta voix ; tu les conduirois au pâturage et au principal pasteur qui est Jésus-Christ ; Dieu les nourriroit par ta main. C'est pourquoi prends garde d'enseigner et de parler de Dieu sans la con-

naissance de son esprit saint, afin que tu ne sois pas reconnu pour être un menteur.

17. L'éternel *engendrement* est un *engendrement* sans commencement ; il n'a ni nombre ni fin ; sa profondeur est *insondable*, et l'alliance de la vie ne peut se rompre. L'esprit sydérique et élémentaire ne peut pas la montrer, encore moins la saisir ; seulement il la sent, et en offre un éclat dans la base affective qui est le char de l'ame, et ce par quoi elle marche dans le premier principe, dans son propre siége, dans *l'engendrement* du père ; car elle est de sa même essence, mais entièrement dénuée, et a, cependant, la figure du corps dans sa propre forme spirituelle ; elle reconnoît et voit dans la lumière de Dieu le père, laquelle lumière est son éclat ou son fils, pourvu que cette ame soit régénérée dans la lumière de Dieu, dans l'éternelle génération dans laquelle elle vit et demeure éternellement.

18. Que l'homme entende bien. Dieu le père a fait l'homme. (Cette corporisation au commencement *vint* de l'élément ou de la racine des quatre élémens, de laquelle ils proviennent, et qui est la cinquième essence cachée aux quatre. De là descendit le ténébreux cahos avant le tems de la terre ; lequel cahos est l'origine de la source d'eau, et delà a été formé ce monde avec les étoiles, et les élémens ainsi que le ciel du troisième principe.

19. Mais l'ame de l'homme lui a été purement soufflée de la génération originelle du père. (Laquelle génération est avant la lumière de la vie, c'est-à-dire,

dans les quatre angoisses, desquelles la lumière de Dieu s'allume, et là où naît le nom de Dieu.) *Elle lui a été soufflée* par l'esprit bouillonnant qui est l'esprit saint qui sort du père, de la lumière du père ; c'est pourquoi l'ame est la propre essence de Dieu.

20. Et si elle veut s'élever à l'inverse, dans l'angoisse des quatre formes de l'origine, et *inqualifier* violemment dans l'origine du feu, par orgueil (comme se sachant puissante), alors elle devient un démon. Car, le démon, avec ses légions, a une semblable origine ; il s'est réduit par orgueil à vivre dans le feu de la colère, et est demeuré un démon.

21. Mais si l'ame élève et porte sa pensée dans la lumière, dans la douceur et l'humilité et n'emploie point sa puissante force de feu à *inqualifier* de la même manière que l'a fait Lucifer, alors elle est substantée par le verbe de Dieu, et elle tire sa force, sa vie et sa puissance du verbe de Dieu, qui est le cœur de Dieu. Son âpre source particulière, originelle, provenant de l'éternelle génération de la vie, devient un paradis gracieux, aimable, humble, doux, danslequel se manifestent la joie, le tressaillement et la fontaine de l'éternelle louange. *Dans cet état, l'ame est* un ange et un enfant de Dieu ; c'est là que se trouve l'éternelle génération de l'alliance indissoluble, et alors l'ame a le pouvoir d'en parler, car c'est sa propre essence; mais non pas de la génération infinie, car il n'y a là ni commencement, ni fin.

22. Mais si elle entreprend de parler d'espace et de commensurabilité, alors elle se livre au mensonge

et s'expose à la confusion ; car elle rejète l'incom-
mensurabilité divine comme a fait l'antechrist qui
place seulement la divinité au-dessus du ciel étoilé
afin qu'il demeure lui même le Dieu de la terre,
voyageant sur la grande bête laquelle doit toutefois
bientôt aller d'ici dans l'originel étang de souffre,
dans le royaume du roi Lucifer. Car le tems arrive
où la bête sera manifestée et vomie ; ce qui sera suffisamment entendu ici des enfans d'espérance dans
l'amour. Mais, pour les serviteurs de l'antechrist
il y a sur cela un sceau, et un mur, jusqu'à ce
qu'ils aient comblé la mesure de la colère de la
prostitution ; alors Babel, la prostituée de la
grande bête, recevra son salaire ; elle rougira de la
couronne qu'elle a acquise ; les yeux des aveugles
seront ouverts ; et elle paroîtra comme une méprisa-
ble prostituée qui prépare pour chacun la dam-
nation.

La très profonde porte de la trinité, pour les enfans
de Dieu.

23. Si tu élèves ton sens et ton esprit, et que tu
voyages sur le char de l'ame, comme cela a été dit ;
si tu te contemples, ainsi que toutes les créatures,
et que tu considères comment la génération de ta
vie est provenue, aussi bien que la lumière de ta
vie, de sorte que tu peux voir le soleil dans son
brillant, et même aussi, sans la lumière du soleil,
voir par ton imagination, dans le grand espace, où
l'œil de ton corps ne peut pas atteindre ; si ensuite

tu réfléchis quelle est la raison pour laquelle tu es
plus intelligent que les autres créatures, puisque
tu peux sonder toutes choses, pour savoir ce qu'il
y a en elles ; si tu considères en outre d'où sont provenus les élémens, le feu, et l'air ; comment le feu
est dans l'eau, et s'engendre dans l'eau, et comment la lumière de ton corps s'engendre dans l'eau,
alors, pourvu que tu sois né de Dieu, tu pourras
atteindre à la connoissance de ce qu'est Dieu et
l'éternelle génération.

24. Car, tu vois, tu sens, et tu comprends que
toutes ces choses doivent avoir une racine plus élevée ; d'où elles procèdent ; qui n'est point devant
les yeux, mais cachée. Si tu regardes principalement le ciel étoilé qui existe sans variation, tu dois
réfléchir d'où il est ainsi provenu, et pourquoi il
subsiste ainsi sans se briser, sans se porter ni en
haut ni en bas ; quoiqu'en effet il n'y ait ni haut ni
bas. Or, si tu réfléchis à ce qui contient tout, et
et d'où tout est provenu, alors tu trouveras l'éternel
engendrement qui n'a aucun commencement, et tu
trouveras l'origine du premier principe ; savoir :
particulièrement l'éternelle alliance indissolube ; et
secondement, tu verras la séparation qui a fait que
du premier est venu le monde matériel, avec les
étoiles et les élémens, lequel contient en soi le
troisième principe ou le plus extérieur. Car, dans le
règne élémentaire de toutes choses, tu trouveras
une raison pour laquelle elles peuvent s'engendrer
ainsi, et le mode selon lequel elles doivent procéder.
Mais tu ne trouveras pas que la première raison,

d'où cela est ainsi provenu, soit parce qu'il y a deux principes originels. Car, dans le monde visible, tu rencontres, la corruption, et tu aperçois qu'il a un commencement puisqu'il prend fin.

25. En troisième lieu tu trouves dans toutes choses une force supérieure, qui est *l'élèvement*, la vie et l'accroissement de chaque chose, et tu reconnois là-dedans leur admirable et salutaire propriété, et d'où elles tirent leur mouvement : en effet, considère une herbe ou une plante, et examine ce qu'est sa vie, et d'où elle croît ; alors tu trouveras dans son origine l'astringence, l'amertume, le feu et l'eau. Or, si tu sépares ces quatre choses, et qu'ensuite tu les remètes ensemble, tu n'y verras, cependant, ni croissance, ni sensibilité, mais elles demeureront mortes, comme étant séparées de leur mère particulière, qui les a engendrées au commencement ; encore moins pourras-tu tirer d'elles leur douce odeur, non plus que leurs couleurs.

26. Tu vois donc là qu'il y a une éternelle racine qui donne cela, et quand tu porterois là-dedans des couleurs et du végétal, tu n'y pourrois porter, cependant, ni odeur ni puissance, et tu trouverois que dans l'origine de l'odeur et du végétal, il doit y avoir un autre principe qui n'est pas le tronc lui-même; car le principe tire son origine de la lumière de la nature.

27. Maintenant va plus loin, et jusqu'à la vie *terrestre* de l'homme ; tu ne verras, ne saisiras et ne reconnoîtras par tes organes visuels, rien de plus que de la chair et du sang, ce qui te rend semblable

aux autres animaux. Secondement, tu trouveras l'é-
lément air et feu qui *inqualifie* en toi, et c'est là ce
qui constitue une vie animale. Car chaque animal a
cela en soi, d'où lui vient le désir de se remplir et
de se reproduire, comme les plantes, les herbes et
tous les végétaux. Mais tu trouves que, dans toutes
ces choses, il n'y a aucune vraie intelligence ; car
quand même l'astral ou le sydérique influeroit là-
dedans et lui donneroit l'instinct, cet instinct ne
seroit autre chose que de se nourrir et de se multiplier comme font tous les animaux.

28. En effet, les étoiles elles-mêmes sont muettes ;
elles n'ont aucune connoissance ni sentiment ; seulement, leur opération mutuelle produit dans l'eau
un bouillonnement entre les unes et les autres ; et
dans la teinture du sang, elles font le *sourcement*, la
vue, le sentiment, l'ouie, et le goût. Mais maintenant réfléchis d'où vient la teinture dans laquelle la
noble vie s'élève de façon que d'astringente, d'amère
et d'ignée, elle devient douce ? Tu n'en trouveras
pas d'autre cause que la lumière. Mais d'où vient la
lumière pour briller ainsi dans un corps ténébreux ?
veux-tu dire de l'éclat du soleil ? mais qu'est-ce qui
brille donc dans la nuit, et t'amène tes pensées et
ton intelligence, de façon que tu vois avec les yeux
fermés, et que tu sais ce que tu fais ? Diras-tu : là
noble ame me conduit ! Cela est vrai ; mais d'où
cette noble ame dérive-t-elle ? Si tu dis que les pensées meuvent cette ame, tu dis vrai ; mais d'où
viennent, et l'ame, et les pensées ? qu'elle est leur

source ? pourquoi cela n'est-il pas aussi dans les animaux?

29. Mon cher lecteur, si tu peux, ouvre ici, et regarde dans le corps, tu ne trouveras pas cela, quand même tu chercherois dans l'abîme, dans les pierres, dans les élémens, dans toutes les créatures, dans les gemmes, les plantes, les arbres, les métaux ; quand même tu chercherois dans le ciel et dans la terre, tu ne trouveras pas cela.

30. Diras-tu : où dois-je donc chercher et trouver ? Mon cher lecteur, je ne puis te prêter pour cela aucune clef ; seulement je veux t'indiquer où tu en trouveras une. Elle se trouve dans l'évangéliste Jean, au 3e. chap., où il est dit : *il faut que vous soyez engendré de nouveau par l'eau et l'esprit saint.* Ce même esprit est la clef. Si tu l'obtiens, prends la, et présente-toi devant le premier principe, d'où ce monde est provenu ainsi que toutes les créatures, et ouvre la première racine d'où sont résultées ces sortes de choses visibles et sensibles.

31. Si tu dis : que cela n'est que Dieu, qu'il est un esprit, et qu'il a créé toutes choses de rien, tu auras raison. Il est un esprit, et devant nos yeux il est comme un rien. Si tu ne le connoissois pas dans la création, tu ne connoîtrois rien de lui ; s'il n'avoit pas été dès l'éternité, rien n'auroit été.

32. Mais avant le tems du monde, que crois-tu qu'ait été ce dont la terre et les pierres proviennent, aussi bien que les étoiles et les élémens ? Ce dont cela est provenu, est la racine elle - même. Mais

quelle est la racine de ces choses ? Observe ce que tu trouves en elles. Rien autre chose que du feu, de l'amer, de l'astringent, et cependant cela n'est qu'une seule chose, et de celle-ci, toutes les autres sont engendrées. Mais avant le tems de ce monde, il n'y avoit qu'un esprit, et dans ces trois formes, tu ne trouves pas encore Dieu. La pure divinité est une lumière qui est incompréhensible, de même qu'insaisissable, souveraine et toute puissante.

Où trouve-t-on donc Dieu ?

33. Ouvre maintenant ta noble ame, et vois, cherche plus loin. Car, puisque Dieu n'est que bon, d'où vient donc le mal ? puisqu'il n'est que vie et lumière, et sainte puissance, comme on ne peut véritablement pas le nier, d'où vient donc la colère de Dieu, le démon et sa mauvaise volonté, aussi bien que le feu infernal ? D'où ceci résulte-t-il, puisqu'avant le tems de ce monde, il n'y avoit rien que Dieu absolument, qu'il étoit et est un esprit, et qu'il demeure dans l'éternité ? D'où est donc provenue la première substance de la méchanceté, car il faut qu'il y ait eu une volonté dans l'esprit de Dieu pour engendrer la source colérique ? C'est ainsi que juge la raison.

34. Mais l'écriture dit : que le démon a été un saint ange. En outre : *Tu n'es pas un Dieu qui veuille le mal*. Et dans Ezechiel : *Aussi vrai que je vis, je ne veux point la mort du pécheur*. Il est prouvé par les sévères punitions de Dieu envers le démon et les pécheurs qu'il ne la veut point, (cette mort).

35. Qui est-ce qui a donc porté le démon à devenir colérique et méchant? quelle a été en lui la première substance mauvaise puisqu'il est créé de l'éternel esprit originel? ou d'où vient la source infernale,
dans laquelle ce démon doit demeurer éternellement, si le monde ainsi que les étoiles, les élémens, la terre et les pierres doivent à la fin cesser
d'être ?

36. Ici, cher lecteur, ouvre les yeux de ton intelligence, et sache qu'il ne peut être excité [*au
mal*] par aucune autre source, que par sa propriété
personnelle qui est en lui, car c'est là son enfer
dont il a été fait ou créé ; et son éternelle honte
c'est la lumière de Dieu ; c'est pourquoi il est ennemi de Dieu, de façon qu'il n'est plus dans la lumière de Dieu.

37. Or, tu ne peux pas supposer plus long-tems
que Dieu ait jamais employé aucune substance
[*mauvaise*] dont il ait créé le démon. Autrement
le démon pourroit se justifier sur ce que Dieu l'auroit fait méchant ou d'une mauvaise substance, car,
il ne l'a créé de rien autre chose que de sa propre
essence aussi bien que les autres anges, ainsi qu'il
est écrit : *de lui, par lui, et en lui sont toutes choses* ;
et *à lui seul, de toute éternité, appartiennent le
royaume, la force, la puissance et la souveraineté :*
et tout est en lui, selon la sainte écriture. Et si cela
n'étoit pas, les péchés ne pourroient être imputés ni
au démon, ni à l'homme, s'ils n'avoient pas été
tous deux éternellement en Dieu et de Dieu lui-
même.

38. Car , à aucun animal qui est créé d'une matière , il ne sera pas imputé de péché , attendu que
son esprit n'atteint pas le premier principe , mais
qu'il *s'originise* , dans le troisième , dans le règne
élémentaire et sydérique , dans la corruptibilité ,
et ne touche pas la divinité , comme fait le démon et l'ame de l'homme.

39. Et si tu ne peux pas le croire , prends avec toi
la sainte écriture qui te dit : Lorsque l'homme fut
tombé dans le péché , Dieu lui envoya son propre
cœur , sa vie , ou la lumière venant de lui-même ,
dans la chair , et lui r'ouvrit les portes de la génération de sa vie , dans laquelle il fut rallié à la divinité ; il le réunit et ralluma en lui la lumière dont
il étoit séparé , quoiqu'il fût toujours resté dans l'o-
rigine du premier principe.

40. Si l'ame de l'homme n'eût pas été de Dieu le
père , de son premier principe , mais d'une autre substance , il ne lui auroit pas envoyé ce si haut gage ,
son propre cœur et sa lumière , comme il le témoigne lui-même : *Je suis la lumière du monde et la
vie de l'homme ;* mais il auroit bien pu venir à son
secours d'une autre manière.

41. Or , que penses-tu qu'il ait apporté à l'homme
dans la chair lorsqu'il vint ? rien moins que ce
qu'Adam et la mère Eve avoient perdu dans le paradis ; c'est là ce que le briseur de serpent rapporta
à la monstrueuse génération ; il affranchit l'homme
de la charnelle maison sydérique élémentaire , et le
rétablit dans le paradis ; ce dont j'écrirai amplement ci-après.

42. C'est pourquoi si tu veux maintenant considérer Dieu et en parler, tu dois penser que lui-même est tout ; et en outre tu dois considérer les trois principes. Tu trouveras là ce que Dieu est. Tu y trouveras ce qu'est la colère, le démon, l'enfer, le péché, ce qu' est l'ange, l'homme ou la bête, et d'où provient la séparation qui a mis tout dans l'état actuel. Tu y trouveras la création du monde.

43. Seulement, lecteur, je veux t'avertir sincèrement, si tu n'es pas sur la voie de l'enfant prodigue et qui retourne vers son père, de laisser là mon livre sans le lire, autrement il t'en arriveroit malheur. Car le grand prince Lucifer n'épargnera pas ses peines pour te tromper ; vu que dans ce livre il est mis entièrement à nud devant les enfans de Dieu. Il est honteux comme un homme qui pour de mauvais faits, seroit exposé à l'opprobre de tout le monde ; c'est pourquoi, je t'avertis que si tu es attaché à ta chair délicate, tu ne dois pas lire mon livre. Si tu ne suis pas mon conseil, et qu'il t'en arrive du malheur, je n'en répondrai pas, et à toi seul sera la faute. Car ce que j'ai découvert jusqu'à présent, je l'écris pour moi comme un mémorial, mais Dieu sait ce qu'il veut faire ; ce qui m'est encore un peu caché.

44. Puisque nous ne trouvons rien dans toute la nature dont nous puissions dire : cela est Dieu, ou Dieu est ici ;(ce dont nous pourrions conclure que Dieu est une chose étrangère) puisqu'il témoigne lui-même que le règne et la puissance sont à lui de toute éternité ; puisqu'il s'appelle aussi lui-même

le père ; et qu'un fils est engendré de son père , nous devons donc le chercher dans l'origine , dans le principe d'où le monde est engendré et créé ; et nous ne pouvons dire autre chose sinon que le premier principe est Dieu le père lui-même.

45. Or , on trouve dans l'origine *l'engendrement* le plus âpre et le plus effrayant ; savoir : l'astringent, l'amer et le feu. On ne peut pas dire que cela soit Dieu , et c'est là cependant la première et la plus intérieure source qui soit dans Dieu le père , selon laquelle il se nomme un Dieu colerique et jaloux. Et cette même source (comme tu le vois ci-dessus dans les trois premiers chapitres sur l'origine de l'éternel engendrement) est le premier principe , et est Dieu le père dans son origine , d'où ce monde résulte.

46. Mais l'ange et le démon , ainsi que l'ame de l'homme sont purement et entièrement de ce même esprit. L'ange et le démon ne cessent pas d'en être, en étant substantialisés corporellement. Et l'ame de l'homme , au tems de la création du corps, a été soufflée de l'esprit de Dieu dans la racine du troisième principe ; elle est aussi dans cet *esprit* , y demeurant immuable , et indivisible dans son éternité ; (dans l'éternelle origine de l'être de Dieu). Autant la pure éternelle génération , et l'alliance indissoluble du père ne peut ni finir ni passer , autant cela est-il impossible à la substance spirituelle *de l'homme, et du démon.*

47. Mais il n'y a autre chose dans ce principe que le plus effrayant engendrement , la plus grande

angoisse , l'affection la plus pénible ; c'est comme
un esprit de souffre , et ce sont là les portes de l'enfer ou de l'abîme, c'est là que demeura le prince Lucifer lorsqu'il eut éteint sa lumière , et c'est là (entendez dans ce même abîme infernal) que l'ame
(qui est séparée du second principe , et a éteint en
soi la lumière du cœur de Dieu) demeure dans ce
même abîme infernal. C'est pour cela que selon l'é-
criture il y aura à la fin de ce tems une division et
une séparation des saints remplis de lumière, d'avec
les damnés (desquels damnés la fontaine ou source
sera sans la lumière de Dieu).

48. Ici je t'ai montré le premier principe d'où
toutes choses sont provenues, et je dois parler comme
s'il y avoit un lieu, une essence distincte et séparée
où il y eût une semblable source , et cela afin que le
premier principe soit compréhensible , et que l'on
reconnoisse et qu'on discerne l'éternité, aussi bien
que la colère de Dieu , le péché , l'éternelle mort
ténébreuse (ainsi appelée depuis l'extinction de
la lumière), de même que le feu infernal et le
démon.

49. Maintenant , je vais écrire sur le second principe , sur la claire et pure divinité, (ou sur) le cœur
de Dieu.

5o. Ainsi qu'il a été dit ci-dessus , il y a dans le
premier principe , l'astringent, l'amer , et le feu ,
qui ne sont cependant pas trois choses, mais une
seule , et l'une engendre l'autre. L'astringent est le
père qui est sévère , très âpre et attirant à soi , et le
même *attirement* est l'aiguillon et l'amertume qui ne

peut pas supporter l'astringence , et ne se laisse pas
enfermer prisonnière de la mort , mais pique et
s'élève comme une essence aiguë , et cependant ne
peut pas non plus sortir de sa place. Alors il y a une
angoisse effroyable qui ne peut pas trouver de repos,
et *l'engendrement* devient comme une roue tournante , fortement empiétante , brisante , et pleine
de fureur ; ce que ne peut supporter l'astringence ;
mais elle tire toujours plus fortement à soi , comme
si on frottoit une pierre et un acier , d'où il sor-
tiroit un éclair igné,et trouble. Lorsque l'astringence
envisage cet éclair , elle s'effraie et se précipite en
arrière comme morte, et subjuguée ; et quand l'éclair
de feu vient dans sa mère l'astringence , et la trouve
ainsi subjuguée et douce , il s'étonne (lui - même)
bien davantage , et au milieu de l'astringence soumise , il devient à l'instant blanc et clair.

51. Quand cette astringence acquiert en soi cette
claire lumière blanche , elle s'effraie beaucoup , de
manière qu'elle se précipite en arrière comme morte,
et soumise , elle s'étend , et devient entièrement
atténuée et souple ; car sa propre source étoit ténébreuse et âpre ; actuellement, elle est lumineuse et
douce , c'est pourquoi elle est comme si elle étoit
morte ; et c'est alors l'esprit d'eau.

52. Ainsi *l'engendrement* acquiert une essence qui
a l'aigu de l'astringence , la douceur , l. diapha-
néité , et l'expansion de la lumière. Et lorsque l'éclair
igné vient dans sa mère , et la trouve ainsi diaphane,
douce et lumineuse , il perd son droit dans la qualification ; il ne s'élève plus en haut ; il n'est plus

déchirant et tempêtant ; il ne pique plus, mais il demeure dans sa mère et perd sa propriété ignée : il tressaille et se réjouit dans sa mère.

53. Dans cette même joie, dans la source d'eau, s'élève la gracieuse source de l'insondable amour, et c'est le second principe qui s'élève de-là. En effet, tout *l'engendrement* tombe dans un cordial amour ; car, l'astringence aime maintenant la lumière, par la raison qu'elle est bienfaisante et belle. Eu égard à cette amabilité bienfaisante, elle se rend douce, joyeuse, et humble ; et l'amertume aime maintenant l'astringence, en ce qu'elle n'est plus ténébreuse, ni âpre, ni attirante à soi, mais douce, traitable, pure et claire.

54. Là se montre le (sens) du goût, de façon que l'un goûte l'autre, et s'imprègne dans l'autre avec un grand désir, ensorte qu'il n'y a plus qu'un pur amour. Ainsi l'amertume se réjouit dans sa mère, et s'y fortifie ; et dans sa grande joie, elle sort au travers de toutes les essences, annonce au second principe que l'aimable enfant est né : toutes les essences s'en aperçoivent, et se réjouissent en voyant le cher enfant. De-là résulte l'ouie qui est la sixième forme. Alors, la roue de *l'engendrement* est en triomphe ; dans cette grande joie, la génération ne peut plus se tenir à l'étroit, mais elle sort bouillonnant joyeusement, et alors, chaque essence engendre de nouveau un centre dans le second principe.

55. Là, commence l'insondable multiplicité ; car l'esprit bouillonnant et sortant du premier et second principe, confirme et consolide tout. Il y a dans

toute la génération comme une *universelle* végétation, et une multiplication en une *seule* volonté ;
l'engendrement atteint ici la septième forme, savoir,
particulièrement, la multiplication dans une essence
amour ; et dans cette septième forme se trouve le
paradis ou le règne de Dieu, ou le divin et incalculable *engendrement* d'une seule essence dans tous
les êtres.

56. Quoique la langue d'aucun homme ne puisse
développer ceci, ni le calculer, ni sonder cet abîme,
où il n'y a ni nombre ni fin ; nous avons cependant
le pouvoir d'en parler comme un enfant parle de
son père ; mais de sonder toute la profondeur, cela
nous étourdiroit, car Dieu lui-même n'a ni commencement ni fin.

57. Or, si maintenant nous voulons parler de la
sainte trinité, nous devons d'abord dire qu'elle est
Dieu ; et celui qui s'appelle le père et le créateur de
toutes choses, celui-là est tout puissant et tout en
tous. Tout est sien, et tout est venu de lui, en lui
et par lui, et demeure en lui éternellement. Secondement, nous pouvons dire qu'il est triple en personnes, et qu'il a engendré de lui, de toute éternité,
son fils qui est son cœur, sa lumière, son amour,
et ils ne sont cependant pas deux essences, mais
une seule. Et, troisièmement, nous pouvons dire,
selon l'écriture, qu'il y a un esprit saint qui sort
du père et du fils, et qu'il n'y a qu'une essence
dans le père, le fils, et l'esprit saint, et ceci est
parler avec justesse.

58. Car vois. Premièrement, le père est l'essence

originelle de toute les essences. Or , si le second principe ne pénétroit pas et ne s'élevoit pas dans la génération du fils , le père seroit une vallée ténébreuse. Ainsi tu vois secondement , que le fils qui est le cœur, l'amour, la lumière , l'admirable et douce bienfaisance du père , ouvre un second principe dans sa génération , et , si l'on peut parler ainsi, délivre le père âpre et colérique , de l'origine du premier principe , et le rend , comme je pourrois dire , aimant , et miséricordieux. Il est *donc* une autre personne que le père ; car, dans son centre , il n'y a rien qu'une pure joie , de l'amour et des délices. Maintenant , tu vois aussi troisièmement , comment l'esprit saint procède du père et du fils. Car , lorsque le cœur ou la lumière de Dieu est engendré dans le père , alors , de la source d'eau lumineuse , dans l'enflammement de la lumière , il s'élève dans la cinquième forme un esprit extrêmement aimable , ne répandant que des affections délicieuses au goût , à l'odorat. C'est là l'esprit qui dans l'origine étoit l'aiguillon amer dans l'astringente mère , et qui fait maintenant dans la source aqueuse de la douceur , des milliers de centres sans fin et sans nombre , et tout cela *est* dans la source d'eau.

59. Or , tu comprends bien que l'engendrement du fils prend son origine dans le feu , et acquiert sa personnalité et son nom dans l'enflammement de la douce , blanche , et claire lumière , laquelle est luimême ; et se rend elle-même l'aimable parfum , le goût et la douce bienfaisance du père , et est véritablement le cœur de Dieu et une autre personne. Car

il apporte et ouvre dans le père le second principe ;
et sa propre essence est la force et la lumière. C'est
pourquoi il est justement nommé la *vertu* ou la puissance de Dieu.

60. Toutefois l'esprit saint n'est pas connu dans
l'origine du père avant la lumière ; mais lorsque la
douce source s'élève dans la lumière, alors il sort
de l'aimable source d'eau et de la lumière comme
un esprit puissant et très fort, qui est dans une
grande joie, et il est la puissance de la source d'eau
et de la lumière. C'est lui qui alors fait la formation
et les configurations, et dans toutes les essences il
est le centre où la lumière de la vie *s'originise* dans
la lumière du fils, ou dans le cœur du père. Et l'esprit saint est nommé par cette raison une personne
distincte, puisqu'il sort du père et du fils comme
une puissance vivante, et qu'il confirme l'éternel
engendrement du trinaire.

61. Voici comment nous prions : *Notre père qui es
dans les cieux, que ton nom soit sanctifié, etc.* et il y
a dans la Genèse chap. 1 : *Dieu créa le ciel du milieu
des eaux.* Cela signifie le ciel du troisième principe.
Or, il l'a en effet créé de son ciel dans lequel il dé-
meure ; aussi tu peux aisément trouver comment
l'engendrement de la trinité sainte existe dans la
source d'eau, et en outre comment l'esprit saint est
en elle le formateur et le configurateur.

62. Ainsi, dans cette même création du ciel, se
trouve la formation et la génération qui ne cesse
point et qui est le paradis de Dieu ; comme l'écrit
Moïse : *L'esprit de Dieu couvoit sur l'eau dans la for*

mation du monde. Ce *paradis* demeure et est ainsi dans son éternité, ensorte que l'esprit de Dieu couve sur l'eau dans la génération du fils de Dieu, car dans le père est la puissance et l'explosion de l'eau lumineuse, enflammée, ou de l'eau et de la lumière de Dieu.

63. Ainsi Dieu est une essence unique, indivisible et cependant triple dans une distinction personnelle ; un Dieu, une volonté, un cœur, un désir, un attract, une magnificence, une souveraineté, une toute puissance, une plénitude de toutes choses sans commencement et sans fin. Car si je voulois concevoir *en lui* une limite, un commencement ou une fin, mon esprit se troubleroit.

64. Et quoique j'écrive ici comme s'il y avoit eu là un commencement puisque je traite de l'expansion du second principe, et de l'engendrement de l'essence divine, tu ne dois cependant entendre aucun commencement ; car tel est l'éternel engendrement, et cela est ainsi dans la base radicale. J'écris seulement pour que l'homme apprenne à se connoître, ce qu'il est, ce qu'est Dieu, le ciel, l'ange, le démon et l'enfer, aussi bien que la colère de Dieu, et le feu infernal ; car il m'a été ainsi accordé d'écrire amplement sur l'origine.

65. C'est pourquoi, fils de l'homme, considère dans ce tems ce que tu es ; ne pense pas de toi si petitement et si légèrement ; pense que tu demeures dans le paradis, et n'éteins pas en toi la divine lumière, car tu demeurerois ensuite dans l'origine de la source de la colère, dans la vallée ténébreuse ;

et ta noble image de Dieu deviendroit un serpent et un dragon.

66. En effet, tu dois savoir qu'aussitôt que la lumière divine fut éteinte dans les démons, ils perdirent leur belle forme d'ange, et leur image, et devinrent semblables aux serpens, aux dragons, aux reptiles, et aux mauvais animaux, comme on le voit au serpent d'Adam. Et c'est ainsi qu'il en est des ames damnées. Car nous le savons dans l'origine, dans le premier principe, très exactement. Si tu demandes, pourquoi cela? lis ce qui suit.

La description d'un démon, comment il a été dans sa propre forme, ainsi que dans la forme d'ange.

67. Vois, fils de l'homme. Les anges tous ensemble ont été créés dans le premier principe, formés et corporisés à la manière angélique et spirituelle par l'esprit bouillonnant; et éclairés de la lumière de Dieu afin qu'ils pussent étendre la joie paradisiaque et y demeurer éternellement. Mais pour qu'ils pussent y demeurer éternellement, il falloit qu'ils fussent formés de l'alliance indissoluble, ou du premier principe qui est l'alliance indissoluble; ils devoient voir dans le cœur de Dieu, et manger du verbe de Dieu, et ils eussent été saintement conservés par cette même nourriture qui eût rendu leur image claire et lumineuse, comme le cœur de Dieu dans l'expansion du second principe, et c'est là que *sourcent* la puissance divine, le paradis et le royaume céleste.

68. Il en est ainsi dans les anges qui sont demeurés dans le royaume céleste, dans le véritable paradis ; ils demeurent dans le premier principe, dans l'alliance indissoluble, et leur nourriture est la puissance divine ; leur imagination, où les tableaux qu'ils se forment sont la volonté de la sainte triplicité dans la divinité ; la confirmation de leur volonté, de leur vie, et de leurs actes est la puissance de l'esprit saint. Ce qu'il opère dans la génération du paradis, cela fait leur joie ; ils chantent les louanges du paradis, au sujet de ses fruits salutaires, et de l'éternelle génération. Toute leur œuvre est un accroissement de la joie céleste, un attract du cœur de Dieu, de saints amusemens dans le paradis, une volonté du père éternel. La fin pour laquelle Dieu les a créés, c'est pour qu'il fût manifesté, et qu'il se réjouit dans ses créatures et les créatures en lui, afin que les aimables et éternels jeux du royaume de joie se trouvassent ainsi dans l'alliance indissolube, dans le centre de la multiplication, ou dans l'éternelle nature.

69. Ce *saint* jeu d'amour a été souillé par Lucifer lui-même (ainsi nommé depuis l'extinction de sa lumière, et le renversement de son trône, ayant été un prince et un roi de plusieurs légions ;) il est devenu un démon, et il a perdu sa belle et glorieuse image. Car il est aussi bien que les autres anges, créé de l'éternelle nature, de l'éternelle et indissoluble alliance, et il a été dans le paradis ; il a aussi senti et vu l'engendrement de la sainte divinité, l'engendrement du second principe, ou du

cœur de Dieu, et la confirmation de l'esprit saint,
il s'étoit nourri aussi du verbe de Dieu, et par cette
nourriture il seroit demeuré un ange.

70. Mais comme il vit qu'il étoit un prince existant dans le premier principe, il méprisa la génération du cœur de Dieu, et sa douce et gracieuse
influence, et il se proposa d'être un puissant et terrible dominateur dans le premier principe; il voulut opérer dans la puissance du feu; il dédaigna la
douceur du cœur de Dieu dans laquelle son imagination ne voulut point s'établir. C'est pourquoi il
ne lui fut plus possible de se nourrir de la parole de
Dieu, et par-là il éteignit sa lumière; par cette raison il produisit à l'instant un dégoût dans le paradis
et fut rejeté de son trône de prince, avec toutes les
légions qui dépendoient de lui.

71. Et comme il avoit laissé le cœur de Dieu s'é-
loigner de lui, le second principe lui fut fermé.
Ainsi il perdit Dieu, le royaume céleste, toutes les
connoissances, toutes les joies et les délices paradisiaques; il perdit aussi à l'instant l'image de Dieu,
et la confirmation de l'esprit saint. Comme il méprisa le second principe dans lequel il avoit été ange
et image de Dieu, tout s'éloigna de lui; il demeura
dans la vallée ténébreuse, et son imaginative n'eut
plus le pouvoir de s'élever en Dieu; mais elle resta
dans les quatre angoisses de l'éternelle origine.

72. Quand il éleva son imagination, il alluma
en lui la source ou la racine du feu; et lorsque la
racine du feu chercha l'eau, ou la vraie mère de
l'éternelle nature, elle rencontra la sévère astrin-

gence et la mère dans la mort angoisseuse. L'aiguillon amer transforma l'engendrement en un serpent colérique et tempêtant, vraiment terrible, s'é-
levant en soi-même, étant une éternelle inimitié
dans l'alliance indissoluble, une opposition en soi-
même, un perpétuel doute de tout bien; sa base
affective cherchant toujours à être comme une roue
brisante, empiétante; sa volonté s'élevant toujours
vers la puissance du feu, pour souiller le cœur de
Dieu, et cependant ne le pouvant jamais atteindre.

73. En effet, il est continuellement renfermé dans
le premier principe comme dans une mort éternelle;
et cependant il s'élève toujours; se flattant d'atteindre le cœur de Dieu, et de le dominer. Car son
aiguillon amer dans la génération monte ainsi éternellement dans la source du feu, et lui donne l'or-
gueilleuse volonté de tout posséder, mais ils n'obtient rien. Sa nourriture est la source d'eau très angoisseuse, qui est la mère, ou comme l'esprit de
soufre. Voilà ce dont se nourrit son alliance indissoluble. Son rafraîchissement est l'éternel feu; une
éternelle froidure dans la mère astringente; une
éternelle faim dans l'amertume; une soif éternelle
dans la source de feu; son ascension est sa descen-
sion. Plus il s'élève en volonté, plus sa chute est
grande, comme quelqu'un qui se tenant sur le som-
met d'un rocher, voudroit je jetter dans un abîme
sans fond; plus il perce dans cet abîme plus sa
chute est profonde; et cependant il ne trouve aucun fond.

74. Ainsi le démon est un éternel ennemi du

cœur de Dieu ; et de tous les saints anges ; et il ne peut puiser en lui aucun autre volonté ; ses anges et ses démons sont de plusieurs espèces, tous selon l'éternelle génération. Car dans le tems de sa création, il étoit dans l'éternelle génération dans le royaume céleste, dans la racine et la place où l'esprit saint, dans la génération du cœur de Dieu, ouvrit dans le paradis une multiplicité innombrable de centres. Dans cette même place il a été aussi corporifié, et il a pris son commencement dans l'ouverture des centres dans l'éternelle nature.

75. c'est pourquoi (comme il est dit au troisième chap.) lorsque l'engendrement de la vie s'élève, chaque essence a de nouveau un centre en soi selon sa propre qualité, et elle figure une vie selon cette essence, savoir l'astringent, l'amer, le feu, le *ton*, et ainsi des autres, par la puissance de l'éternelle génération qui est confirmée dans le royaume céleste.

76. Or, puisque les anges de Lucifer étoient dans le ciel au tems de leur création, leurs qualités ont aussi été multiples, et ils auroient tous été et seroient démeurés des anges, si la grande fontaine Lucifer dont ils sont issus ne les avoit souillés. Mais aussi dans leur chute, chacun d'eux est démeuré dans son essence ; seulement le second principe leur est fermé. Il en est de même de l'ame de l'homme quand la lumière de Dieu s'éteint en elle ; Mais tant qu'elle en est éclairée, elle est dans le paradis et se nourrit de la parole de Dieu ; ce dont il sera parlé en son lieu.

CHAPITRE CINQUIEME.

Du troisième principe, ou de la création du monde matériel, ainsi que des étoiles et des élémens; on y fera entendre plus clairement le premier et le second principe.

1. Comme je pourrois n'être pas assez entendu du désireux lecteur, et être tout-à-fait muet pour les impies, car l'éternelle indissoluble alliance dans laquelle se trouve l'essence de toutes les essences, ne se fait pas comprendre aisément, ni promptement; il est donc nécessaire au désireux lecteur de se considérer lui-même avec beaucoup d'attention, pour savoir ce qu'il est, d'où lui viennent sa raison et ses pensées dans lesquelles il trouve une image de Dieu, particulièrement l'orsqu'il reconnoît et sent ce qu'est son ame, qui est un éternel et impérissable esprit.

2. Mais le lecteur (pourvu toutefois qu'il soit né de Dieu) ne pénétrera jamais mieux ni plus avant dans la connoissance des trois principes, qu'en considérant la nouvelle génération; comment l'ame par l'amour de Dieu, est régénérée dans la lumière; comment, par une nouvelle naissance, elle passe de la prison de ténèbres dans une éternelle lumière.

Si tu considères ces mêmes ténèbres où l'ame doit être sans la nouvelle naissance, et que tu examines ce que dit l'écriture, et ce que l'expérience apprend; savoir : que dans ceux qui tombent dans la colère de Dieu, on voit de terribles exemples, comment l'ame doit souffrir de pénibles tourmens dans la génération de sa propre vie, tant qu'elle est dans la colère de Dieu, tandis que si elle renaît de nouveau, elle s'exalte dans une joyeuse ascension, alors tu trouveras là clairement deux principes, comme aussi Dieu, le paradis et le royaume céleste.

3. Car tu trouveras dans la racine de l'origine de l'esprit de l'ame, en soi-même, dans la substance de l'éternelle alliance de l'ame, la source la plus ennemie et la plus épouvantable dans laquelle, comme tous les démons, elle est hors de la lumière de Dieu, et dans laquelle est leur éternel tourment, une inimitié en eux-mêmes, une opposition de volonté contre Dieu ; une haine de tout ce qui est bon et aimable ; un impétueux orgueil dans la puissance du feu ; une fureur amère contre le paradis, contre Dieu, et le royaume céleste, et contre toutes les créatures qui sont dans le second et le troisième principe. Là ils s'arment eux-mêmes et seuls *contre tout*, comme le fait l'amertume dans le feu.

4. Au contraire, l'orsqu'elle (*l'ame*) est régénérée dans la lumière de Dieu, tu trouves, comme l'écriture le témoigne par-tout, et comme l'éprouve lui-même l'homme régénéré, que l'ame est alors un être entièrement humble, doux, aimable, gracieux; qui supporte toutes les croix et les persécu-

tions ; qui préserve le corps des voies impies, qui ne s'arrête point aux opprobres qui lui viennent de la part du démon ou des hommes; qui met sa confiance, son assurance, et son amour dans le cœur de Dieu ; qui est plein de joie; qui est nourri de la parole de Dieu dans laquelle il y a une jubilation et un triomphe que le démon ne peut pas atteindre ; car cette ame est dans sa propre substance avec laquelle elle a été créaturellement dans le premier principe dans l'alliance indissoluble ; elle est éclairée par la lumière de Dieu, et l'esprit saint (qui procède de l'éternelle nature du père dans le cœur et la lumière du cœur de Dieu) s'élève aussi en elle, et la confirme pour enfant de Dieu.

5. C'est pourquoi tout ce qu'elle fait, s'opère dans l'amour de Dieu, puisqu'elle vit dans la lumière de Dieu. Le démon ne peut la voir. Car, le second principe (dans lequel elle vit, et dans lequel est Dieu et le royaume céleste, aussi bien que l'ange et le paradis) lui est fermé, et il ne peut pas y atteindre.

6. Dans cette contemplation tu trouveras ce que j'entends par un principe. Car, un principe n'est autre chose qu'une nouvelle génération, une nouvelle vie. En outre, il n'y a pas plus d'un principe dans lequel il y ait une éternelle vie ; c'est l'éternelle divinité, et elle ne seroit pas manifestée, si Dieu n'avoit fait naître en lui-même des créatures telles que les anges et l'homme qui comprissent l'éternelle indissoluble alliance, et qui fussent comme la génération de l'éternelle lumière en Dieu.

7. Ainsi on entend par là , comment l'essence divine dans le principe divin , a travaillé dans la racine du premier principe , qui est la génératrice dans l'éternel *engendrement* dans le *limbus* , c'est-à-dire , l'originel esprit d'eau , par laquelle opération , à la fin, la terre et les pierres ont existé. Car , dans le second principe ou dans la sainte génération , il n'y a rien qui ne soit esprit , lumière , vie , et éternelle sagesse , ou LA SOPHIE , laquelle a travaillé dans l'éternelle génératrice muette et incompréhensible , savoir , dans sa propriété avant l'origine de la lumière. De-là est venu l'éternel cahos , qui (dans *l'élèvement* de Lucifer , lorsque la lumière de Dieu s'éloigna de lui, et que s'alluma la colère de la source de feu), devint matière dure, c'est-à-dire , les pierres et la terre, d'où résulta la conglomération de la terre, et l'expulsion de Lucifer de dessus son trône ; et de-là s'en suivit la création du troisième principe , et il fut enfermé dans ce troisième principe comme un prisonnier, attendant désormais le jugement de Dieu. Je laisse à penser si ce ne doit pas être pour lui une honte , un opprobre , et un tourment d'être ainsi prisonnier entre le paradis et le monde , et de ne comprendre ni l'un ni l'autre.

8. Or, si nous voulons maintenant parler du troisième principe , c'est-à-dire , du commencement et de la naissance de ce monde , nous considérerons la racine de la génératrice, puisque chaque principe est la génération de l'autre , mais non pas d'une autre essence. Le premier principe , dans l'alliance indissoluble , est muet en soi , et n'a aucune vraie vie,

I.   5

puisque la source de la vraie vie est engendrée par le bouillonnant esprit de Dieu, qui *s'originise* dans le premier principe de toute éternité, et fait son expansion de toute éternité dans le second principe, ou dans la génération du cœur, ou du fils de Dieu. Or, nous trouvons que dans ce premier principe, s'est ouverte la matrice de la génératrice, qui est originellement l'amertume, mais qui dans la lumière est la douce mère de l'esprit d'eau. Ainsi on trouve et on a clairement devant les yeux, comment l'esprit de Dieu a opéré alors dans la matrice, de façon que, d'une matrice incompréhensible qui n'est qu'un esprit, est provenue une eau compréhensible et visible.

9. Secondement, tu vois clairement la diversité par les étoiles, et le ciel igné; comment il y a une éternelle distinction dans l'éternelle matrice, car, tu vois comment les astres, et le ciel igné ainsi que l'aquatique, l'aérien, et le terrestre sont engendrés d'une seule mère; puisqu'ils *inqualifient* les uns dans les autres, et que la génération de ces essences est l'une dans l'autre, et est le vase et le réceptacle l'une de l'autre, et cependant elles n'ont pas toutes la même *inqualification*. Ainsi, tu reconnois ici la distinction, comment l'éternelle matrice a en soi une diversité, ainsi que cela est exposé ci - dessus dans le troisième chapitre, au sujet de l'éternelle génération des quatre angoisses, là où, entre l'astringence et l'amertume, le feu s'engendre; et dans l'éclair de feu, la lumière; et cependant chaque source conserve son droit.

10. Comprends-le ainsi. Lorsque l'esprit de Dieu a mu cette matrice, alors la matrice a opéré, et dans l'enflammement de l'esprit de Dieu dans la cinquième forme de la matrice, est sorti le ciel igné des astres qui est une pure quintessence, née dans la cinquième forme de la matrice, dans lequel point la lumière *s'originise*; d'où aussi enfin est né le soleil, par le moyen duquel le troisième principe a poussé, et qui maintenant dans ce troisième principe est la vie, et celui qui dans cette place est *l'ouvreur* dans la matrice de la vie de toutes les vies. De même que le cœur de Dieu dans le ciel paradisiaque, dans le ciel et la génération immatérielle ouvre l'éternelle puissance de Dieu, dans laquelle l'éternelle vie s'élève sans cesse, et dans laquelle sans cesse brille l'éternelle sagesse ou SOPHIE ; de même aussi, la lumière du soleil qui a monté dans la matrice muette par l'esprit bouillonnant, a ouvert dans la matrice le troisième principe de ce monde matériel, ce principe troisième et initial, qui dans cette forme prendra une fin, et retournera dans son Ether, à la fin de cette énumération *de tems*, selon l'écriture.

11. Alors tout ce qui est de ce troisième principe demeurera de nouveau dans la première matrice. Seulement ce qui dans ce principe a été rassemblé, et *s'originise* du ciel paradisiaque et du second principe, tel que l'homme, cela demeure éternellement dans la matrice. Heureux, pour lui, si dans ce monde il a atteint la génération du second principe, et y est né de nouveau ! sinon il demeurera bien à

jamais dans la matrice , mais il ne touchera pas la lumière de Dieu.

12. Je sens bien qu'il y a ici quelque chose qui ne sera pas seulement obscur et inintelligible au lecteur, mais même pénible , puisque j'ai écrit de la mère dans laquelle est la génération de l'essence divine , et que maintenant j'écris comment est muette et non-intelligente cette même matrice d'où est engendré aussi un principe non-intelligent , comme il est clair que dans ce monde ni dans les astres , ni dans les élémens il n'y a aucune véritable intelligence , de même aussi que dans toutes leurs productions il n'y a qu'un instinct pour l'imprégnation , la nourriture , et la multiplication , tel qu'est la matrice en elle-même.

13. Sur quoi apprenez que dans le second principe qui cependant a dans le premier sa base et son éternelle racine , la matrice est purement un éternel , incompréhensible et doux esprit qui n'a aucune lumière ignée et insupportable , mais toute gracieuse et aimable , et l'éternelle matrice la plus originelle ne s'y fait jamais connoître ; mais la douce lumière de Dieu y rend tout agréable et délicieux.

14. C'est pourquoi aussi l'esprit qui sort dans la douce matrice est l'esprit saint. Et Dieu demeure en lui-même , et se nomme un Dieu colérique et jaloux , selon la plus originelle matrice , qui dans le paradis n'est pas manifeste ; et aussi dans le commencement fut-il défendu à l'homme de manger du fruit de l'originelle matrice , (lequel étoit) bon et mauvais.

Et l'homme en effet n'auroit pas connu l'originelle matrice, s'il n'avoit pas porté vers elle son imagination, et s'il n'eût pas mangé de son fruit, ce qui fit que la matrice le saisit aussitôt et le retint prisonnier, et qu'elle l'impregne, le nourrit, et le gouverne, comme on le voit à présent.

15. Ainsi sachez maintenant que le second principe a ceci en sa possession, et que là seulement est l'intelligence et la sagesse. Là se trouve aussi la toute puissance ; et le troisième principe est la propriété du second ; non point séparé, mais là sont toutes les essences ; et cependant il y a encore entre eux une génération, comme dans Luc. 16. au sujet de l'homme riche, et du pauvre Lazare, dont l'un étoit dans le paradis, et l'autre dans la matrice originelle ou dans l'enfer.

16. Et Dieu a créé le troisième principe pour se manifester par le monde matériel. Comme il avoit créé dans le second principe, dans le monde paradisiaque les anges et les esprits ; dès lors ils pouvoient concevoir l'éternelle génératiou dans le troisième principe, ainsi que la sagesse et la toute puissance de Dieu ; ils pouvoient se contempler là, et poser entièrement leur imagination dans le cœur de Dieu ; de cette manière ils pouvoient rester dans le paradis en qualité d'anges, ce que les démons n'ont point fait. Mais ils se proposèrent de s'élever dans la matrice, et de dominer dans une grande puissance sur le paradis, et sur toutes les régions angéliques ; c'est pourquoi ils tombèrent du haut du paradis, et furent chassés de leur lieu dans un coin

étroit, de façon que la matrice de ce monde les tient aussi prisonniers.

17. Car le lieu de ce monde a été leur royaume angélique. Là, dans le lieu de ce monde, ils étoient dans le paradis et le royaume céleste.

18. Mais si nous voulons traiter du monde paradisiaque, ainsi que du principe de ce monde, de sa puissance et de son merveilleux engendrement, et exprimer comment est la divine et éternelle sagesse, il nous est impossible de le prononcer ; car la fontaine de l'abîme ne peut être saisie par aucun esprit soit ange, soit homme. C'est pour cela que l'incommensurable sagesse, et l'éternelle génération produit dans le paradis une prodigieuse et éternelle joie. Cet incommensurable pouvoir et cette sagesse ne nous sont connus à nous hommes que lorsque nous les considérons dans le troisième principe. Si nous contemplons le ciel étoilé, les élémens, ainsi que les créatures, le bois, les plantes, l'herbe, nous voyons dans le monde matériel la similitude de l'incompréhensible monde paradisiaque. Car ce monde dérive de la première racine dans laquelle ils sont l'un et l'autre, tant le monde matériel, que le monde angélique paradisiaque qui est impérissable et sans commencement.

19. Et si nous réfléchissons et que nous pensions à l'origine des quatre élémens, nous trouvons, nous voyons, et nous sentons clairement en nous-mêmes cette origine, si toutefois nous sommes des hommes et non pas des animaux, pleins de méchanceté, et contestant contre Dieu et la matrice de ce monde.

Car cette origine est aussi bien reconnoissable dans l'homme que dans la profondeur de ce monde, quoiqu'il paroisse très étonnant à un homme sans lumière, qu'il puisse parler de l'origine de l'air, du feu, de l'eau, de la terre, aussi bien que des astres, etc., et que même il regarde comme impossible d'en rien savoir. Il nage ainsi dans sa propre mère, et ne cherche pas à la connoître ; et en effet il ne seroit pas bon pour lui qu'il la connût. Mais puisque la chute d'Adam nous a précipités dans cette mort, il nous est très important de la connoître pour nous enfuir loin de l'homme bestial, et pour vivre dans le vrai homme.

20. Si donc tu ouvres les yeux de ton esprit, tu verras comment le feu est dans l'eau, ce qui se montre dans un tems d'éclairs, et cependant il n'y a là aucun feu qui soit durable, quoique ce soit néanmoins un vrai feu qui enflamme et détruit les maisons. Tu verras là aussi comment il en sort un air d'une grande puissance ; et comment l'un est dans l'autre ; en outre tu verras comment l'eau est aussi engendrée dans la tempête.

21. Mais tu ne trouveras pas ici maintenant cette racine, tu ne dois la contempler que dans la matrice ; là elle est manifeste, et tu la reconnoîtras dans toutes choses, car la matrice de ce monde est dans l'éternelle matrice, d'où le paradis et le ciel sont provenus.

22. Or, comme l'éternelle matrice est un engendrement qui procède *du lieu* où se trouve dans l'origine, l'astringent, le ténébreux, le dur et l'angois-

seux ; de même aussi tu vois que lorsque l'esprit de Dieu allume la matrice intérieure, elle devient opérante et *inqualifiante*.

23. Car premièrement il y a dans l'origine l'astringent, qui tire à soi, qui concentre, et fait un froid ténébreux et aigu. Or, l'amertume ne peut souffrir la violence attirante, parce que la violence attirante fait dans le froid un aiguillon d'amertume qui tempête et se garde de l'âpre mort. Mais comme il ne peut pas s'échapper de l'astringence, puisqu'elle est sa mère, dans laquelle il habite ; alors il tempête terriblement comme s'il vouloit briser l'astringence. Il pointe au-dessus de soi et obliquement, et cependant ne trouve aucun repos jusqu'à ce que la génération de l'astringence se tourne en une essence horriblement angoisseuse, comme un esprit de souffre, entièrement âpre, dure, piquante intérieurement, comme une roue tournante ; et l'amertume s'élève promptement au-dessus de soi, d'où provient un éclair étincelant dont la ténébreuse astringence s'effraie, en se précipitant en arrière comme étant vaincue ! et quand l'amertume a ainsi vaincu la mère, et la trouve comme à moitié morte, et adoucie, elle s'étonne beaucoup plus que la mère ; mais comme l'éruption se passe dans la mère astringente qui maintenant est à moitié morte et adoucie, l'amertume perd son effroyable pouvoir, elle devient blanche, claire, et lumineuse ; et c'est l'enflammement ou la génération du feu, comme cela est exposé ci-dessus.

Cher lecteur, ne regarde point ceci comme un

badinage, afin que cet engendrement, qui toutefois arrive justement de la même manière dans le commencement de ta vie, ne se trouble pas en toi ; et étends ta vue.

24. Lorsque Dieu s'est mu dans la première matrice pour la création des anges, il les a créés dans le paradis, dans la sainte et lumineuse matrice qui vraiment est telle, et non autre. Or, cette matrice est restée entièrement cachée avec son pouvoir igné, ténébreux, astringent et amer. Car, la lumière de Dieu l'a de toute éternité, maintenue aimable, claire, et délectable. Mais lorsque Dieu s'est mu pour la création, elle a été manifestée, car, les anges ont été créés de l'alliance indissoluble, de la matrice, et corporisés par le bouillonnant esprit de Dieu.

25. Or, lorsque Dieu eut créé les grands et puissans princes angéliques, et cela dans le lieu de la quatrième forme dans la matrice, où la source du feu s'originise, ils n'y sont pas restés, et n'ont point porté leur imagination devant eux dans la cinquième forme dans laquelle se trouve *l'engendrement* du paradis, mais ils ont élevé en eux-mêmes leur imagination en arrière, et ont créé dans la matrice, une volonté de dominer dans le feu sur le paradis et la lumière de Dieu. Car, la matrice ignée, ou l'abîme infernal s'est mu ainsi âprement dans la création ; c'est là que Lucifer, le grand prince, a puisé sa volonté et y a persévéré, se proposant d'être lui-même ainsi un grand et terrible souverain dans tout son domaine.

26. Ainsi, le démon a remué la matrice, et la forme ignée a remué le démon ; car, elle vouloit être aussi créaturelle comme toutes les formes dans la matrice, là où, dans une lumière douce et claire, s'élève la gracieuse source de l'amour dans laquelle habite le second principe éternellement.

27. Lorsque cette tempête arriva dans la création, dans le premier principe, la matrice fut très gonflée et très enflammée, et chaque forme travailla dans la matrice. Mais comme alors, la colère et la fureur s'élevèrent, et que ce lieu ne pouvoit subsister ainsi dans le paradis, Dieu remua encore plus fort ce lieu dans la matrice, qui devint encore plus enflammée ; cela devint le bain du démon, et la quatrième forme resta dans l'éclair de feu, qui se refléchit en arrière dans la mère, et trouva l'esprit de Dieu en opération, et à l'instant sa qualité colérique se perdit dans une grande joie, et devint blanche, claire et lumineuse.

28. Et, à ce même lieu, se trouve le FIAT par lequel Dieu a créé le ciel et la terre. Car, avant le FIAT, le troisième principe n'étoit pas manifesté, mais seulement le paradis dans le lieu de ce monde.

29. Mais, lorsque Dieu vit que le grand prince Lucifer vouloit dominer dans ce lieu, dans la puissance du feu, dans la matrice ; il lui ferma la cinquième forme dans la matrice du paradis ; car, il est également emprisonné quant à sa forme intérieure et quant à sa forme extérieure.

30. Car, lorsque la matrice fut devenue de nouveau souple, morte, et soumise par la lumière as-

cendante, elle se tourna matériellément en eau ;
comme nous le voyons à présent ; et dans cet enflammement, avant la lumière du soleil, lorsque la
matrice étoit encore dans la dure colère, la matrice
a attiré en esprit d'eau tout ce qui avoit été opéré ;
de-là sont venus les rochers et les pierres, et la
terre ténébreuse qui avant le tems de la création
n'étoit qu'un cahos. A cette même heure, le troisième
principe et le ciel igné, sortirent dans la cinquième
forme de la matrice, par le FIAT que Dieu le père
prononça par son cœur, ou son fils (c'est-à-dire),
par et dans l'explosion de son esprit qui couvoit sur
la matrice, et ce FIAT produisit dans la cinquième
forme le ciel igné dans la matrice, comme Moïse
l'expose clairement. Car, la matrice est dans l'origine l'esprit d'eau dans la première forme, et lorsqu'elle devint matérielle dans le lieu de ce monde,
l'esprit couva sur l'eau dans la matrice céleste, qui
maintenant est matérielle (d'où est provenue l'eau
matérielle), et forma les créatures.

31. Ainsi, par cette explosion de la matrice matérielle, la colère a été de nouveau éteinte et est
revenue en sa place, et le démon est demeuré à
l'origine de la matrice ténébreuse, et a été jeté par
la création de la terre hors de son haut siége (où est
maintenant le ciel étoilé igné), ce qui ne peut être
changé dans l'éternité.

CHAPITRE SIXIEME.

De la séparation dans la création en trois principes.

1. SI maintenant, on considère la séparation et l'explosion dans le troisième principe de ce monde, comment est sorti le ciel étoilé, comment chaque étoile a en soi une forme et une propriété particulière, où l'on remarque dans chacune un centre particulier, de façon qu'ainsi chacune est fixe et son propre régulateur, et que chacune domine dans la matrice de ce monde, *inqualifie* et engendre selon le genre qu'elle a dans la matrice ; si nous considérons ensuite le soleil qui est leur roi, leur cœur et leur vie, sans la lumière et la puissance duquel elles ne pourroient opérer aucune œuvre, mais demeureroient dans l'âpre et ténébreuse mort, et ne seroient, dans ce monde, rien autre chose qu'une rude astringence colérique ; si, en outre, nous regardons les élémens, le feu, l'air et l'eau, comment ils s'engendrent sans cesse l'un dans l'autre, et comment la constellation domine là comme dans son domaine, et que nous contemplions la mère d'où proviennent toutes ces choses, alors nous arrivons à la séparation et à l'éternelle mère, la génératrice de toutes choses.

2. Et en effet, nous aurions clairement ceci devant
les yeux, dans nous-mêmes, et dans toutes choses si
nous n'étions pas insensés, aveugles et opiniâtres,
et que nous ne nous laissassions pas mener comme
des écoliers, mais que nous nous attachassions au
maître qui est le maître des maîtres. Car nous
voyons que tout ceci sort de l'éternel mère ; que
telle qu'elle est dans son éternelle génération, tel
aussi elle a engendré ce monde, et qu'aussi de cette
même manière chaque créature est engendrée ; et
de même que dans son explosion elle est en une
multiplication, dans laquelle chaque source a de
nouveau en soi un centre de la génératrice, et une
distinction, mais non une séparation les unes des
autres ; de même aussi ce monde est né de l'éternelle mère ; il est aussi maintenant une génératrice
semblable à l'éternelle mère et non séparée d'elle ;
mais cette génératrice est provenue d'une manière
matérielle, et a reçu par le soleil une autre lumière
et une autre vie, qui n'est pas le sage maître lui-
même; mais le sage maître qui est Dieu la contient, de manière qu'elle est dans l'éternelle matrice,
et cependant n'est pas l'éternelle sagesse elle-même.

3. Puisque cette génération a un commencement
par la volonté de Dieu, et retourne dans son Ether,
elle n'a pas la puissance de la sagesse, mais elle bâtit sans cesse selon son mode. Elle vivifie, et elle
tue : elle produit, selon que cela se rencontre, le
méchant, le tortu, le boiteux, ou bien le bon, le
beau, le puissant ; elle donne la vie et la mort. Elle
donne la puissance et la force, et elle la brise en-

suite, et cela sans une sagesse préméditée ; d'où il
est clair qu'elle n'est point la prévision et la sagesse
divine elles-mêmes, comme les payens l'annoncent,
et se sont imprudemment extasiés, sur la puissance
[*de cette nature matérielle*].

4. Si nous voulons donc voir sa base, nous n'a-
vons qu'à contempler la première mère dans sa génération, alors nous verrons et nous trouverons
tout. Car de même que la première mère (en nous
souvenant comment elle est dans l'origine sans la
lumière)est astringente, ténébreuse, dure, froide,
et est cependant dans la génération de l'esprit d'eau ;
de même aussi on trouvera comment ce monde ma-
teriel est provenu lorsque Dieu créa au premier jour
le ciel et la terre.

5. Or, le ciel vient de la matrice astringente laquelle dans le paradis est l'esprit d'eau, c'est de ce
paradisiaque *ciel* que le *ciel* a été créé comme l'écrit
Moïse : que le ciel a été créé au milieu des eaux ;
et cela fut bien. A cette même heure la terre, les
pierres, ainsi que tous les métaux naquirent à la fois
de cette matrice, tandis que la matrice de ce monde
étoit encore ténébreuse.

6. Car lorsque la matrice fut mue', et que le prince
Lucifer voulut dominer dans le feu, l'astringente
ténébreuse matrice attira à la fois tout ce qui s'étoit
opéré dans l'engendrement ; c'est de là que sont venus la terre, les pierres, les métaux, le souffre, et
le sel. Le trône du prince Lucifer lui fut fermé par
là, et pour lui il resta dans le centre intérieur, prisonnier dans l'extérieur,

7. Mais pour que ces choses pussent s'opérer dans la matrice, c'est la puissance qui est dans la matrice qui en fut le mobile ; car une pierre n'est autre chose qu'une eau, un mercure, un sel, et un soufre dans lesquels il y a une huile cachée.

8. Or, l'engendrement de la matrice est de cette sorte dans son essence éternelle, et dans la génération de sa vie : car premièrement, elle est astringente, âpre, dure, d'où le froid dérive; et l'astringence tire à soi, et aiguise ; et dans son attract, elle fait que l'aiguillon devient amer, piquant, tempêtant ; or, ne pouvant pas souffrir le dur attract, il se tourmente lui-même comme étant dans la démence; il s'élève, et tempête, et devient comme un esprit de soufre.

9. C'est de cette manière que dans la colère, ont été engendrés la terre astringente amère, le soufre et le sel dans l'astringente mère aquatique avant l'enflammement du soleil dans la matrice intelligente. Mais comme il y a eu là une séparation, cela a fait que la génération est restée dans une grande angoisse, et demande une division dans *l'engendrement*. Car l'amertume ne s'accommode point avec l'astringence ; elles sont cependant mère et enfant, membres l'une de l'autre, et cela doit être ainsi, sans quoi il n'y auroit rien : car c'est là l'éternelle alliance, et l'origine de la vie.

10. En outre, lorsque l'amertume s'emporte, s'élève et s'angoisse ainsi dans l'astringente mère, elle tombe en un luisant éclair très effrayant. C'est de cette manière que le mercure ou le poison est

engendré dans la matrice. Car lorsque la matrice envisage cet éclair de feu dans sa forme ténébreuse astringente, elle s'effraie, et elle meurt dans sa puissance âpre et astringente ; et à ce même lieu sont engendrès dans la matrice, la mort, le poison, la chute, et le *brisement*, aussi bien que la noble vie dans l'amertume et l'ascension du troisième principe.

11. Allons plus loin. Lorsque le feu pétillant est arrivé dans l'astringente mère, et qu'il a ainsi subjugué sa mère, il est lui-même très étonné. Car il perd alors sa vertu colérique, puisque la mère a reçu une autre source et que de l'éruption du feu est venu un enfer. Par cette autre source, la *substance* dans la matrice muette, est devenue au milieu de la terreur une *matière* molle, douce, et mélangée ; c'est-à-dire, que de l'expansion de la lumière est résulté l'or, l'argent, le cuivre, l'étain, le plomb et ainsi des autres, selon le mode où, dans chaque lieu, la matrice se trouva dans le centre combattant.

12. Car la génération a été ainsi dans toute l'étendue de ce monde, aussi loin que s'étendoit le royaume de Lucifer. C'est pourquoi il y a des terres, des métaux, et autres substances bien différentes dans un lieu que dans l'autre, et on voit clairement comment tous les métaux sont mélangés ; cela vien de l'extra-génération en infinité, ce que nous pouvons bien comprendre et contempler ; mais nous n'avons pas besoin d'en parler, et même nous ne le pouvons ; car cela dérangeroit notre esprit ; c'est là le domaine de la divinité qui est éternelle et sans

commencement. C'est pourquoi la créature n'en
doit point approcher sous peine de perdre sa raison
et son sens.

13. Maintenant, pour éclaircir ceci davantage,
lorsque la matrice fut ainsi dans la génération, là
où la matière de la terre a été engendrée, la matrice,
par l'enflammement, devint eau ; (entendez bien
ceci) non pas entièrement en substance ; mais de
même que la terre, les pierres, et le métal s'engendrent, et que cependant la matrice demeure ;
de même aussi l'eau *demeure* dans la mort et l'abaissement ; ce dont le monde matériel est provenu. Là
dans ce mouvement le globe de la terre a été congloméré ensemble ; et il reste comme un point au milieu du cercle ; c'est-à-dire, de ce qui est en haut et
de ce qui est en bas.

14. Dans ce point là, l'esprit de Dieu est resté
dans le centre, dans la matrice paradisiaque, et a
demeuré dans son propre siége, dans le ciel paradisiaque, d'où il ne s'est point éloigné. Là, il a couvé
l'eau matérielle avec le FIAT ; il a formé là le ciel
qui a été créé du milieu de la matrice aquatique, et
a séparé dans la matrice la racine des ténèbres
d'avec la lumière, dans lesquelles ténèbres les démons sont demeurés, et n'ont point compris la matière dans la matrice, non plus que la nouvelle lumière qui s'éleva dans la matrice. De cette création
et de cette séparation résulta la longueur d'un jour,
et du commencement et de la fin, du matin et du
soir vint le premier jour, comme l'écrit Moïse.

15. Mais, puisque nous parlons du ciel, et pour

que le lecteur puisse comprendre ce qu'est ce que Dieu créa alors, Moïse écrit que Dieu fit un firmament au milieu des eaux, et sépara les eaux qui sont au-dessus du firmament, d'avec les eaux qui sont au-dessous du firmament, et nomma le firmament, ciel. Cela est vrai, mais jusqu'ici cela a été difficile à entendre.

16. Maintenant regarde. Le ciel est la grande profondeur, aussi loin que l'Éther s'est étendu pour la génération de ce monde ; et cela est la matrice d'où la terre, les pierres, et l'eau matérielle sont engendrées. Or, Dieu a séparé en ce point l'eau matérielle d'avec la matrice ; et on voit très particulièrement ici comment l'eau matérielle est comme morte, ou que la mort est dans elle : car elle n'a pas pu rester dans la mère couvante, mais elle a été créée sur le globe de la terre, et Dieu là nommée mer. Dans ceci, il faut entendre dans la langue de la nature une végétation dans la mort, ou une vie dans la brisure. Quoiqu'ici je puisse être comme muet pour le lecteur, je sais cependant cela très sûrement : laisse-moi m'en réjouir. Comme l'homme animal n'est pas digne de savoir ces choses, c'est pour cela que je ne veux pas jeter des perles devant les pourceaux. Quant aux enfans de Dieu, à qui ces choses conviennent, l'esprit de Dieu saura bien les leur enseigner et les leur apprendre.

17. Lorsque le ciel, par une impulsion simultanée, [*ou la concrétion*] fut purgé de la terre et du cahos ténébreux, alors dans ce lieu, dans la matrice du ciel, ont été les trois élémens, feu, air et eau. Ce

sont trois choses l'une dans l'autre dans une seule mère, et la mère alors s'est nommée ciel ; c'est pourquoi j'emploierai désormais dans mes écrits le mot *ciel* en place du mot matrice, car le ciel est la matrice.

18. Et il se nomme *ciel* à cause de la séparation, de façon que la quintessence des constellations est séparée et placée dans le ciel supérieur, là où la matrice est plus ignée, comme il faut l'entendre particulièrement dans le langage de la nature, et comme cela est aussi devant les yeux.

19. Mais il faut décrire ici la qualité, la génération et la propriété du ciel, puisque là les quatre élémens se manifestent comme étant dans leur mère ; or en eux se trouve la forme de tout ce qui est vivant dans ce monde. Il nous faut décrire l'origine des élémens parmi lesquels on doit, avec raison, comprendre d'abord ce qu'est le ciel, etc.

CHAPITRE SEPTIEME.

Du ciel, de son éternelle génération, et substance; comment les élémens sont engendrés,
ce dans quoi l'éternelle alliance pourra être
mieux et plus amplement comprise par la
contemplation et l'observation du monde
matériel.

La grande profondeur.

1. Aucun esprit ne voit plus loin que dans sa
mère, de laquelle il a tiré son origine et dans laquelle
il se manifeste; car il n'est donné à aucun esprit
dans sa propre puissance naturelle de voir dans un
autre principe, et de le contempler à moins qu'il ne
soit de nouveau engendré dans ce principe.

2. Mais l'homme naturel (que la matrice de ce
monde a emprisonné dans sa chute) a un esprit naturel qui se meut entre deux principes; savoir : entre
le divin et l'infernal, et il est entre deux portes;
dans celui de ces principes où il tombe, il y est là de
nouveau engendré, soit dans le royaume du ciel,
soit dans le royaume de l'enfer, et ne peut néanmoins, pendant ce tems-ci, en contempler aucun.
Dans sa substance et dans tout son être il est un

homme double, car son ame, dans sa propre substance, vient du premier principe, qui de toute éternité n'a ni commencement ni fin ; et dans le moment de la création de l'homme dans le paradis ou
dans le royaume céleste, elle a été corporisée par
le FIAT en nature d'esprit ; mais elle est restée insé-
parablement dans la première racine, avec la première *vertu* qui, de toute éternité, est dans sa première
et propre puissance ; et elle est pénétrée par la lumière du second principe ou du cœur de Dieu ; par
le moyen de quoi se trouvant dans le paradis, elle
a été soufflée par le bouillonnant esprit de Dieu dans
la matrice du troisième principe, dans l'homme astral et élémentaire. L'homme peut ainsi atteindre
par sa compréhension jusqu'aux degrés où la lumière
de Dieu brille en lui ; par laquelle lumière, il peut
comprendre le fondement du ciel, aussi bien que
celui des élémens et de l'enfer. Car si la lumière est
en lui, dès lors il est engendré dans les trois principes, sans quoi il n'en est qu'une étincelle et non
pas la grande fontaine qui *tient* à Dieu même.

3. C'est pourquoi le Christ dit : *Si vous aviez de
la foi gros comme un grain de sénevé, vous pourriez
dire à une montagne ; jète-toi dans la mer, et cela arriveroit.* Et c'est par cette puissance que des hommes,
par la parole et la *vertu* de Dieu, ont ressuscité des
morts, et ont guéri des malades ; autrement ils
n'auroient pas pu opérer de pareilles œuvres, s'ils
n'avoient pas été dans la puissance de tous les trois
principes.

4. Car l'esprit créé de l'homme, qui est de la ma-

trice de ce monde, dominé par la *vertu* de la lumière
(entendez par la *vertu* du second principe) sur et
dans la puissance des astres et de l'esprit élémentaire, le tout très puissamment comme dans son
domaine. Mais, par la chute d'Adam, nous avons
perdu cette grande puissance, puisque nous avons
quitté le paradis, et que nous sommes passés dans
le troisième principe, dans la matrice de ce monde,
qui nous a tenus aussitôt prisonniers dans la gêne.
C'est pourquoi nous n'avons qu'une lueur de connoissance de l'éternelle génération, et nous la
voyons comme au travers d'un miroir obscur.

5. C'est avec une bien grande impuissance que
nous nageons dans toutes les trois générations ; souvent la porte paradisiaque nous est fermée ; le démon nous attire souvent dans la porte infernale ; il
nous cache les élémens et les portes sydériques, et
nous appesantit tellement que nous nous mouvons
souvent dans tout *le matras*, comme si nous étions
sourds, muets, et à moitié morts : si cependant la
lumière paradisiaque vient à briller, nous voyons
au travers de cette lumière, dans la mère de tout
les trois principes. Car rien ne peut nous en empêcher ; le triple esprit de l'homme voit chaque forme,
et chaque qualité dans sa mère.

6. Ainsi, quoique nous parlions de la création
du monde, comme si nous y avions été et que nous
l'eussions vue, personne ne doit s'en étonner, et
regarder cela comme impossible, car l'esprit qui est
en nous, qu'un homme hérite de l'autre, qui a été
soufflé de l'éternité dans Adam, cet *esprit* a tout vu

et il voit tout dans la lumière de Dieu, et il n'y a rien *pour lui* d'éloigné, rien d'inscrutable ; car l'éternelle génération qui est cachée dans le centre de l'homme ne fait rien de nouveau, elle reconnoît et opère exactement ce qu'elle a fait de toute éternité. Elle travaille pour la lumière et pour les ténèbres, et elle opère dans une grande angoisse ; mais si la lumière brille en elle, il n'y a que de la joie et de la science dans ses œuvres.

7. C'est pourquoi lorsque l'on parle du ciel et de *l'engendrement* des élémens, on ne parle point de choses éloignées, ni qui soient à une distance de nous, mais nous parlons de choses qui sont arrivées dans notre corps et dans notre ame, et rien n'est plus près de nous que cette génération, car c'est dans elle que nous vivons, et que nous nous mouvons, comme dans notre mère ; ainsi nous ne parlons que de notre maison maternelle, et si nous parlons du ciel, nous parlons de notre pays natal que l'ame éclairée peut contempler, quoique cela soit caché à notre corps.

8. Car, de même que l'ame de l'homme se meut dans l'homme et nage dans les puissances des étoiles et des élémens ; de même aussi le ciel créé se meut entre le paradis et le royaume infernal, et nage dans l'éternelle matrice. Son essence est insaisissable et inappréhensible, et est une pure *vertu* de l'éternelle matrice ; sa limite est aussi loin que l'Ether s'est étendu par la création, aussi loin que le royaume du prince Lucifer a atteint et a résisté ; et là, cependant, aucune limite ne se fait sentir, car la

puissance divine est sans bornes ; seulement notre
sens atteint jusqu'au ciel igné des étoiles, qui sont
une extra-génération dans la cinquième forme de
l'éternelle mère, ou une quintessence dans laquelle
la séparation, au tems du troisième principe, ou du
commencement de ce monde, a divisé la puissance
de la matrice ; ainsi là ce qui est séparé reste mou-
vant *ou en action;* chaque essence dans l'extra-génération, dans les centres multiples des étoiles, a
un ardent désir l'une pour l'autre, une ferme ardeur
d'imprégnation, et chaque essence ou *vertu* est l'aliment, la boisson, l'enveloppe et le réceptacle de
l'autre.

9. Car, de même que dans le principe paradisiaque l'esprit saint se manifeste toujours dans le
trinaire de la divinité, bouillonne doucement sans
mouvement sensible pour la créature, et cependant forme et représente tout dans la matrice paradisiaque ; de même aussi est le troisième principe. Dès lors que la matrice est devenue visible et
matérielle, chaque puissance dans la matrice a un
grand désir et un grand attract pour l'autre, une
continuelle ascension, une floraison, et une des-
cension, comme un végétal, ou une matière bouil-
lonnante. Là la matrice astringente, froide et forte
attire à soi sans relâche ; et ce même attract, ou bien
l'aiguillon remue et se défend sans relâche, de façon qu'ainsi la matrice astringente eu égard à la
matrice intérieure, colérique ou originelle, est toujours dans l'angoisse avec un grand désir de la lumière qu'elle aperçoit dans la racine de feu, et

dont elle s'effraie sans cesse ; mais elle *devient* douce, traitable et matérielle ; et par-là l'élément *eau* s'engendre sans cesse.

10. C'est ainsi que tu dois entendre la base des quatre élémens, qui ne sont, cependant, pas quatre essences particulières, mais une seule essence, et sont néanmoins distincts tous les quatre dans cette génération ; et chaque élément repose dans le vase de l'autre ; il est *en même tems* son réceptale, et est en lui *comme* un de ses membres.

Comprenez bien la base, ainsi qu'il suit.

11. L'astringence est la matrice et la cause de toutes choses. Dans sa propre substance elle est entièrement ténébreuse, froide, et comme un rien ; mais comme il y a une éternelle divinité, laquelle se mire dans l'astringence, alors l'âpre astringence devient désireuse dans la puissance divine, et attire à soi, quoiqu'en ce moment là il n'y ait ni vie ni entendement dans l'astringence; mais elle est devenue la base de la première essence et la raison originelle de ce que quelque chose est. Car nous ne pouvons pas ici sonder plus avant la base de la divinité, de peur de nous troubler.

12. Maintenant, l'astringence dans son attract et son grand désir pour la lumière, attire toujours à soi, et n'est rien dans sa propre substance qu'une faim ardente ; entièrement sèche ; absolument comme un rien ; une volonté désirante *comme* le sont les ténèbres après la lumière ; et sa faim, ou

son attract fait l'amertume, le tourment ; de façon
qu'elle ne peut être satisfaite ni appaisée. De - là
vient l'angoisse ; de sorte que la volonté ou l'aiguillon de l'ardeur du désir se froisse en soi-même ;
qu'il s'affame et ne veut pas s'abandonner au ténébreux rien, ou à la mort. Il porte son désir, son angoisse, et sa ferme volonté ainsi fortifiée dans la
lumière cachée de Dieu ; de sorte que la volonté devient un éclair étincelant, tel qu'un pétillement de
feu, dont l'astringence est toujours remplie comme
dans un clin d'œil, et elle en devient comme morte,
ce qui fait que l'astringent esprit devient doux,
souple et matériel (ou) en eau.

13. Mais, comme l'amertume est si fort effrayée
par l'éclair de feu dans l'astringence, il saisit sa
mère l'astringence, qui est devenue matérielle par
l'épouvante, et il tend à s'échapper. Il est gonflé par
l'astringence matérialisée, comme s'il étoit aussi
matérialisé ; il se remue et se fortifie toujours dans
la mère, et cela est l'élément air dans ce monde,
lequel *air* a son origine dans la mère aqueuse. L'eau
a *la sienne* de l'air. Le feu *la sienne* de l'angoisse
désireuse. La terre et les pierres ont reçu la leur de
l'attract colérique par la chute de Lucifer, lorsque
l'astringence fut ainsi fortifiée dans l'attract en ascension, lequel attract fut de nouveau appaisé par
la lumière, dans le troisième principe.

14. Ainsi, on entend parfaitement comment la
lumière de Dieu est la source de toutes choses, et
entendez ici tous les trois principes. Car, s'il n'y
avoit ni puissance ni lumière divines, alors il n'y

auroit aussi aucun désir dans la ténébreuse éternité, et le désir astringent qui est la mère de l'éternité, ne seroit aussi qu'un rien. Or, l'on entend
comment la puissance divine brille en toutes choses,
et n'est cependant pas la chose elle-même, mais est
l'esprit de Dieu dans un second principe : la chose
est son miroir, et l'est devenue ainsi, par la volonté désirante. Mais enfin le cœur de Dieu est la
première volonté dans le père, le pè... est le premier désir pour le fils, et le fils est la puissance et la
lumière du père, d'où l'éternelle nature est toujours
désirante, et engendre ainsi de la puissance du cœur
de Dieu dans l'éternelle matrice, le troisième principe. Car c'est ainsi que Dieu est manifesté ; autrement la divinité seroit restée cachée éternellement.

15. Or, nous disons, selon l'écriture, que Dieu
demeure dans le ciel, et cela est vrai. Voyez, Moïse
écrit : *Dieu créa le ciel du milieu des eaux.* Et l'écriture dit : *Dieu demeure dans le ciel.* Ainsi souvenez-
vous maintenant, comment l'eau a son origine ;
savoir : du désir de l'éternelle nature pour l'éternelle
lumière de Dieu. Or, l'éternelle nature est manifestée par le désir pour la lumière de Dieu, comme
cela a été dit ci-dessus, et la lumière de Dieu est
présente, et cependant elle reste cachée à la nature.
Car, la nature reçoit seulement la *vertu* de la lumière, et cette *vertu* est le ciel dans lequel la lumière
de Dieu demeure cachée, et brille dans les ténèbres. L'eau est la matière qui est engendrée du ciel,
et dans elle est le troisième principe qui engendre

de soi à son tour une vie et une essence saisissable, savoir, les élémens et les créatures.

16. C'est pourquoi, toi, homme, qui es un être si élevé, ne te laisse pas jouer par le démon et par l'antechrist, qui veut éloigner de toi la divinité, et te figure un ciel fort distant de toi. Il n'y a rien de plus près de toi que le ciel; seulement tu restes devant la porte du ciel, et tu es passé avec Adam, du ciel paradisiaque dans le troisième principe. Cependant tu es devant la porte. Ne peux-tu agir comme l'éternelle mère qui, par un grand désir et son ardeur pour Dieu, est devenue le royaume du ciel dans lequel Dieu demeure, et dans lequel le paradis se manifeste? Fais-en de même. Pose tous tes désirs dans le cœur de Dieu. Si tu pénètres avec puissance comme l'éternelle mère de la nature, alors il t'arrivera ce que le Christ dit: *Le royaume du ciel souffre violence, et ceux qui lui font violence l'emportent.* Ainsi tu te feras des amis dans le ciel avec les richesses injustes, et tu seras réellement l'image de Dieu, sa similitude, et sa propriété. Car, en toi, sont tous les trois principes dès l'éternité, et de nouveau en toi sera engendré le saint paradis où Dieu demeure. Où veux-tu donc aller chercher Dieu? Ne le cherche que dans ton ame qui est de la nature éternelle, dans laquelle est le divin *engendrement.*

17. Hélas! que n'ai-je une plume *digne* d'un homme, et que ne puis-je tracer l'esprit de la connoissance! Il faut toutefois que je bégaye sur ces

grands mystères, comme un enfant qui apprend à
marcher. Car, la langue terrestre ne sauroit exprimer ce que l'esprit saisit et comprend ; ainsi je veux
le hasarder pour savoir si je pourrai en exciter quelques uns à chercher la perle par laquelle j'opère
aussi l'œuvre de Dieu, dans mon paradisiaque jardin de roses. Car, l'attract de l'éternelle matrice me
pousse aussi à écrire et à employer ainsi mes connoissances.

18. Si donc nous voulons élever notre esprit, et
chercher le ciel dans lequel Dieu demeure, nous ne
pouvons pas dire que Dieu n'habite qu'au-dessus des
étoiles, et se soit ainsi enfermé dans une forteresse
qui ait été faite d'eau, où personne ne puisse entrer
à moins qu'on ne la lui ouvre ; lesquelles pensées
égarent entièrement les hommes. Nous ne pouvons
pas dire non plus, comme plusieurs le présument,
que Dieu le père, ainsi que le fils, soient avec les anges
dans un ciel supérieur et enclos, et ne régissent alors
ce monde - ci que par l'esprit saint qui procède du
père et du fils. Toutes ces pensées n'offrent point une
vraie connoissance de Dieu. Car alors Dieu seroit
partagé, et circonscriptible comme le soleil qui se
meut en haut au-dessus de nous, et répand sa *vertu*
et sa lumière sur nous, afin qu'ainsi toute la profondeur soit lumineuse, et par-tout en activité.

19. Ces sortes de pensées égarent étrangement la
raison, et le royaume de l'antechrist est engendré
dans ces pensées. L'antechrist, par le moyen de ces
opinions, s'est mis à la place de Dieu, et s'est per-
suadé qu'il seroit un Dieu sur la terre ; il lui a pres-

crit la limite de sa puissance divine , il a fermé la
bouche à l'esprit de Dieu , et n'a pas voulu l'entendre parler.

20. Ainsi de grandes erreurs se montrent , en sorte
que plusieurs croient à l'esprit de mensonge qui
parle dans d'hypocrites et puissantes illusions , et
égare les enfans de l'espérance , comme le témoigne
Saint-Paul.

21. Le vrai ciel où Dieu demeure , est par-tout , en
tout lieu , ainsi qu'au milieu de la terre. Il comprend l'enfer où le démon demeure , et il n'y a rien
hors de Dieu. Car , là où il étoit avant la création
du monde , il y est encore , c'est-à-dire , en soi-
même , et il est lui - même l'essence des essences.
Tout est engendré de lui et dérive de lui , et c'est
pour cela qu'il s'appelle Dieu , en sorte qu'il est
seul le bien , le cœur ou ce qu'il y a de meilleur ,
c'est-à-dire , la lumière et la puissance d'où la nature
dérive.

22. Si tu veux donc considérer Dieu , représente-
toi les éternelles ténèbres qui sont hors de Dieu , car
Dieu demeure en soi-même , et rien ne peut , par une
puissance particulière , le saisir ; ces ténèbres ont un
grand attrait pour la lumière puisque la lumière se
mire dans les ténèbres , et brille en soi. Et dans ces
mêmes ténèbres ou dans le désir , tu trouveras la
source. Or , la source saisit la puissance de la lumière ;
l'ardeur rend substantielle ou *matérielle* la puissance,
et la puissance substantielle ou *matérielle* est l'enceinte relativement à Dieu , ou bien elle est le ciel.
Car dans la puissance est le paradis dans lequel

opère l'esprit qui provient du père et du fils ; tout ceci est inconcevable à la créature, mais non pas introuvable pour la base affective, car le paradis est ouvert à la base affective des ames saintes.

23. Ainsi tu vois comment Dieu a créé tout de rien, c'est-à-dire, seulement de lui-même, et cependant l'extra-génération n'est point de son essence ; mais elle prend sa source dans les ténèbres.

24. La source des ténèbres c'est le premier principe ; la puissance de la lumière est le second principe, et l'extra-génération hors des ténèbres par la puissance de la lumière, est le troisième principe ; il ne s'appelle pas Dieu ; Dieu n'est que la lumière et la puissance de la lumière ; et l'expansion de la lumière est l'esprit saint.

25. Prends une comparaison en toi-même. Ton ame te donne en toi : 1°. La raison par où tu penses ; cela signifie Dieu le père. 2°. La lumière qui brille dans ton ame, afin, que tu puisse connoître la puissance, et te conduire ; cela signifie Dieu le fils, ou le cœur, l'éternelle puissance. Et 3°. la base affective qui est la puissance de la lumière. L'expansion de la lumière par laquelle tu régis le corps, signifie Dieu l'esprit saint.

26. 1°. Les ténèbres, en toi, qui se portent ardemment vers la lumière, c'est là le premier principe.

2°. La puissance de la lumière en toi par laquelle tu vois sans yeux dans la base affective, c'est là le second principe. [*On voit que l'auteur a rassemblé ici en un seul, le second principe et l'esprit saint.*]

3°. Et la puissance désirante qui jaillit dans la
base affective et attire à soi, et se remplit, ce qui
fait que le corps matériel croît, c'est là le troisième
principe.

27. Et tu entends parfaitement comment entre
chaque principe il y a une clôture. Or, Dieu est le
commencement et la première puissance dans toutes
choses. Tu conçois aussi qu'avec ton corps de taupe
tu n'es pas dans le paradis. Car il n'est qu'une génération gonflée dans le troisième principe ; dans laquelle l'ame reste enfermée comme dans une ténébreuse prison, ce dont tu trouveras une ample description *quand j'en serai* à la chute d'Adam.

28. Maintenant vois. Là où Dieu voulut se manifester par le monde matériel, et où la matrice fut
dans la génération angoisseuse ; c'est là que le créateur avoit mu le premier principe pour la création des
anges, et que la matrice resta indivise en une essence, car il n'y a eu là aucune [*saisissabilité*]; mais
seulement esprit, et puissance de l'esprit. L'esprit
étoit Dieu ; la puissance étoit le ciel, et l'esprit
opère dans la puissance de façon que la puissance
est désirante et ardente ; car l'esprit se contempla
dans la puissance, là où l'esprit avoit créé la puissance. C'est de-là que sont venus les anges ; ainsi la
puissance devint la demeure des anges, et le paradis
dans lequel l'esprit opère. Or, la puissance soupira
après la lumière, et la lumière brilla dans la
puissance ; ainsi il y eut une joie paradisiaque,
et par-là il y eut devant Dieu comme un jeu d'a-
mour.

29. Mais l'éternelle lumière, aussi bien que la puissance de la lumière, ou le paradis céleste, se meut dans les éternelles ténèbres, et les ténèbres ne sauroient saisir la lumière; car ce sont deux principes différens, et les ténèbres soupirent après la lumière, parce que l'esprit se contemple en elle, et qu'en elle la puissance divine est manifestée. Mais si les ténèbres ne peuvent saisir ni la lumière, ni la puissance divine, ces ténèbres se sont, cependant, toujours élevées vers elle avec un grand désir, tellement que, par l'éclat de la lumière de Dieu, elles ont allumé en soi la racine de feu; alors le troisième principe s'est manifesté, et il tire son origine du premier, de la matrice ténébreuse, par le reflet de la puissance divine. Mais comme cette puissance allumée dans cet *élèvement* dans les ténèbres, est devenue ignée, alors Dieu a posé sur elle le FIAT, et par l'esprit bouillonnant qui sort dans la puissance de la lumière, il a modifié la source de feu en forme corporelle, et l'a séparée de la matrice, et l'esprit a nommé étoiles cette modification ignée, à cause de leurs qualités.

30. Ainsi on voit clairement comment le ciel igné étoilé, ou (ainsi que je pourrois mieux l'exposer au lecteur éclairé) la quintessence, où la cinquième forme dans la génération, est séparée de la matrice aqueuse. Autrement il n'y auroit point eu de cesse dans la conglomération des pierres et de la terre, si le mode igné n'avoit été séparé. Mais comme l'éternelle essence, où Dieu a voulu se manifester dans la matrice ténébreuse, et du rien opé-

rer le quelque chose, il a séparé la puissance enflammée, et a rendu la matrice claire et pure.

31. Ainsi la matrice reste maintenant insaisissable, et soupire après le mode igné, et le mode
igné soupire après la matrice ; car l'esprit de Dieu,
qui est l'esprit de douceur, se contemple dans la
la matrice aqueuse, et la matrice reçoit de lui la
puissance. Ainsi il y a une ferme volonté d'engendrer et d'opérer, et toute la nature est dans un
grand désir, et une grande angoisse, voulant sans
cesse engendrer la puissance divine, puisque Dieu
et le paradis sont cachés dans cette nature ; mais
elle engendre selon son mode et selon ses moyens.

32. Or, lorsque Dieu eut séparé la matrice d'avec
sa forme ignée, et voulut se manifester dans ce
monde, alors il établit le FIAT dans la matrice, et
dit : *Qu'il croisse de l'herbe, des plantes, des arbres,
des animaux, chacun selon son espèce.* Cette parole
étoit le cœur ou la puissance de l'éternel père, mais
l'esprit qui avoit le FIAT, passa de l'éternel père
dans la puissance du cœur de Dieu avec la volonté.
La volonté fut le FIAT, et la puissance de l'extra-
génération créa dans le troisième principe matériel-
lement, visiblement et palpablement, chaque chose
selon son essence. Telle qu'étoit la puissance, tel
fut aussi son corps. Car, là, la matrice ignée, ou la
région astrale avoit donné sa puissance au FIAT ; la
matrice aqueuse ainsi que les élémens avoient reçu
la puissance ; elle devint enceinte. Chaque élément
engendra de soi-même ses créatures ; et aussi chaque
forme engendra de soi - même dans la nature ignée

et aqueuse, et cependant il n'y eut aucune essence divisée. Seulement les créatures furent distinguées chacune selon son espèce, selon l'éternelle puissance qui, par l'ardeur, s'éleva dans le désir, et devint le troisième principe qui n'avoit point existé avant les tems.

33. Ainsi, le ciel astral domine dans toutes les créatures comme dans son domaine ; il est le mâle ; et la matrice ou la forme aqueuse est sa femelle qu'il engrosse toujours. La matrice est la génératrice : elle engendre l'enfant que fait le ciel ; et c'est de ce ciel créé dans le troisième principe, que sortent les élémens, particulièrement la matrice aqueuse d'où l'eau visible est engendrée, et qui engendre sans cesse encore dans la même ardeur.

34. C'est pourquoi, Moïse écrit avec raison : *Dieu créa le ciel du milieu des eaux.* Tu dois entendre ceci de l'éternelle matrice aqueuse, qui n'est qu'un esprit dans lequel est le paradis et le ciel sacré, ou la puissance divine après laquelle soupire avec une grande faim la ténébreuse matrice ; c'est de-là qu'est venue la matrice visible des élémens, de laquelle, au moyen du FIAT, ont été créées, par l'éternel esprit de Dieu, les essences de toutes les essences qui sont actuellement.

35. Car, chaque forme dans la matrice a manifestement ses créatures, mais invisiblement pour les yeux de l'homme ; elles peuvent, pour la plupart, être regardées par nous comme un esprit figuré. C'est ainsi que le feu a des esprits et des créatures cachées pour nos yeux matériels ; et nous ne

pouvons pas les voir. Dans l'air également, il y a
des esprits invisibles que nous n'apercevons point,
puisque l'air étant immatériel, les esprits le sont
aussi. Dans l'eau il y a des créatures matérielles,
mais qui ne nous sont pas visibles. Et comme elles
ne viennent pas du feu et de l'air, elles sont d'une
autre qualité ; et elles sont cachées aux *êtres aériens*
et ignés, à moins qu'elles ne veuillent se manifester
elles-mêmes.

36. C'est ainsi que le feu, l'air, l'eau, la terre
sont dans un seul vase ; ces quatre ne sont qu'une
seule chose, et cependant ils sont distincts tous
quatre, et aucun d'eux ne peut saisir ni retenir l'autre. Or, dans chaque créature il y a quelque chose
de fixe des quatre autres, et la créature ne peut pas
se cacher dans ce fixe ; mais elle y est manifestée,
et elle est visible et saisissable selon ces mêmes
esprits, et insaisissable aux autres esprits élémentaires.

37. Car, c'est en sortant du rien que tout est arrivé à être quelque chose, et chaque créature a un
centre, où le cercle de la génération de la vie en soi-
même. Or, de même que les élémens sont cachés
les uns dans les autres, dans une seule mère, et
que l'un ne saisit pas l'autre quoiqu'il soit un membre de l'autre ; de même aussi, les créatures pro-
duites sont cachées les unes dans les autres, et invisibles. Car, chaque être ne voit que dans sa mère, qui
est fixe en lui. Le matériel voit la substance matérielle, mais il ne voit pas la substance immatérielle,
ou les esprits dans le feu et l'air, de même que le

corps ne voit pas l'ame qui cependant demeure en lui, ou de même que le troisième principe n'atteint ni ne saisit le second dans lequel est Dieu ; et quoiqu'il soit en Dieu, il y a cependant une génération entre *eux*. Il en est comme de l'esprit *animique* de l'homme, et de l'esprit élémentaire dans l'homme, lequel *esprit élémentaire* est cependant l'enveloppe et l'enclos de l'autre, ce que tu trouveras *lorsque je parlerai* de la création de l'homme.

CHAPITRE HUITIEME.

De la production des créatures, et de l'explosion de toute végétation, aussi bien que
des étoiles et des élémens, et de l'origine
de la substance de ce monde.

1. Il n'y a rien d'extraordinaire, comme il est dit
au commencement du précédent chapitre, qu'un
homme parle, écrive et enseigne sur la création du
monde, quoiqu'il n'y ait point été présent; il suffit
qu'il en ait la vraie connaissance en esprit; car alors
il voit toutes choses comme dans un miroir, dans
la mère ou la génératrice. En effet, chaque chose est
dans une autre, et plus il cherche, plus il trouve; son
entendement n'a pas besoin de s'élancer hors de ce
monde, il trouve tout dans ce monde, sur-tout en soi-
même, ainsi que dans tout ce qui vit et se meut. Quoi
que ce soit qu'il contemple et qu'il approfondisse, il y
trouve l'esprit avec le fiat, et la puissance divine se
mire dans toutes choses comme il est écrit: *La parole
est près de toi, oui, dans tes lèvres et dans ton cœur.* Car,
quand la lumière de Dieu pointe dans le centre de
l'esprit de l'ame, alors l'esprit de l'ame voit comme
dans un clair miroir, la création du monde, parfaitement bien, et il n'y a rien d'éloigné *pour lui.*

2. Je veux adresser le lecteur à la création, elle-même ; il peut y creuser, il y trouvera que tout est ainsi ; et il verra des choses encore plus merveilleuses, que personne ne peut ni écrire ni proférer, pourvu toutefois qu'il soit né de Dieu. Nous ne devons pas dans notre intelligence, et dans nos connoissances, considérer Dieu opérant dans la création, comme un homme qui manipule quelque chose, ainsi qu'un potier fait un vase avec de l'argile, ou un sculpteur une figure, à sa volonté, et qu'il brise si elle ne lui plaît pas. Non, les œuvres de Dieu dans la création du monde ont été toutes fixes, bonnes et parfaites ; comme Moïse écrit : Et Dieu regarda tout ce qu'il avoit fait, et il vit que cela étoit bon.

3. Car il n'a pas pris un morceau de terre l'un après l'autre, ou bien plusieurs morceaux de terre à la fois pour en faire des animaux. Cette opinion ne pourroit pas se soutenir, et seroit plutôt la pensée d'une brute que d'un homme ; mais, comme cela est dit ci-dessus, après que le démon fut tombé avec ses légions, lui qui avoit eu son siége angélique et son trône dans le lieu de ce monde ; qui avoit existé corporellement selon le mode de l'esprit, dans le premier principe ; qui étoit tout imprégné de la lumière du second ; demeurant vraiment dans le paradis et dans la puissance divine ; après, dis-je, qu'il fut tombé par orgueil, et privé de la lumière de Dieu, s'étant cramponné à sa propre mère la racine de feu, se persuadant qu'il pourroit dominer sur la douceur du cœur de Dieu, alors sa demeure

fut fixée dans le premier principe , dans la matrice ténébreuse ignée ; et Dieu créa l'extra-génération de la matrice en un principe ; et, dans l'éternelle matrice, dans sa volonté désirante , il ouvrit le centre ou la génération de la vie. Dans ce moment, (selon le mode dont l'éternelle divinité s'engendre sans cesse de toute éternité) s'est élevé , d'après l'ordre de la divinité , le troisième principe dans lequel la divinité demeure comme cachée, mais cependant, se peignant puissamment dans toute chose, ce qui est *inapercevable* au démon , et ne lui porte aucun profit.

4. Mais le troisième principe est une image du monde paradisiaque, qui est spirituel , et qui y demeure caché , et ainsi la divinité s'est manifestée. Comme le monde spirituel des anges n'est pas resté dans ce lieu , alors Dieu a donné à ce lieu un autre principe, dans lequel, cependant , une lumière s'élève, et qui est une aimable demeure ; car le plan de Dieu doit subsister , quand même les premières créatures devroient rester dans les ténèbres.

5. Ainsi on ne doit point considérer la matrice de ce monde , avec les étoiles et les élémens comme si Dieu n'y résidoit pas. Sa puissance et son éternelle sagesse se sont représentées dans toutes choses par le FIAT. Il est lui-même le maître ouvrier , et dans le FIAT toutes choses ont éclos , chacune dans son essence , dans sa *vertu* et dans sa propriété.

6. Car de même que dans le firmament , chaque étoile a une propriété différente des autres ; de même en est-il de la mère d'où la quintessence des étoiles

est sortie ; car lorsque la forme ignée des étoiles
s'est séparée d'elle, elle n'a pas été pour cela séparée du premier éternel droit de génération, mais
elle a conservé son éternelle *vertu ;* seulement la
puissance de feu engendrée, a été séparée d'elle,
de façon qu'elle est une aimable demeure, et une
douce mère de ses enfans.

7. Lorsque Dieu au premier jour a congloméré
ensemble la masse de la terre dans la grande profondeur de ce monde, alors l'abîme (ou la profondeur) a été net, mais ténébreux, et il n'y avoit
aucune lumière dans la matrice ; mais la quintessence, c'est-à-dire, la cinquième forme a brillé,
dans la matrice comme un feu, dans lequel l'esprit
de Dieu a fécondé par le FIAT la matrice aqueuse ;
alors la terre étoit entièrement vide et nue, et il n'y
avoit aucune végétation.

8. Or, comme l'écrit Moïse, Dieu dit : *Que la lumière soit, et la lumière fut ;* et cette lumière a été
la cinquième forme dans la matrice ; car la quintessence ne fut pas encore créée ni séparée dans la matrice jusqu'au quatrième jour où Dieu en a créé le
soleil et les étoiles, et a séparé la lumière des ténèbres. La lumière reçut donc alors en soi, en
propriété, la puissance de se répandre avec éclat,
et la racine de feu demeura cachée dans le centre,
dans les ténèbres.

9. Au second jour Dieu créa comme une forte barrière le firmament du ciel au milieu des ténèbres de la
matrice originelle, pour que celle-ci ne s'enflam-
mât plus, et n'engendrât plus ni terre, ni pierres ;

c'est pourquoi il a produit du milieu des eaux la barrière, ou le firmament, lequel arrête la puissance du feu, et est devenu le ciel visible d'où sont venues les créatures, et de qui maintenant sortent les élémens, le feu, l'air et l'eau.

10. Car, au troisième jour, Dieu, par le FIAT, a séparé l'eau de la terre, et l'a disposée en des places diverses, afin qu'elle fût un rafraîchissement pour la terre, lorsque la terre deviendroit sèche. Lorsque tout cela fut fait, Dieu s'occupa de la création, et l'éternel père parla; c'est-à-dire, qu'au moyen du FIAT, il opéra sur la terre par le fils qui est son cœur et sa splendeur : alors la vie poussa au travers de la mort, et il s'éleva des plantes, de l'herbe, et toute espèce d'arbres, et toute espèce de végétaux; chacun selon l'éternelle source, comme cela avoit été auparavant. Ainsi chaque essence devint visible, et Dieu manifesta son éternelle puissance par des multitudes de plantes, d'arbres et d'arbustes; de façon que celui qui est né de Dieu et qui les observe, reconnoît l'éternelle puissance et la sagesse divine, et contemple, dans le moindre brin d'herbe, son créateur dans lequel il vit.

11. Ainsi dans un instant parut tout ce qui vit sur la terre, et la matrice de la terre est restée comme dans la mort jusqu'au troisième jour, à cause de la grande tempête; mais par le FIAT la vie a poussé au travers de la mort, et l'éternelle puissance et sagesse de Dieu se sont laissé voir à la terre florissante, s'étant représentées dans le FIAT. Il y a ici un grand secret, pourquoi le Christ homme a été dans la terre

jusqu'au troisième jour, et a réparé le tems de la mort ; mais l'homme seroit aveugle à ceci et n'y connoîtroit rien.

12. On voit là, très clairement, la similitude du monde paradisiaque. Car, quoiqu'il y ait dans une prairie plusieurs milliers de plantes les unes auprès des autres, et que l'une soit plus forte et plus belle que l'autre, cependant aucune n'envie à l'autre sa beauté, mais il n'y a là qu'une aimable demeure dans une seule mère ; ainsi il y a aussi une différence dans le paradis. Là chaque créature n'éprouve que la plus grande joie de la *vertu* et de la beauté des autres, et l'éternelle puissance et sagesse divine est sans nombre et sans borne ; comme tu le trouves ci-dessus dans le troisième chapitre, sur l'ouverture des centres de l'éternelle vie. Il n'y a aucun livre où tu puisses mieux chercher et plus *aisément* trouver la divine sagesse, que quand tu marches dans une prairie végétante et florissante ; tu peux y voir, sentir, et goûter la merveilleuse puissance divine, quoique ce ne soit qu'une similitude, et que la *vertu* divine soit devenue matérielle dans le troisième principe, et que Dieu se soit manifesté en image. Mais peut celui qui cherche, c'est un aimable maître d'école, et il y trouvera beaucoup de choses.

13. Au quatrième jour, Dieu a vraiment pris au cœur le lieu de ce monde ; car, il a créé de sa propre sagesse, dans le troisième principe, le sage maître ; savoir : le soleil et les étoiles. Et dans ces astres on voit vraiment la divinité, et l'éternelle sagesse de Dieu, comme dans un miroir, quoique

Dieu lui-même ne soit pas un être visible pour nos yeux ; mais ils sont une déesse dans le troisième principe, laquelle finalement retourne en son Ether, et prend sa fin.

14. Je sais qu'on ne doit pas jeter les perles dans le chemin, de peur que les animaux ne les foulent aux pieds, encore moins les laisser avaler par les pourceaux, parmi les écosses ; car cela ne profiteroit en rien au monde léger, qui ne chercheroit qu'à en abuser, puisque le démon, dont il est le serviteur, lui enseigne que, s'il savoit tout à l'heure, quel est le fondement du ciel et des étoiles, il seroit Dieu, comme l'a enseigné aussi Lucifer. Cependant, puisque l'homme et toutes les créatures vivent dans la *vertu* des étoiles, dans leurs opérations et leurs essences, et que chaque créature reçoit de là sa propriété, je veux écrire quelque chose sur l'origine et la *vertu* des étoiles, en faveur de la volonté désirante qui s'est sincèrement préservée de l'homme bestial, et veut vivre dans le vrai homme, ou l'image et la ressemblance de Dieu : cela est très essentiel à connoître, et sur-tout à cause du lys qui croît là, dans la matrice, dans l'arbre de la colère, vers le nord.

15. Moïse écrit que Dieu a dit : Qu'il y ait des lumières dans le firmament du ciel, qui partagent là le jour et la nuit, et marquent les signes, les tems, les jours et les années, et qu'il y ait des luminaires au firmament du ciel, qui brillent sur la terre. Et cela fut ainsi, et Dieu fit deux grands luminaires ; un grand luminaire pour qu'il présidât au jour, et un

petit luminaire pour qu'il présidât à la nuit, et en
outre aussi les étoiles. Et Dieu les plaça dans le fir-
mement du ciel, pour qu'ils brillassent sur la terre,
et qu'ils présidassent au jour et à la nuit, et qu'ils
séparassent la lumière d'avec les ténèbres.

16. Quoique l'écrit de Moïse dise bien qu'ils devoient présider au jour et à la nuit, et séparer la
lumière d'avec les ténèbres, et marquer les temps,
les années et les jours, cela n'est cependant pas encore assez intelligible pour le lecteur désireux; car
on trouve vraiment quelque chose d'élevé dans la
vertu et la puissance des étoiles, savoir; comment
c'est par leur puissance que se meut tout ce qui vit,
les plantes, les couleurs et propriétés; ce qui est épais
et ce qui est délié; ce qui est petit et ce qui est
grand; ce qui est bon et ce qui est mauvais; ce
dont les sages du paganisme s'extasioient tellement,
qu'ils honoroient ces astres *comme* Dieu. C'est
pourquoi je veux écrire quelque chose de leur origine, autant qu'il m'est permis pour le présent, en
faveur des chercheurs qui soupirent après la perle.
Mais je n'ai rien écrit pour les pourceaux, et les
autres hommes-animaux-sauvages qui foulent les
perles dans la boue, et méprisent et dédaignent
l'esprit des connoissances; ils peuvent s'attendre,
ainsi que le premier monde, au déluge de feu. S'ils
ne veulent pas porter l'image angélique, il faudra
qu'ils portent celles des lions, des dragons, des
reptiles et des animaux malfaisans. Et s'ils ne veulent
pas se laisser toucher pour que Dieu vienne à

leur secours, il faudra néamoins qu'ils éprouvent si la voix des prophéties aura menti à leur égard.

17. L'évangéliste Jean écrit sur l'origine de l'essence et de la création de ce monde, si profondément et si juste, qu'il est impossible de trouver mieux dans aucun autre livre de la bible : au commencement étoit le verbe, et le verbe étoit avec Dieu, et le verbe étoit Dieu ; il étoit dans le commencement avec Dieu. Toutes choses ont été faites par lui ; et sans lui rien n'a été fait de ce qui a été fait. En lui étoit la vie, et la vie étoit la lumière de l'homme, et la lumière brilla dans les ténèbres, et les ténèbres ne l'ont point comprise.

18. Voyez ce que dit Jean : *Au commencement de la création, et avant le tems de ce monde, a été le verbe, et le verbe étoit Dieu, et dans le verbe étoit la lumière, et elle a brillé dans les ténèbres, et les ténèbres ne l'ont pas pu saisir.* Par-là on entend clairement, 1o. comment la lumière éternelle est Dieu ; et on entend, 2o., comment elle a eu son éternelle origine dans l'éternelle puissance ; et on entend, 3o., comment elle est l'éternel verbe qui brilla dans les ténèbres. Puisque ce même verbe a créé tout dans tous les lieux, il a donc existé aussi dans tous les lieux, car sans lui, rien n'a été fait.

19. Or, ce même verbe n'a eu aucune matière dont il pût faire quelque chose, mais il a créé toutes choses des ténèbres, et les a apportées à la lumière pour qu'il brillât lui-même et montrât par-tout sa présence, car en lui étoit la vie, il donna la vie à

la création ; la création vient de sa puissance. La
puissance est devenue matérielle. La lumière brille
en elle, et la puissance matérielle ne peut la saisir,
car elle est dans les ténèbres. Mais puisque la puissance matérielle ne peut saisir la lumière qui brille
de toute éternité dans les ténèbres, alors Dieu lui
a donné une autre lumière qui est provenue de la
puissance ; savoir : le soleil qui brille dans la création, de façon que la création est en lumière, et
manifeste.

20. Car, 1°., de même que la divinité est la puissance et la lumière du paradis dans le second principe ; de même le soleil est la force et la lumière de
ce monde matériel dans le troisième principe. Et 2°.,
de même que la divinité brille dans les éternelles
ténèbres dans le premier principe ; de même le soleil brille dans les ténèbres, dans le troisième principe. Et 3°., de même que la divinité est la puissance et l'esprit de l'éternelle vie ; de même le soleil est la puissance et l'esprit dans la vie périssable.

21. Mais un esprit n'est autre chose qu'une volonté qui s'élève ; dans la volonté, il y a angoisse
pour la génération ; dans l'angoisse s'engendre le
feu ; dans le feu, la lumière : or, par la lumière,
la volonté devient joyeuse, aimable, traitable et
douce ; dans la volonté douce s'engendre la puissance, et de la puissance s'engendre le règne et la
souveraineté ; ainsi la lumière possède la puissance ;
là où elle s'éteint, là cessent la puissance, la souveraineté, et aussi le règne.

22. Dieu, qui est l'éternelle lumière, est l'éternelle
volonté. Il brille dans les ténèbres, et les ténèbres
ont saisi sa volonté : dans cette même volonté que
les ténèbres ont saisie, s'élève l'angoisse ; dans l'astringente angoisse, le feu ; dans le feu, la lumière ;
de la lumière, la puissance ; et de la puissance, le
règne. Maintenant, du feu sont provenus les astres,
en outre le soleil : or, de la puissance sont venus
les cieux ; et le règne est de Dieu. Toutes ces
choses étoient l'une dans l'autre dans la première
volonté, dans la création ; alors, Dieu a séparé la
volonté ignée, de la volonté de la lumière douce,
et a appellé étoiles la volonté ignée, et ciel la volonté douce, selon la puissance de chacune.

23. Le soleil est la déesse dans le troisième principe, dans le monde créé ; entendez le monde matériel : il est sorti des ténèbres dans l'angoisse de la
volonté, à la manière et selon le mode de l'éternel
engendrement. Car, lorsque la lumière de Dieu
posa le FIAT dans les ténèbres, les ténèbres saisirent
la volonté de Dieu, et s'imprégnèrent pour la génération. La volonté fait l'astringent ; l'attract et le
mouvement de l'attract pour la mobilité, font l'amertume ; l'amertume fait la douleur ; la douleur fait
l'angoisse, et l'angoisse fait le mouvement, le brisement et l'ascension. Or, l'astringence ne peut pas
supporter le mouvement ; elle tire plus fortement à
soi, et l'amertume ou l'attract ne se laisse pas arrêter ; mais elle brise et pique ainsi durement dans
son attract jusqu'à ce qu'elle éveille la chaleur,
dans laquelle s'élève l'éclair. Par l'éclair la téné-

breuse astringence s'effraie ; dans l'explosion le feu s'allume, et dans le feu la lumière. Il n'y auroit aucune lumière s'il n'arrivoit pas une brisure dans l'astringence, mais le feu seul resteroit : or, l'explosion du feu dans l'astringence tue la dure astringence de façon qu'elle tombe à terre au-dessous de soi, et devient atténuée et comme morte ; et quand l'éclair s'envisage dans l'astringence, il s'étonne très fort de trouver la mère si calme, à moitié morte et sans force. Dans cette explosion sa propriété ignée devient blanche, mitigée et douce, et c'est l'enflammement de la lumière : là le feu est changé en une blanche clarté.

24. C'est de cette manière que, dans le FIAT, le soleil s'est élevé ; et du soleil, dans son premier enflammement, les autres planètes ; savoir : au-dessus de soi, de l'amertume tempêtante, *Mars*, que la splendeur du soleil a arrêté lorsqu'elle l'a aperçu : de la puissance du soleil, qui s'éleva plus haut, *Jupiter*, saisi dans le centre par le FIAT : et de la chambre d'angoisse, *Saturne* : au-dessous de soi, de la douce aménité, *Vénus*, lorsque l'astringence fut soumise, et que, traitable et douce comme de l'eau, elle tomba au-dessous de soi quand la lumière s'alluma : alors, de la colérique astringence vint l'amour et la douceur qui s'abaissèrent : et de la puissance soumise dans l'astringence, *Mercure*, dans lequel est la connoissance de ce qu'il y avoit dans l'origine avant la lumière. Mais lorsque la lumière rendit *substantielle* ou matérielle la puissance dans le lieu du soleil, telle

qu'elle l'est selon le mode terrestre, (vint) la lune.

25. Comme le monde ne saisiroit point ceci, mais s'en moqueroit, je ne veux pas ici jeter davantage les perles devant les pourceaux ; car, il faut une autre lumière pour ces connoissances ; c'est pourquoi je vais passer outre, et continuer ma route.

26. Toutes choses sont sorties de l'angoisse des ténèbres, lorsque Dieu y prononça le FIAT ; l'angoisse se déploie dans le FIAT ; le FIAT dans la volonté, et la volonté est éternelle et sans origine, car dans Dieu elle est la matrice de la génération.

27. Or, Dieu est invisible, et la volonté aussi invisible, et la matrice aussi invisible ; ils sont cependant en être ; ils sont de toute éternité, et demeurent dans l'éternité : le verbe est la puissance de la volonté ; la puissance fait le FIAT ; le FIAT fait le règne, et tout cela est comme éternellement dans un seul être. De toute éternité la volonté a engendré le verbe ; le verbe, la puissance ; la puissance, l'esprit : dans l'esprit est la lumière ; dans la lumière, la force, l'intelligence et la connoissance ; autrement tout seroit un rien.

28. Cette même lumière a opéré dans la connoissance et l'intelligence, et a engendré une similitude de son essence ; la substance qu'elle produisit fut le FIAT, et le FIAT forma la similitude, qui fut engendrée de la volonté éternelle, et la rendit visible. Or, la similitude fut engendrée des ténèbres, ou de l'éternel rien ; cependant il y avoit quelque chose, c'est-à-dire, l'original *ou le siège* de l'angoisse, d'où l'éternelle volonté *s'originise* de toute éternité.

29. Or, la similitude a reçu du FIAT une volonté telle qu'est la volonté éternelle, et a engendré
la puissance ; la puissance est le ciel ; la lumière
qui est brillante dans la puissance est le soleil.
Elle travaille dans la puissance, de façon qu'il
y a là instinct et connoissance ; autrement, dans
ce monde, tout seroit une substance immobile ;
tout resteroit en repos, et il ne pousseroit ni
herbe ni plante.

30. Alors dans le FIAT s'est élevé de l'angoisse
la similitude de la connoissance et de l'intelligence ; ce qui est la région astrale ou sydérique
Dans le FIAT est la cinquième forme de la génération ; et le FIAT a séparé les formes de la génération, de sorte que chaque essence est à part ;
savoir : le dur, le mol, l'épais ; le mince, le
chaud, le froid, l'amer, l'astringent, l'aigre, le
doux, etc., comme cela se voit, et comme cela
est demeuré dans la matrice du ciel. L'esprit provient de cette source, ainsi que l'air, et reçoit de
la constellation l'intelligence ou *l'instinct*: car il est
un membre lié aux autres, dans une seule mère.

31. Ainsi la matrice, ou le ciel créé dans le
FIAT avec les étoiles, est la similitude de ce qui
a été de toute éternité quoique non visible. Le
FIAT est dans la similitude : le paradis, dans lequel les anges demeurent, est caché dans la matrice, et Dieu est brillant dans le paradis ; et cependant il n'est pas saisissable, de même que l'éclat
du soleil ne peut se saisir.

32. Dieu est incommensurable, et la similitude

est aussi incommensurable ; il est dans la similitude, et la similitude ne le saisit point : la similitude est son œuvre ; le FIAT est le maître-ouvrier ;
l'astral est son instrument ; la matrice avec les élémens est la matière que le maître-ouvrier taille,
coupe, et qu'il élabore.

33. Mais ce maître poursuit toujours son travail,
sans préméditation : ce qu'il rencontre, il l'élabore ;
car la préméditation ou l'intelligence est *bien en
action, mais cachée* dans l'œuvre. C'est pourquoi
toute la nature est dans une grande angoisse, et
dans le désir d'être délivrée de la vanité (comme
aussi le témoignent les écritures), puisqu'elle goûte
secrètement le paradis, et, dans le paradis, la
perfection ; c'est pour cela qu'elle souffre, qu'elle
s'élève vers la lumière de Dieu et le paradis, et
qu'elle en rapporte toujours, dans son angoisse,
quelque chose de plus beau, de plus précieux et
de plus neuf, comme on peut aisément le comprendre, et l'éprouver dans l'ame de l'homme ;
il est visible aussi, même à une foible intelligence,
que par là il arrive toujours, et journellement, dans
l'œuvre quelques merveilles, comme tu peux le voir
dans l'homme, les animaux, les plantes et les
herbes, si tu n'es pas aveugle.

34. Ainsi Dieu, au quatrième jour, a, du sein
de sa puissance, par le FIAT, disposé la similitude de son essence pour qu'il y eût une matrice
qui, du sein de la sagesse qu'il a eue en lui de toute
éternité, engendrât une similitude de toute son essence, afin que toutes les formes qui ont été dans

la matrice de l'éternité, sortissent et devinssent visibles : or, la similitude de la multiplicité inscrutable des diversités, puissances et *vertus*, ce sont les étoiles. Elles donnent toutes à la fois leur *vertu*, dans la matrice du ciel, et le ciel donne ce même esprit aux créatures ; ainsi toutes les créatures courent après la même essence, et sont formées selon le même esprit qui est leur puissance, leur esprit et leur vie.

35. Lorsque Dieu eut complété ceci au quatrième jour, il le vit, et reconnut que cela étoit bon, comme écrit Moïse. Alors Dieu voulut, dans sa volonté éternelle, que ce règne ou principe fût aussi créaturel, en similitude du règne parfait du paradis, afin qu'il y eût dedans des créatures vivantes ; et la volonté plaça la puissance, qui est le verbe, dans le FIAT, et la matrice engendra toutes sortes de créatures au cinquième jour, chacune selon son espèce. Par espèce, tu dois entendre que la matrice est de plusieurs sortes, comme tu peux le voir aux étoiles.

36. Maintenant, je viens au maître dans son école, avec sa couronne doctorale. Il demandera de quoi ont été faits les animaux, les oiseaux, les poissons et les reptiles ; car il prétend que tous sont faits de terre : il le prouve par Moïse, et il entend cependant aussi peu Moïse que le paradis, qu'il ne conçoit que tout-à-fait corporellement ; c'est pourquoi il y a une grande mort dans l'intelligence. Quoique j'écrive assez clairement, je serai cependant encore comme muet pour cette même mort

dans les ames non-intelligentes ; mais je n'en suis pas la cause. Il est dit : *Il faut que vous renaissiez de nouveau, si vous voulez voir le royaume de Dieu.* Veux-tu savoir (ce que tu demandes)? Laisse de côté dans ton esprit la couronne d'orgueil ; et promène-toi dans le jardin de rose paradisiaque, tu verras qu'il y existe une *plante* ; si tu en manges, tes yeux s'ouvriront de façon que tu reconnoîtras ce que Moïse a écrit.

37. Les gloses que la raison (humaine) a faites sur Moïse ne te montreront pas le paradis, encore moins le créateur. Les prophêtes et les apôtres en ont plus appris en une heure dans l'école du paradis, que le docteur dans son école en trente ans. Cela ne tient point à notre propre esprit. Dieu le donne gratuitement à qui il lui plaît ; cela ne s'achète ni par de l'argent, ni par faveur : Salomon vous le dira. Toutefois, si vous pensez terrestrement, et que vous vous imaginiez que Dieu a fait tout uniment les animaux d'une masse de terre, de quoi a donc été fait leur esprit, puisque la terre n'est cependant pas chair, et que le sang n'est pas purement eau, et que la terre et l'eau ne sont nullement la vie ? Quoique l'air y vienne, cependant il ne reste toujours qu'une essence qui seulement croît dans le FIAT ; et la teinture qui s'élève dans le feu, et d'où la noble vie est stimulée, reste cachée.

38. Moïse écrit aussi : Et Dieu dit *que toutes sortes d'animaux soient produits, chacun selon son espèce.* La question est de savoir d'où ils sont pro-

duits? De la matrice. Quelle est cette matrice d'où
les animaux doivent être produits? Ce sont les
quatre élémens qui sont ensemble dans la terre.
Le FIAT a tiré de là les animaux absolument in-
formes, tels qu'ils sont en essence; il ne les a
pas tirés du ciel, mais de la matrice de la terre;
et la matrice de la terre n'est qu'une seule chose,
et qu'un régime avec la matrice de la profondeur
au-dessus de la terre. La constellation, *ou l'astral,
ou le syderique*, règne en toutes choses; elle est
le *limbus* ou le mâle dans lequel est la teinture,
et dans la matrice de la terre est l'esprit aquas-
trique ou *aqueux*. Les animaux ne sont sortis de la
matrice de la terre, que parce qu'ils étoient de l'essence de la terre, en sorte qu'ils mangent du fruit
qui croît de la terre; car, en chaque être, l'esprit
soupire après sa mère d'où il est *provenu*.

39. Or, si les animaux étoient purement d'une
masse de terre, ils mangeroient de la terre; mais
comme ils sont sortis de la matrice de la terre par
le FIAT, il désirent aussi cette même nourriture
que la matrice fournit de sa propre essence, et qui
n'est pas terre, mais chair. Mais la chair est une
concrétion ou une masse d'où est venu le corps; et
l'esprit de la constellation y produit la teinture qui,
comme une mère, domine par-tout, et fait l'instinct et le discernement dans tout ce qui est vivant
dans ce monde. Car l'esprit de la constellation ou
de l'astral domine dans toutes choses, dans la terre,
les pierres, les métaux, les élémens et les créatures.

40. En effet, au commencement de la création,

au moment où la terre est deveuue matérielle, tout
a été engendré d'une seule essence ; et il n'y a eu
seulement qu'une séparation d'une chose d'avec
l'autre. C'est pourquoi, il y a dans chacune une
grande ardeur de l'une pour l'autre, comme vous
en avez un exemple dans la reproduction, en raison
de laquelle il y a eu aussi une séparation ; car vous
voyez qu'il y a un mâle et une femelle, et que
l'un désire ardemment la copulation avec l'autre
pour se multiplier ; cela est un grand secret. Vois,
lorsque le créateur a séparé la matrice par le FIAT,
alors il a séparé dans la matrice la cinquième forme
d'avec l'*aquaster*. Car la cinquième forme est céleste et impérissable, tant que dure le royaume de
ce monde, et que la racine de la cinquième forme
tient au paradis. Je veux établir ceci plus intelligiblement en faveur de celui qui est simple, et qui le
désire.

41. Vois, ainsi qu'il a été dit souvent, lorsque
dans le FIAT, dans la matrice angoisseuse de la ténébreuse astringence, le feu est sorti dans la roue
tournante, dans l'enflammement, et que dans le
feu est sortie la lumière du soleil et de toutes les
étoiles, alors dans la matrice astringente qui, par la
lumière étoit devenue atténuée, humble et matérielle jusqu'au dégré de l'eau, s'est élevée la très
bienfaisante source de l'amour, de façon qu'une
forme chérit ardemment l'autre, à cause de la douceur de la lumière, qui étoit parvenue dans toutes
les formes. Or, cette douceur étoit un nouvel enfant
qui n'étoit point dans l'angoisse, dans la ténébreuse

origine, et cet enfant étoit dans le paradis. Mais comme il ne résidoit point dans la matrice, *ou dans les essences élémentaires*, la matrice de l'astringence ne pouvoit le saisir ; mais elle s'abandonna fortement et ardemment, à cause du feu et de l'amertume, à la grande volonté d'atteindre cette aimable source d'amour, et ne put pas cependant la saisir parce qu'elle étoit paradisiaque, et ainsi l'astringence est encore dans une grande ardeur, et elle engendre l'eau.

42. Mais Dieu a séparé le feu, c'est-à-dire, la quintessence, ou la cinquième forme d'avec l'eau ; il en a fait les étoiles, et le paradis est caché dans la matrice. Or, maintenant, la mère de l'eau désire avec ardeur la mère du feu, et cherche l'enfant de l'amour; et la mère du feu le cherche dans la mère de l'eau, c'est-à-dire, là où il est engendré, et il y a en elles une vive ardeur de l'une envers l'autre, pour la copulation.

43. Alors Dieu dit : *Que les divers animaux soient produits, chacun selon son espèce*. Là, de chaque espèce d'essence, est provenu le mâle et sa femelle. Ainsi l'esprit des étoiles, ou l'esprit dans la forme de feu, s'est mêlé par son désir avec l'aquatique, et d'une seule essence sont sortis deux sexes, l'un selon le *limbus* en forme ignée, l'autre selon l'*aquaster* en forme aquatique ; cependant tellement mêlés qu'ils n'étoient que comme un seul corps. Ainsi le mâle fut qualifié selon le *limbus*, ou la forme du feu, et la femelle selon l'*aquaster*, ou la forme aquatique.

44. Ainsi il y a un ardent désir dans les créatures. L'esprit du mâle cherche le cher enfant dans la femelle, et la femelle le cherche dans le mâle. Car, vu l'imbécillité du corps la créature non - raisonnable ne sait pas ce qu'elle fait ; sans cela, son corps ne se mouveroit pas si ardemment pour la propagation ; elle ne connoît rien non plus à l'engrossement. Seulement, son esprit est ainsi allumé par l'enfant de l'amour, de façon qu'il cherche l'amour qui est vraiment le paradis, et ne peut l'atteindre, mais il ne fait qu'une semence, dans laquelle il y a de nouveau un centre pour la génération ; et telle est l'origine de deux sexes et de leur propagation. Mais ils ne peuvent atteindre l'enfant paradisiaque ; seulement, ils éprouvent une véhémente ardeur, et ainsi la propagation va avec une grande passion.

45. Quant à ce que j'écris ici, comment les étoiles dominent dans tous les animaux et dans toutes les créatures ; que toutes les créatures ont reçu dans la création l'esprit des étoiles, et que tout est encore dans ce même régime, le simple ne voudra pas le croire, quoique l'homme instruit le sache bien. Je le renvoie à l'expérience. Vois : un mâle et une femelle engendrent des petits, et cela, souvent. Ces petits viennent d'un même corps et n'ont pas cependant la même complexion, la même couleur, ni la même *vertu*, ni la même forme de corps. Tout ceci vient du changement de l'étoile. Car, lorsque la semence est semée, le *sculpteur* en fait une image telle qu'il veut ; toutefois, selon la première essence qu'il ne peut pas changer : mais il lui donne l'esprit

dans l'essence, suivant son pouvoir, avec les mœurs, les sens, les couleurs, et la manière d'être, selon ce qu'il est lui-même. Telle qu'est la constellation lorsqu'il tire sa respiration de l'air, soit que l'essence soit en mauvais ou en bon, comme pour mordre, frapper, battre, comme aussi pour la douceur, le tout selon que le ciel est en ce moment; tel, aussi, est l'esprit et la volonté de l'animal.

CHAPITRE NEUVIEME.

Du paradis, et de l'instabilité de toutes les créatures ; comment tout prend son commencement et sa fin, et pour quel but les choses se montrent ici.

La noble et très précieuse porte de l'ame raisonnable.

1. Il n'y a ni or, ni richesse, ni artifice, ni autorité qui puisse t'amener à l'éternel repos de l'éternelle douceur du paradis : cela n'appartient qu'à la noble connoissance ; tu as le pouvoir d'en envelopper ton ame ; c'est là la perle que la teigne ne mange point, et que les voleurs ne dérobent point : c'est pourquoi cherche-la, et tu trouveras un noble trésor.

2. Notre science et notre intelligence nous sont tellement retirées que nous n'avons plus aucune connoissance du paradis, à moins que nous ne soyons engendrés de nouveau par l'eau et l'esprit saint : autrement le voile de Moïse reste toujours posé devant nos yeux quand nous lisons ses écrits, et quand nous pensons que le paradis est, ce dont Moïse dit : Dieu plaça Adam dans le jardin d'Eden qu'il avoit planté afin qu'il le cultivât.

3. Homme, mon ami, ce n'est point là le paradis, et aussi Moïse ne dit point cela ; mais que dans Eden étoit le jardin où ils furent tentés , ce que tu trouveras lorsque *nous traiterons* de la chute d'Adam. Le paradis est la divine joie qui a été dans leur propre esprit lorsqu'ils étoient dans l'amour de Dieu. Mais lorsqu'ils devinrent désobéissans , ils furent chassés, et ils virent qu'ils étoient nuds ; car à l'instant ils furent saisis par l'esprit de ce monde dans lequel il n'y a qu'angoisse, indigence , fatigue et peine , et enfin la dissolution et la mort ; c'est pourquoi il étoit nécessaire que l'éternel verbe devint chair, et les ramenât dans le repos paradisiaque; ce dont il sera parlé en son lieu, quand nous en serons à la chute d'Adam.

4. Le paradis a un autre principe ; car il est la joie divine et angélique, mais il n'est pas hors du lieu de ce monde, bien qu'il soit hors de la puissance et de la source de ce monde; aussi l'esprit de ce monde ne peut nullement le saisir, encore moins cela est-il possible à aucune créature , car il n'est point dans la génération angoisseuse ; et quoiqu'il reçoive aussi son origine , cependant il est dans une pure perfection, dans un pur amour , dans la joie et les délices ; et dans ce paradis il n'y a ni crainte, ni mort, ni tourment ; aucun démon ne peut le toucher , ni aucun animal y atteindre.

5. Mais si nous voulons parler de la source du paradis , de sa joie et de sa haute essence , et dire ce qu'il est, nous n'en pouvons trouver, dans ce monde, aucune comparaison ; nous aurions besoin,

pour cela, de la langue d'un ange et des connoissances angéliques, et quand même nous les aurions,
nous ne pourrions pas cependant en parler avec
cette langue [*de chair*] ; nous le comprenons bien
dans l'entendement quand l'ame voyage sur le char
marital paradisiaque ; mais nous ne pouvons le
rendre avec la langue. Néanmoins nous ne voulons
point rejeter cet *a* , *b* , *c* ; mais en balbutier avec les
enfans , jusqu'à ce qu'il nous ait été donné une
autre bouche pour en parler.

6. Lorsque Dieu eut créé les animaux , il les
amena à Adam , afin qu'il leur donnât leur nom à
chacun selon son essence et son espèce, tel qu'ils
avoient été *inqualifiés*. Alors Adam étoit dans le
jardin d'Eden en *Hébron* , et aussi en même tems
dans le paradis. Mais aucun animal ne peut aller
dans le paradis ; car c'est le délice divin et angélique
dans lequel il n'y a rien d'impur , aucune mort,
aucune vie périssable, encore moins la connoissance
du bien et du mal. Cependant, Moïse écrit que
dans ce jardin d'Eden , il y avoit l'arbre de l'épreuve
qui portoit la connoissance du bien et du mal ,
lequel toutefois n'étoit aucun autre arbre que de
ceux dont nous vivons encore , dans la corruptibilité , et il n'y avoit non plus aucun autre jardin ,
que ce que nous avons encore , et où il croît des
arbres terrestres bons et mauvais , comme cela est
visible.

7. Seulement , le paradis est quelque chose de
différent , et néanmoins il n'y a aucun autre lieu ;
mais c'est dans un autre principe ; là où habitent

Dieu et les anges ; où est la perfection, le pur amour, la joie, la connoissance ; où il n'y a aucun tourment ; que la mort et le démon ne peuvent toucher, ni connoître, et qui cependant n'a ni terre ni pierre pour muraille. Or, il y a un tel intervalle entre le paradis et ce monde, que ceux qui voudroient passer d'ici en ce lieu là, ne le pourroient, et que ceux qui voudroient de là passer jusqu'à nous, ne le pourroient pas non plus. Lucifer, avec le royaume des ténèbres, est au milieu, et personne ne peut y atteindre que par la nouvelle génération, dont Christ parloit à Nicodème. Les ames des saints et des régénérés, doivent y pénétrer en traversant la mort des ténèbres. Le principal pasteur, Jésus - Christ avec les anges, les y conduit sur son char marital, ce que tu trouveras en son ordre, et à son lieu convenable.

8. Mais *je dois travailler*, puisque, par la grâce de la *vertu* divine, il m'a été accordé, en partie, de connoître la voie qui conduit au paradis, et qu'il convient à chacun d'opérer l'œuvre de Dieu, dans laquelle il se trouve ; car Dieu, aussi, exigera de chacun le compte de ce qu'il aura opéré dans ses jours de labeur en ce monde ; il exigera cette œuvre qu'il aura donnée à chacun, avec l'intérêt, et ne voudra pas la recevoir nue et sans fruit ; sans quoi, il liera les pieds et les mains au serviteur paresseux, et le jètera dans les ténèbres, où il faudra bien qu'il travaille, mais dans l'angoisse et dans la douleur d'avoir négligé la tâche journalière qui lui

avoit été donnée ici, et dans laquelle il a été trouvé un serviteur inutile.

9. Je ne veux donc pas abandonner ma tâche journalière, mais travailler dans la voie, autant que je pourrai, et quoique je puisse à peine compter les lettres de cette haute voie, cependant mon travail sera assez grand pour que plusieurs aient de quoi y apprendre toute leur vie. Celui qui s'imagine la bien connoître, n'a pas encore appris la première lettre au sujet du paradis. Car, il n'y a aucuns professeurs de cette voie dans cette école; il n'y a que des écoliers.

10. C'est pourquoi, le prétendu pasteur, avec son bonnet doctoral, ne doit pas se croire si subtil en ces matières, ni y jeter ses dédains si hardiment : car il n'en a pas la moindre notion, tant qu'il les couvre de ses railleries. Que seulement, il ne se complaise pas tant dans sa couronne, et qu'il ne se vante pas de son appel humain, comme s'il étoit placé dans son élection par ordre divin, tandis qu'il n'y est point établi par Dieu, mais par la faveur des hommes ! Qu'il ne ferme pas à tant de gens la voie du paradis, que lui-même il ne connoît pas ! Car, il doit rendre un jour un compte sévère de son installation par la faveur des hommes. Puisqu'il se vante de son appel divin, et que, cependant, l'esprit de Dieu est loin de lui, il est un trompeur, et il ment à la Divinité.

11. C'est pourquoi, chacun doit bien prendre garde à ce qu'il fait. Je dis en outre, que celui qui s'ingère

d'être pasteur sans la vocation divine, et sans la connoissance de Dieu, est un voleur et un meurtrier; il n'entre point par la porte dans le paradis, mais il croasse avec les chiens et les loups dans la caverne des voleurs, et ne s'occupe que de sa gourmandise et de sa propre gloire. Il n'est pas pasteur, mais il est lié à la grande prostituée, à l'antechrist, et quoiqu'il se croie pasteur, il n'est pas connu dans le paradis.

12. Christ nous enseigne et nous avertit fidèlement des tems à venir, où chacun dira : Voyez, ici est le Christ; il est là ; il est dans le désert ; il est dans la chambre : n'y entrez point, et ne croyez point cela. Car, de même que l'éclair part de l'orient, et brille jusqu'à l'occident ; de même aussi sera la venue du fils de l'homme.

13. C'est pourquoi, fils de l'homme, vois s'il n'en est pas ainsi lorsque les faux pasteurs qui n'ont point reçu la vocation divine, se disputent toujours, et que chacun dit : Accourez à moi, ici est le Christ, là est le Christ, et que chacun juge l'autre, le condamne à l'enfer, détruit l'harmonie, et éteint l'amour dans lequel l'esprit de Dieu s'engendre; par là, il ne produit que de l'amertume; il égare le simple, en lui laissant croire que Christ est un pasteur de disputes; et ainsi il provoque ses adversaires ; il excite des guerres et des meurtres, tandis qu'il n'y auroit que l'esprit de Dieu qui dût être la voie du paradis.

14. Christ dit : *Aimez-vous les uns les autres ; c'est à cela que l'on reconnoîtra que vous êtes mes disciples.*

Si quelqu'un vous frappe sur une joue, présentez-lui aussi l'autre ; si vous êtes persécutés à cause de mon nom, réjouissez-vous-en, votre récompense sera grande dans le royaume céleste. Mais à présent, on n'enseigne que l'injure ; il faut aussi que l'on juge ceux qui sont morts depuis plus de mille ans, qui sont dans le jugement de Dieu, et en partie même dans le paradis ; il faut qu'ils soient maudits par des pasteurs de disputes. L'esprit saint pourroit-il parler par eux, comme ils le crient, lorsqu'ils ne sont pleins que de fiel et d'amertume, et qu'il n'y a en eux que jalousie et que rage, et qu'ils sont loin de la voie du paradis ?

15. C'est pourquoi, ô ! fils de l'homme, observe-toi dans ce monde, ne laisse pas séduire tes oreilles quand tu entends les faux pasteurs prononcer sur les enfans du Christ ; ce n'est point la voix de Christ, mais celle de l'antechrist. Le chemin du paradis a bien une autre entrée. Ton cœur doit se diriger vers Dieu de toutes ses forces. Et comme Dieu veut que tous les hommes soient secourus, et que l'un porte le fardeau de l'autre, chacun doit approcher de l'autre avec amitié, et une sage vénération dans l'esprit saint. Chacun doit rechercher le salut de son prochain avec zèle et humilité, et désirer sincèrement qu'il se délivre de la vanité, et aille avec lui dans le jardin de rose.

16. La connoissance est multipliée dans le Dieu infini. Mais chacun doit se réjouir des connoissances et des dons des autres, et penser que Dieu nous a donné, dans le monde paradisiaque, une connois-

sance très surabondante, dont nous n'avons ici qu'une image dans les dons partagés. C'est pourquoi nous ne devons pas disputer au sujet des dons et des connoissances. Car, chacun en vertu de l'essence qu'il a dans le Dieu merveilleux, reçoit de l'esprit le pouvoir d'exprimer *ce don* selon sa forme. En effet, dans le paradis, dans le parfait amour, *ces dons* seront un attrayant jeu d'amour, où chacun parlera de ses connoissances des grandes merveilles, dans la sainte génération.

17. O ! quelles épines le démon a apporté dans ce jeu d'amour ! Faut - il que nous introduisions de telles disputes d'orgueil dans ces nobles connois-sances, et que l'on lie l'esprit saint avec des lois ! Que sont les lois dans le royaume de Christ, qui nous a faits libres, pour que nous marchions en lui dans l'esprit saint ? Pour quel autre objet sont-elles inventées que pour le plaisir de l'antechrist, afin qu'il puisse marcher dans sa puissance et en pompe, et être un Dieu sur la terre ? O ! fuyez-le, vous, fils de l'homme, le tems est venu de réveiller l'ante-christ de son sommeil : Christ vient avec son beau lys du paradis, dans la vallée de Josaphat. Il est tems de préparer les lampes, pour ceux qui veulent aller aux noces de l'agneau.

La porte.

18. Le paradis consiste dans la puissance divine, et n'est rien de corporel ni de saisissable ; mais sa corporéité ou sa [*saisissabilité*] est semblable à

celle des anges, où il y a une claire essence visible, comme si elle étoit *matérielle* ; et elle est en effet substantielle comme si elle étoit *matérielle*, mais purement figurée de la puissance où tout est transparent et brillant, où le centre de la génération est dans toute chose ; c'est pourquoi la génération est sans fin et sans nombre.

19. Je t'en donnerai une image prise de l'esprit de l'homme, d'où s'engendrent des pensées sans fin et sans nombre ; car chaque pensée a de nouveau un centre pour engendrer d'autres pensées : tel est le paradis, d'éternités en éternités. Mais, puisque la lumière de Dieu est éternelle, et brille sans altération et sans interruption ; de même aussi il y a dans la pensée une essence incommutable où toute chose s'élève dans une pure perfection, et dans un grand amour.

20. Car l'esprit de connoissance annonce ceci ; savoir : que dans le paradis il y a des végétations comme dans le monde, de la même forme, mais non pas de la même source, ni de la même *saisissabilité* ; car la substance ou le corps est la puissance substantielle dans le *limbus* céleste ; or, la racine est dans la matrice dans laquelle il n'y a ni terre ni pierres, attendu que c'est un autre principe. Là le feu est Dieu le père ; la lumière est Dieu le fils ; l'air est Dieu le Saint-Esprit, et la puissance d'où tout s'élève, est le ciel et le paradis.

21. Comme nous voyons qu'il croît de la terre toutes sortes de plantes et de fruits, qui reçoivent leur force du soleil et des astres ; de même le ciel ou

le céleste *limbus*, tient lieu et place de la terre : la lumière de Dieu tient lieu et place du soleil, et l'éternel père tient lieu et place de la puissance des étoiles. La profondeur de cette substance est sans commencement et sans fin : on ne peut atteindre son étendue ; il n'y a en elle ni année, ni tems, ni chaud, ni froid, ni mouvement de l'air, ni soleil, ni astres, ni eau, ni feu, ni vue des mauvais esprits, aucune connoissance, ni impression des tourmens de ce monde, ni rochers, ni terre ; et cependant toutes les créatures de ce monde y sont en essence figurée. Car toutes les créatures de ce monde ont été mises en évidence pour qu'elles soient une éternelle image figurée, non pas pour qu'elles restent dans cet esprit dans leur substance : non, cela n'est pas. Toutes les créatures retournent dans leur Éther ; et l'esprit se brise ; mais la figure et l'ombre, ou *larve*, restent éternellement.

22. De même aussi toutes les paroles, bonnes ou mauvaises, qui sont dites ici par la langue des hommes, demeurent en ombres et en images figurées : celles qui sont bonnes atteignent le paradis dans l'esprit saint, et celles qui sont fausses et impies atteignent l'abîme de l'enfer. C'est pourquoi Christ dit que l'homme devra rendre compte de chaque parole inutile. En effet, lorsque la moisson viendra, tout alors sera trié ; car Christ dit aussi que chacun sera suivi de ses œuvres ; que tout sera éprouvé par le feu de la nature, et que toutes les œuvres, paroles et actions qui seront fausses demeureront dans le feu de la nature, qui sera l'enfer ;

ce dont les démons tremblent quand ils l'entendent

23. Tout restera en ombres, et chaque chose dans sa source. C'est pourquoi ce sera pour les impies une éternelle honte, de ce qu'ils verront éternellement leurs œuvres, et toutes leurs paroles, semblables à un linge souillé : elles piqueront, comme étant pleines de la colère de Dieu , et elles brûleront selon leur essence , et d'après la source qui se sera ici enflammée.

24. Car le monde est comme un champ où est semée la bonne semence ; l'ennemi y jète l'ivraie, et s'en va. L'une et l'autre croissent jusqu'au tems de la moisson ; alors chacune sera rassemblée , et menée dans la grange : sur quoi Christ dit aussi que l'ivraie sera liée en gerbe et jetée au feu, et que le bon grain sera mené dans la grange.

La porte sainte.

25. La raison qui est sortie du paradis avec Adam, demande : où le paradis se trouve-t-il ? est-il loin ou près ? ou bien : où vont les ames quand elles vont dans le paradis ? est-ce dans ce monde, ou hors du lieu de ce monde, au-dessus des étoiles ? où demeure donc Dieu avec les anges? et où est la chère patrie où il n'y a point de mort ? Puisqu'il n'y a ni soleil , ni étoiles dans *cette région* , ce ne doit pas être dans ce monde , autrement on l'auroit trouvée depuis long-tems.

26. Chère raison , personne ne peut prêter à un autre une clef pour ceci. S'il arrive que quelqu'un

ait une clef, cependant il n'ouvre point à l'autre,
comme il y en a qui se sont vantés d'avoir la clef
du ciel et de l'enfer. [*Isaïe n'a-t-il pas dit : Tous
vos enfans seront enseignés par le seigneur?* (54 : 13.)
et Joel : Je répandrai mon esprit sur toute chair?
(2 : 28).] Je conviens, à la vérité, qu'ils peuvent
avoir deux clefs dans ce monde ; mais avec ces clefs,
ils ne peuvent ouvrir pour aucun autre : chacun doit
ouvrir avec sa propre clef, autrement il n'entre
point : car la clef est l'esprit saint ; s'il a cette clef
il peut entrer et sortir.

27. Il n'y a rien de plus près que le ciel, le paradis et l'enfer. Celui *de ces royaumes*, vers qui tu
penches et vers qui tu te tournes, est celui dont tu
es le plus près dans ce monde : tu es entre le paradis
et l'enfer, et entre chacun il y a une génération ; tu
es dans ce monde entre ces deux portes, et tu as en
toi les deux engendremens : Dieu te guète à une
porte, et t'appelle ; le démon te guète à l'autre
porte, et t'apelle aussi : quelque soit celui avec qui
tu marches, tu entres avec lui. Le démon a dans sa
main la puissance, la gloire, le plaisir et la joie, et
la racine dans ceci est la mort et le feu. Au contraire,
Dieu a dans sa main la croix, la persécution, la
misère, la pauvreté, le mépris et les souffrances, et
la racine dans ceci est aussi un feu, et dans le feu,
il y a une lumière ; dans la lumière, la puissance ;
dans la puissance, le paradis ; dans le paradis, les
anges ; et avec les anges les délices. Ceux qui n'ont
que des yeux de taupe ne peuvent voir ceci, parce
qu'ils sont du troisième principe, et ne voient que

par le reflet du soleil. Mais lorsque l'esprit saint vient dans l'ame, alors il l'engendre de nouveau ; elle devient un enfant du paradis ; elle obtient la clef du paradis, et elle peut en contempler l'in-térieur.

28. Mais le corps animal n'y peut rien voir, et aussi n'appartient-il pas à cet intérieur, il appartient à la terre ; il faut qu'il passe par la putréfaction et il doit s'élever en Christ à la fin du jour, dans une nouvelle puissance qui est semblable au paradis : alors il peut aussi demeurer dans le paradis, mais non pas sans cette condition ; il doit auparavant déposer le troisième principe, c'est-à-dire, cette enveloppe dans laquelle le père Adam et la mère Eve ont été enfermés, et dans laquelle ils espéroient devenir savans, l'orsqu'ils porteroient sur eux manifestement tous ces trois principes. S'ils les avoient tous deux portés cachés dans eux, et qu'ils fussent demeurés uns, cela eût été avantageux pour nous. Ceci est réservé lorsque nous parlerons de la chute.

29. Il y a donc dans l'essence de toute les essences trois différentes sources qui, cependant, ne sont point séparées, comme si une source étoit loin de l'autre, mais c'est comme une essence l'une dans l'autre ; et cependant aucune ne saisit l'autre. De même que dans les trois élémens, le feu, l'air et l'eau sont tous trois l'un dans l'autre, et aucune ne saisit l'autre, et de même qu'un élément engendre l'autre, et n'est pas, cependant, le même être, la même source ; de même aussi il y a trois principes l'un dans l'autre, et l'un engendre l'autre, et cepen-

dant aucun ne comprend l'autre, et aucun aussi
n'est de la substance de l'autre.

La profondeur dans le centre.

30. Comme cela a été dit souvent, Dieu est l'être
de tous les êtres ; dans lui il y a deux essences en
une, éternelles, sans fin, et sans extraction ; savoir :
1°. L'éternelle lumière qui est Dieu , ou le bon ; et
2°. les ténèbres éternelles qui sont le tourment, et
cependant il n'y auroit là aucun tourment, si la lumière n'existoit pas : la lumière fait que les ténèbres
s'angoissent après la lumière, et cette angoisse est
la source de la colère de Dieu, ou du feu infernal
dans lequel les démons demeurent, ce qui fait que
Dieu se nomme un Dieu jaloux et colérique. Ce sont
deux principes de l'origine desquels nous connoissons seulement la génération, l'alliance indissoluble
qui est ainsi qu'il suit.

31. Dans l'origine des ténèbres il y a astringence
et âpreté. L'astringence est la cause de la lumière ;
car l'astringence est une convoitise , un attract , qui
est la première base de la volonté pour la lumière, et
qui n'est cependant pas saisissable ; l'attract dans la
volonté forme l'aiguillon que la convoitise attire ,
c'est le premier mouvement. Or , l'aiguillon ne peut
pas souffrir l'attract dans la volonté ; mais il se défend ; il s'élève au-dessus de soi, et ne peut pas
cependant s'échapper de-là ; car il est engendré
dans l'attract ; mais comme il ne peut pas s'en aller
de-là ; et qu'aussi il ne peut pas supporter l'attract ;

alors il y a là une grande angoisse, une concupiscence
pour la lumière, semblable à une roue tournante
et qui se brise. L'angoisse dans son amertume s'é-
lève en fureur vers la lumière, mais ne peut pas la
saisir. Malgré la volonté qu'elle a dans son angoisse
de s'élever au-dessus de la lumière, elle n'y parvient
point; mais elle est imprégnée par la lumière, et n'atteint qu'un éclair luisant : or, quand cet éclair parvient dans l'astringence, ou la dureté (c'est-à-dire,
dans les ténèbres), elle s'effraie, et s'en va aussitôt dans son Éther, et cependant les ténèbres demeurent dans le centre. Dans cet effroi la dureté ou
l'astringence devient douce, attenuée, foible; et
l'éclair se produit dans l'amertume qui s'élève ainsi
dans l'aiguillon ; de cette façon l'aiguillon s'envisage dans la mère, et il effraie la mère avec l'éclair,
en sorte qu'elle se reconnoît vaincue, et lorsque
l'aiguillon se fortifie dans la mère et la trouve ainsi
adoucie, il s'étonne bien davantage, perd sa propriété colérique; et sur-le-champ il devient blanc,
clair et s'élève très délicieusement, tressaillant
d'une grande joie et dans une vive volonté; et la
mère de l'astringence, par le moyen de la lumière,
devient douce, souple, liante et substantielle jusqu'à se tourner en eau : car elle ne perd pas l'essence
de la qualité astringente ; c'est pourquoi l'essence
attire toujours de plus en plus à soi de la douceur,
de façon que, du rien, il vient quelque chose, à savoir
l'eau.

32. Maintenant, comme il est dit ci-dessus,
quand la joie s'élève de la mère, lorsque la lumière

vient en elle, sans pouvoir cependant en être saisie;
alors la joie, dans la volonté qui s'élève, a de nouveau en soi un centre; et engendre de nouveau de
soi une source douce, molle et aimable, une source
humble et gracieuse, et qui est immatérielle; car il
ne se peut alors rien engendrer de plus délicieux;
c'est pourquoi c'est là la limite de la nature, et c'est
le chaud, ou le *harm*, ou comme je dois dire, la
barmhertzigkeit miséricorde. Car la nature ne
cherche et ne désire plus rien ici, ni aucune autre
génération; c'est la perfection.

33. Or, dans cette douce source l'esprit bouillonnant qui, dans l'origine de *l'enflammement*, étoit
l'esprit amer ou angoisseux, s'élève, maintenant,
gracieux, sans agitation, et est l'esprit saint, ou la
douce source qui, dans le centre, est engendrée de la
lumière; c'est la parole ou le cœur de Dieu. Dans
cette demeure est le paradis, et *l'engendrement* est
l'éternelle trinité dans laquelle tu dois démeurer; si
tu veux être dans le paradis; il faut qu'elle soit engendrée en toi si tu veux être enfant de Dieu; et
que ton ame soit en lui, autrement tu ne peux ni
contempler le royaume de Dieu, ni en jouir.

34. C'est pourquoi la ferme foi et la confiance
nous ramènent en Dieu, car elle saisit le centre
divin pour la génération dans l'esprit saint, sans
cela rien ne sert; toutes les autres choses que
l'homme fait ici ne sont que des essences qui le
suivent en ombres, et dans lesquelles il restera. Car
de même que là dans la divinité sainte, est la génération qui dans l'origine existe dans la volonté et

l'angoisse pour la lumière ; de même aussi , toi , homme émigré du paradis, tu dois , pour atteindre la génération, entrer dans la volonté angoisseuse, soupirante et désirante ; alors tu atteins , de nouveau , le paradis et la lumière de Dieu.

35. Maintenant vois, toi, ame raisonnable , je parle avec toi et non avec le corps ; toi seule me comprends. Dès que la naissance est ainsi continuellement engendrée, dès lors chaque forme a un centre pour la renaissance ; car l'entière essence divine est dans une naissance constante et éternelle mais invariable, comme l'esprit de l'homme , dans qui les pensées s'engendrent toujours dans la base affective; et des pensées, la volonté et le désir; et de la volonté et du désir , l'œuvre qui est formée en substance dans la volonté ; alors la bouche et la main saisissent et emploient ce qui étoit substantiel dans la volonté.

36. Il en est ainsi de l'éternelle génération , où de toute éternité la puissance a été continuellement engendrée, et de la puissance la lumière : or , la lumière excite et fait la puissance ; la puissance ainsi que la lumière brillent dans les éternelles ténèbres et rendent la volonté soupirante dans l'esprit éternel , de façon que la volonté engendre les pensées dans les ténèbres ; les pensées *engendrent* l'attract et le désir; le désir est l'ardeur de la puissance; dans l'ardeur de la puissance est la bouche qui prononce le FIAT , et le FIAT fait la matrice ou *la substance*. L'esprit qui sort dans la puissance la subdivise , et ne prend pas une essence dans une autre

essence, mais il la subdivise ; et dans l'essence subdivisée, comme chacune est entière et non brisée,
le centre du multipliant se trouve de nouveau dans
chaque chose, de la même manière que dans l'esprit de l'homme par l'ascension des pensées. Mais
maintenant qu'est-ce qui doit être engendré dans ce
centre? Principalement, de nouveau, un esprit dans
une génération et source semblable à ce qui a été dit
ci-dessus ; savoir : une volonté dans l'angoisse, et
dans la volonté un désir ; or, le désir fait l'attract ;
dans la volonté, se tient la pensée ; dans la pensée,
la bouche ; et dans la bouche est prononcé de la
puissance, le FIAT ; le FIAT fait la matrice, ou la
substance ; l'esprit la subdivise et la forme d'après
la pensée.

37. C'est pourquoi il y a plusieurs familles de
créatures ; c'est ainsi qu'il en est de l'éternelle
pensée, dans la sagesse de Dieu ; l'esprit a formé
chaque famille selon chaque pensée de l'éternelle
sagesse de Dieu ; et le FIAT a donné à chacune sa
chair selon l'essence de chaque pensée : car, dans
la pensée existe la qualité. Telle est la génération
et la première naissance de toutes les créatures ;
dans cette génération, elles sont encore en essence,
et c'est de cette manière *de sortir* de l'éternelle
pensée, qui est la sagesse de Dieu, qu'elles ont été
tirées de la matrice par le FIAT. Mais puisqu'elles
sont provenues des ténèbres de l'extra-génération,
du centre, qui, dans le tems, a été engendré en volonté, alors elles ne sont pas éternelles, mais pas-

sagères comme une pensée ; et qu'oiqu'elles soient matérielles , cependant chaque source prend la sienne en soi , et la réduit de nouveau à rien comme elle étoit au commencement.

38. Rien, cependant, ne se dissipe *dans la créature*, excepté l'esprit produit par la volonté , et son corps *qui est* dans le FIAT ; la figure reste éternellement semblable à une ombre , et cette figure n'auroit pu être ainsi amenée en forme , à la lumière et à la visibilité ou à *l'apparence*, de manière à subsister éternellement, si elle n'avoit été en être ; mais aussi maintenant , elle ne peut plus se briser, car il n'y a aucune substance en elle. Le centre dans la source est brisé, et est allé dans son Éther, et la figure n'opère ni bien ni mal , mais demeure éternellement pour la gloire et la merveille de Dieu , et pour la joie des anges.

39. Car , lorsque le troisième principe de ce monde matériel se brisera , et ira dans son Éther , alors restera l'ombre de toute créature , ainsi que de toute végétation , et de tout ce qui est venu à la lumière ; de même aussi chaque parole et chaque œuvre aura son ombre et sa figure , et cela sera insaisissable, aussi bien que sans intelligence et sans connoissance , comme un rien ou une ombre devant la lumière.

40. Tel a été le plan du grand et impénétrable Dieu , dans sa volonté ; et c'est pour cela qu'il a créé toutes choses. Et après ce monde il n'y aura que lumière et ténèbres ; dans chacune de ces deux

choses, la source demeurera, comme cela a été dans
l'éternité. Là, aucune ne saisira l'autre, comme
aussi cela n'a jamais eu lieu dans l'éternité.

41. Mais, après ce monde, Dieu produira-t-il
encore de sa volonté quelque chose de plus ? Cela
n'est point à la portée de mon esprit, car il n'atteint pas plus loin que dans son centre, dans lequel
il vit, dans lequel est le paradis et le royaume céleste, comme tu pourras le lire, à la création de
l'homme.

42. Ainsi les anges et les saints hommes demeurent
dans la génération éternelle de la lumière ; et les
esprits émigrés de la lumière, dans le tourment ; et
les esprits des hommes impies, dans les éternelles
ténèbres. Là il n'y aura aucun retour, car leurs esprits ne peuvent plus revenir dans l'ordre passager
et destructible ; ils sont créés du *limbus* de Dieu,
de la matrice astringente, d'où *s'originise* de toute
éternité la lumière de Dieu, et non point de l'extra-
génération comme les animaux qui sont sortis du
limbus du plan conçu de Dieu ; lequel *limbus* a une
fin, et ils n'ont été ici que pour qu'il y eût éternellement une ombre et une figure de leur existence.

43. L'éternelle volonté est impérissable et invariable ; car le cœur de Dieu est engendré de lui, et
il est la limite de la nature et de la volonté. Si les
esprits qui sont en tourment avoient porté leur imagination et leur ardente volonté devant eux, dans
la lumière de la douceur, dans le but final de la nature, alors ils seroient demeurés anges. Mais
comme ils voulurent, par orgueil, dominer au-

dessus de la douceur et de la limite de la nature, et qu'ils ont éveillé le centre, alors ils ne trouvent rien de plus, car il n'y a rien eu de plus dans l'éternité ; c'est pourquoi ils ont éveillé le centre du tourment en eux-mêmes ; ils l'ont maintenant, et ont été jetés de la lumière dans les ténèbres.

44. Conçois donc de cette sorte, Dieu, le paradis, le royaume céleste, et l'enfer, ainsi que le commencement et la fin des créatures, et la création de ce monde. Mais es-tu né de Dieu? Sans cette condition, le voile sera aussi bien devant toi que devant Moïse. C'est pourquoi, Christ dit : Cherchez, et vous trouverez; frappez, et l'on vous ouvrira. Lorsqu'un enfant demande un œuf à son père, son père ne lui donne pas un scorpion. De plus : Mon père donnera l'esprit saint à celui qui le lui demandera.

45. C'est pourquoi, si tu n'entends pas cet écrit, ne fais pas comme Lucifer, ne prends pas aussitôt l'esprit d'orgueil et de dédain, et ne renvoie point cet écrit, au démon. Mais cherche l'humble cœur de Dieu ; il t'apportera dans ton âme un petit grain de sénevé de la végétation du paradis, et si tu persévères dans la patience, il pourra croître de-là un grand arbre, comme tu peux penser qu'il en est ainsi arrivé à cet auteur ; car il faut le regarder comme une personne simple en comparaison des savans. Mais Christ dit : *Ma puissance est forte dans les foibles. Oui, mon père, vous l'avez voulu ainsi que cela fût caché aux prudens et aux sages, et que cela fût révélé aux petits enfans, afin que la sagesse de ce monde fût une folie devant toi. Et quoique les*

enfans de ce monde soient plus sages dans leurs (affaires), que les enfans de lumière, cependant leur sagesse est une chose périssable ; mais cette *autre* sagesse demeure éternellement.

46. C'est pourquoi, cherche la noble perle, elle est plus précieuse que ce monde. Elle ne s'éloignera jamais de toi, et où sera la perle, là sera aussi ton cœur : tu n'as pas besoin d'aller chercher plus loin ici le paradis, la joie, et les délices du ciel. Cherche seulement la perle ; si tu la trouves, tu trouves le paradis et le royaume céleste, et tu deviendras si savant, que, sans l'avoir éprouvé, tu ne le pourrois pas croire.

47. Tu voudras peut-être te tourmenter, et chercher ceci dans l'art, espérant le trouver là ? O ! non, tu n'en as pas besoin ; il ne perce point là. Le docteur qui est hors de cette voie, ne connoît point ceci ; mais s'il a trouvé la perle, alors il est un fonctionnaire public plus grand que moi, comme Saint-Paul étoit au-dessus des autres apôtres ; mais toutefois dans une voie de douceur, comme cela convient aux enfans de Dieu.

Quant à ce qui manque ici, ranime ton ardeur ; cherche plus loin ; et tu trouveras la base selon le désir de ton ame.

CHAPITRE DIXIEME.

De la création de l'homme et de son ame, et de l'insufflation divine.

L'aimable porte.

1. J'AI parcouru plusieurs écrits des maîtres, espérant y trouver la perle de la base de l'homme; mais je n'ai rien pu trouver de ce que mon ame désiroit. J'ai rencontré en effet des opinions contradictoires, j'en ai trouvé aussi une partie qui me défendoit de chercher; mais je ne sais pas par quel motif ni par quelle raison, si ce n'est qu'un aveugle n'aime pas que l'on ait des yeux et que l'on voie. Avec tout cela, mon ame est devenue inquiète en moi, et s'est angoissée comme une femme en travail, et cependant rien ne s'est trouvé *pour moi*, jusqu'à ce que j'aie suivi les paroles de Christ, qui dit : *Vous devez être engendré de nouveau, si vous voulez voir le royaume de Dieu*; ce qui d'abord ferma mon cœur, imaginant que cela ne pouvoit arriver dans ce monde, mais seulement à ma séparation de ce monde. Alors mon ame s'angoissa d'abord pour la *génération céleste*, et auroit bien voulu goûter la perle. Elle se jeta ardemment dans cette voie pour la *génération céleste*, jusqu'à ce qu'enfin il lui

est arrivé un trésor, d'après lequel je veux maintenant écrire pour mon mémorial, et pour servir de
lumière à celui qui cherche; car Christ dit : *Personne n'allume une lumière pour la placer sous un
banc, ou sous un boisseau; mais il la met sur une
table, afin que tous ceux qui sont dans la chambre
puissent en être éclairés.* Et à la fin il donne la perle
à celui qui cherche, de façon qu'il doit la partager
avec les pauvres pour leur avantage, comme cela a
été très sérieusement recommandé.

2. A la vérité, Moïse écrit que Dieu fit l'homme
d'une masse de terre, etc. Et c'est là l'opinion d'un
grand nombre, et je n'aurois pas su non plus comment
cela devoit s'entendre. En effet je ne l'aurois pas
appris de Moïse, ni des gloses qui ont été faites à ce
sujet, et le voile seroit aussi demeuré sur mes yeux,
quoique c'eût été pour moi un grand tourment.
Mais lorsque j'ai eu trouvé la perle, j'ai regardé
Moïse en face, et j'ai reconnu que Moïse avoit écrit
le vrai, et que je ne l'avois pas bien entendu.

3. Car, Dieu parla ainsi à Adam et à Eve, après
la chute : *Tu es terre et tu dois retourner en terre.* Et
si je n'avois pas considéré le *Limbus* d'où la terre
est provenue, je serois demeuré ainsi dans l'aveuglement. Maintenant ce *Limbus* me montre la base
de ce qu'a été Adam avant et après la chute.

4. Car, aucune terre, ni aucune chair semblable
à celles que nous portons, ne subsiste dans la lumière de Dieu. C'est pourquoi aussi Christ dit : *Personne ne monte au ciel que le fils de l'homme qui est
venu du ciel, et qui est dans le ciel.* Ainsi, avant la

chute , notre chair étoit céleste , et du *limbus* céleste. Mais lorsque la désobéissance vint dans un
autre centre , pour s'engendrer dans l'attract de ce
monde ; alors , *le limbus* devint terrestre. Car , par
la manducation de la pomme terrestre, dans le jardin
d'Éden , commença le royaume terrestre , et aussitôt la mère du grand monde , par sa puissance , saisit le petit monde , et le transforma en manière de
bête , quant à la forme et quant à la substance.

5. Si l'ame n'avoit pas été au milieu , alors Adam
auroit dû rester vraiment un animal irraisonnable ;
mais comme l'ame avoit été soufflée du *limbus* de
Dieu dans Adam , par l'esprit saint , alors la miséricorde ou le cœur de Dieu devoit de nouveau
l'améliorer , et apporter de nouveau du *limbus* céleste , le centre , et devenir lui-même chair , et engendrer dans l'ame par le FIAT , le nouvel homme ,
qui est caché dans l'ancien ; car l'ancien appartient
maintenant à la corruption , et s'en va dans son
Ether , et le nouveau demeure éternellement. Comment cela est-il arrivé ? Voici sur cet objet , une ins-
truction fondamentale , où tu peux voir , dans le
cœur , le vieux et le nouvel homme , pourvu que
tu sois né de Dieu , et que tu aies la perle. Sinon , tu
verras à peine ici le vieil homme , et tu ne con-
templeras point le nouveau.

6. Le voile de Moïse doit s'ôter , et tu dois considérer Moïse en face , si tu veux voir le nouvel
homme. Sans la perle , tu n'ôteras point ce voile ,
et tu ne connoîtras point ce qu'étoit Adam avant
sa chute. Car , Adam lui-même après sa chute n'a

plus connu le premier homme ; c'est pourquoi il
fut honteux de sa monstrueuse forme , et se cacha
derrière les arbres , dans le jardin. En effet il se regarda , et vit quelle forme bestiale il avoit sur soi ;
car aussitôt il reçut pour sa reproduction, des membres de bête, que le FIAT lui créa dans le troisième
principe par l'esprit du grand monde.

7. Personne ne doit croire que l'homme avant sa
chute eût des membres de bête pour sa reproduction ; mais bien des membres célestes ; de même
aussi il n'avoit point de boyaux : car de pareils organes et une puanteur comme celle que l'homme a
dans le corps , ne peuvent appartenir à la trinité
sainte, dans le paradis , mais bien à la terre qui
doit retourner dans son Ether. Mais l'homme avoit
été créé immortel , et en outre, saint, semblable aux
anges ; et quoiqu'il fût produit du *limbus* , cependant il étoit pur. Quant à ce qu'il est maintenant , et
d'où il a été formé , la suite va l'apprendre.

8. Vois : lorsque Dieu eut créé le troisième principe après la chute des démons , quand ils furent
déchus de leur gloire (car ils avoient été anges , demeurant dans la place de ce monde), il voulut néanmoins que son dessein et son plan subsistassent , et
voulut de nouveau établir dans le lieu de ce monde,
une légion angélique qui subsistât éternellement ; et
lorsqu'il eut produit les créatures , dont l'ombre devoit demeurer éternellement après la transmutation
de ce monde , il ne se trouva aucune créature qui
pût en avoir de la joie , et aussi il ne se trouva aucune créature qui pût gouverner les animaux dans

ce monde. C'est pourquoi Dieu dit : Faisons l'homme,
une image semblable à nous, et qu'il domine sur
tous les animaux, et sur les créatures de la terre. Et
Dieu créa l'homme à son image ; il le créa à l'image
de Dieu.

9. Maintenant, on se demande : qu'est-ce que
l'image de Dieu ? Contemple, considère la divinité, tu trouveras le point. Car, Dieu n'est pas un
homme animal ; mais l'homme devoit être une
image, et aussi une similitude de Dieu dans laquelle
Dieu auroit demeuré. Or, Dieu est un esprit ; et en
lui sont tous les trois principes : il vouloit produire une image qui eût en soi tous les trois principes ; c'est là, véritablement, la ressemblance de
Dieu, et il créa Adam. On conçoit bien avec Moïse
que Dieu ne le créa, ni ne le forma d'un morceau
de terre.

10. Mais le *limbus* dont il le créa est la matrice
de la terre, et la terre est engendrée de là ; or,
la substance dont il le créa étoit une masse, une
quintessence provenant des étoiles et des élémens,
qui devint terrestre à l'instant que l'homme éveilla
le centre terrestre, et l'homme appartint sur-le-
champ à la terre, et à la corruptibilité.

11. Mais la masse, ou la substance, étoit extraite de la matrice céleste, qui est la racine de la
génération externe ou terrestre. Le centre céleste
devoit rester fixe, et le *centre* terrestre ne devoit
pas être éveillé. Dans une semblable puissance,
l'homme étoit un souverain au-dessus des astres et
des élémens ; toutes les créatures l'auroient redouté,

et il auroit été impérissable : il avoit en soi la force
et les propriétés de toutes les créatures : car sa
puissance venoit de la puissance de l'intelligence.
Or , il devoit avoir tous les trois principes , puisqu'il devoit être la ressemblance de Dieu : 1°. la
source des ténèbres ; 2°. aussi celle de la lumière ;
et 3°. , aussi celle de ce monde; et cependant il
ne devoit pas vivre , et *inqualifier* dans toutes les
trois, mais seulement dans une, savoir : la paradisiaque , dans laquelle s'élève la vie.

12. Que ceci soit démontré et certain , cela se voit
dans l'écriture : *Et Dieu lui souffla un souffle vivant;*
alors l'homme devint une ame vivante. Quant à toutes
les autres créatures qui sortirent du *limbus* corruptible , par le FIAT , la volonté du FIAT a éveillé
chez elles toutes, l'esprit dans leur centre, et chaque
esprit de créature vint de leur même essence et
propriété, et *inqualifia* avec l'esprit du grand monde,
des étoiles et des élémens ; or , cela ne devoit pas
être ainsi dans l'homme ; son esprit ne devoit point
inqualifier avec les esprits sydériques et élémentaires. Les deux principes ; savoir : les ténèbres et
l'esprit de l'air , devoient demeurer en repos dans
cette substance ou *image* ; c'est pourquoi Dieu lui
souffla un souffle vivant , entendez le souffle de
Dieu , c'est-à-dire , un souffle ou un esprit paradisiaque. L'esprit saint qui , dans le centre de l'ame ,
devoit être le souffle de l'ame , et l'esprit qui sortit
du *limbus* , ou de la quintessence qui est du mode
astral , devoient être souverains au-dessus de la
quintessence de ce monde ; car l'homme étoit en

un seul être, et il n'y avoit aussi qu'un seul homme
que Dieu créa ainsi, et il auroit pu vivre éternellement. Quand même Dieu auroit ramené les astres
à leur Éther, et auroit plongé la matrice des élémens, et les élémens eux-mêmes, dans le néant,
l'homme néanmoins seroit demeuré. En outre,
l'homme avoit en soi le centre paradisiaque, et auroit pu, par sa volonté, réengendrer de soi; éveiller
le centre, et engendrer ainsi, sans aide et sans
angoisse, une légion angélique dans le paradis,
sans aucune déchirure. Voilà ce qu'auroit dû être
l'homme; mais il auroit dû rester dans le paradis,
et être éternellement immuable : car le paradis est
saint; ainsi l'homme devoit aussi être saint; en
effet, dans la sainteté réside la puissance divine
et le paradis.

La profonde porte de l'ame.

13. L'ame que Dieu souffla à l'homme est de
l'éternel père; cependant, concevez vous bien, il y a
une différence : entendez que cette ame est de sa volonté incommutable, de laquelle il engendre éternellement son fils ou son cœur ; c'est-à-dire, qu'elle est
du centre divin d'où sort le FIAT, et qui l'a créée
là. Aussi a-t-elle en soi toutes les essences de
l'éternelle génération ; seulement elle n'a point la
génération du fils de Dieu (ce même centre qui est
le fils de Dieu lui-même), car ce même centre est
le but final de la nature, et n'est pas créaturel; il
est le plus haut centre de l'amour enflammé, et

de la miséricorde de Dieu, de la perfection; il n'en sort aucune créature, mais il brille dans les créatures; c'est-à-dire, dans les anges et les âmes des saints hommes : car l'esprit saint sort de là, ainsi que la toute-puissance, lequel esprit saint puise dans le père l'éternelle volonté.

14. Or, l'âme est entre deux portes, et touche à deux principes; savoir 1°. les éternelles ténèbres, et 2°. l'éternelle lumière du fils de Dieu, ainsi que Dieu le père est lui aussi lui-même. Maintenant, de même que Dieu le père conserve éternellement son immuable volonté d'engendrer son cœur ou son fils; de même l'ange et l'âme ont leur immuable volonté dans le cœur de Dieu : l'âme est ainsi dans le ciel et le paradis; elle y jouit de la joie inexprimable que Dieu le père a en son fils, et elle y entend les inexprimables paroles du cœur de Dieu, et se réjouit des images éternelles, de même que de celles créées qui ne sont point en êtres, mais figurées.

15. La l'âme mange de chaque parole de Dieu, car c'est là l'élément de sa vie; elle chante les louanges du paradis, au sujet des fruits saints qui croissent dans le paradis, dans la puissance divine du *limbus* divin, lequel est l'aliment du corps [ou *de la circonscription*]; car le *corps* mange du *limbus* dont il est, et l'âme *mange* de Dieu, et de la parole dont elle est.

16. Comment cela ne me seroit-il pas agréable et délicieux ? Comment ne seroit-ce pas là une délectation de manger du pain céleste avec des mille

milliers de différens anges, et de se réjouir dans leur société ? Qu'est-ce qu'il y auroit donc que l'on pût trouver plus aimable ? Là il n'y a aucune crainte, aucune colère, aucune mort, aucune tristesse. La voix et le cri de tous est : *Salut, vertu, force et puissance appartiennent à notre Dieu* ; et ce chant s'élève en éternité. C'est ainsi qu'il en est de la puissance divine du paradis ; c'est une pure croissance dans le centre divin de la végétation dans le paradis, et c'est là le lieu où Saint-Paul a entendu des paroles ineffables, que personne ne peut proférer. Tel est l'homme qu'étoit Adam avant sa chute ; et, pour que tu ne doutes pas que cela ait véritablement et certainement été ainsi, regarde seulement aux circonstances.

17. Quand Dieu eut ainsi créé Adam, il fut dès lors dans le paradis, dans la joie, et il étoit un homme très beau, très éclairé, plein de connoissances ; alors Dieu amena tous les animaux devant lui, comme étant le grand maître en ce monde ; il les considéra, et leur donna à chacun un nom selon leur essence et *vertu*, tel que leur esprit étoit figuré en eux. Adam connut tout ce qu'il y avoit dans chaque créature, et donna à chacune un nom selon *l'inqualification* de son esprit. De même que Dieu peut voir dans le cœur de chaque chose ; de même aussi Adam pouvoit le faire ; ce en quoi se montre bien quelle étoit sa perfection.

18. Désormais Adam et tous les hommes seroient venus sur la terre tout nuds, comme il y vint ; son vêtement étoit la splendeur dans la puissance

de Dieu ; aucun chaud, aucun froid ne l'eût touché : il pouvoit voir la nuit et le jour, les yeux ouverts, sans trébucher ; il n'y avoit en lui aucun sommeil, et dans son esprit aucune nuit ; car dans ses yeux étoit la puissance divine, et il étoit complet et parfait : il avoit en lui le *limbus* ainsi que la matrice ; il n'étoit ni homme ni femme, tel que nous serons à la résurrection ; quoiqu'en effet la connoissance des marques doive rester en figure, mais non pas avec séparation du *limbus* et de la matrice, comme cela est ici bas.

19. Or, l'homme devoit demeurer sur la terre tant qu'elle auroit subsisté, gouverner les animaux, et prendre sa joie et son délice en toutes choses ; mais il ne devoit manger d'aucun fruit terrestre, dans lequel se trouve la corruption. A la vérité, il devoit manger du fruit, mais ce fruit eût entré dans sa bouche, et non point dans son corps ; car il n'auroit point eu de boyaux, ni aucune chair grossière et ténébreuse ; tout étoit parfait en lui. En effet, il lui croissoit des fruits paradisiaques, qui ensuite ont disparu lorsqu'il fut chassé du paradis ; alors Dieu maudit la terre, et on retira de lui le *limbus* céleste, ainsi que le fruit, et il perdit le paradis, Dieu, et le royaume céleste : car la terre n'étoit pas ainsi corrompue avant le péché, lorsque le paradis étoit sur la terre.

20. Si Adam étoit resté dans l'innocence, il auroit mangé du fruit du paradis dans tous les fruits. Son manger étoit céleste ; sa boisson étoit de la mère eau céleste, de la source de l'éternelle vie.

L'extra-génération ne le touchoit point ; il n'avoit
pas besoin de l'air élémentaire, comme à présent :
à la vérité il tiroit le souffle de l'air, mais il pre-
noit son souffle de l'esprit de l'incorruptibilité,
car il ne frayoit ou *n'inqualifioit point* avec l'esprit
de ce monde ; mais son esprit dominoit puissamment sur l'esprit de ce monde, sur les étoiles,
aussi bien que sur le soleil et la lune, et sur les
élémens.

21. Voilà ce que pouvoit être Adam : et ainsi il
étoit une juste et véritable similitude et image de
Dieu. Il n'avoit point dans sa chair des os durs
tels que sont nos os, quoiqu'ils en eussent la force
et une semblable *vertu* ; de même aussi son sang
n'étoit point de la teinture de la matrice aquas-
trique, mais de la céleste : en somme, il étoit tout
céleste comme nous paroîtrons au jour de la résurrection. Car, le plan de Dieu subsiste ; la première
image doit revenir, et demeurer dans le paradis :
et, comme elle ne pouvoit pas revenir et être ra-
menée d'une autre manière, alors Dieu le père aima
mieux livrer son cœur et son fils. Son éternelle volonté est inchangeable ; elle doit subsister.

22. Et lorsque Dieu eut créé l'homme, il planta
un jardin dans Eden, vers l'orient, et le plaça dedans ; il fit croître plusieurs fruits agréables à la
vue, toutes sortes d'arbres bons à manger, et l'arbre
de vie au milieu du jardin, et l'arbre de la connoissance du bien et du mal. Or, lorsque Dieu eut
placé l'homme dans le jardin, il lui donna ses
ordres, et dit : *Tu mangeras de tous les arbres qui*

sont dans le jardin ; mais tu ne mangeras point de l'arbre de la connoissance du bien et du mal, car au jour que tu en mangeras tu mourras de mort. Ici il y a un voile sur Moïse ; et il faut avoir les yeux perçans pour voir Moïse en face : ce n'est pas sans motif que Dieu a permis que Moïse écrivît ainsi mystérieusement.

23. Car, qu'est-ce qu'il y avoit d'intéressant pour Dieu dans la manducation d'une pomme, pour perdre une si belle créature? Il pardonne de bien plus grands péchés. Il a tellement aimé l'homme qu'il n'a pas épargné son propre fils, mais l'a laissé devenir homme, et l'a livré à la mort : ne pouvoit-il donc pas pardonner un foible péché? ou pourquoi permit-il que l'homme mangeât de ce fruit, puisqu'il sait toute chose? pourquoi laissa-t-il croître l'arbre de la connoissance du bien et du mal?

24. Voilà comment juge la raison : si Dieu ne l'avoit pas voulu, Adam n'auroit pas mangé ainsi, ou il n'auroit pas mis une pareille défense sur cet arbre seulement ; il l'a placé là comme un achopement pour lui. C'est ainsi que raisonne une partie ; l'autre partie qui est un peu plus sage, sans l'être beaucoup, veut faire mieux, et dit : Dieu a tenté l'homme pour savoir s'il vivroit dans son obéissance ; et, lorsqu'il fut trouvé désobéissant, Dieu a jeté sur lui une forte colère, il l'a maudit jusqu'à la mort, et sa colère ne pouvoit point être apaisée qu'il ne fût ainsi réconcilié. Cette raison fait de Dieu un être sans miséricorde, comme un méchant homme de ce monde, qui sera cepen-

dant appaisé quand il se sera assez vengé ; et elle n'a toutefois aucune connoissance de Dieu et du paradis.

25. O! ame chérie, c'est une chose grave dont le ciel auroit bien pu rougir. Sous cette tentation Moïse a caché de grandes choses, que l'ame non éclairée ne comprend point. Dieu ne regardoit point à la manducation d'une pomme ou d'une poire pour punir ainsi une si belle créature; la punition ne vint point de sa main, mais de l'esprit du grand monde (*majoris mundi*), du troisième principe. Dieu pensa bien miséricordieusement à l'égard de l'homme; c'est pourquoi Il n'épargna pas son propre cœur, et le laissa devenir homme; afin qu'il pût de nouveau secourir l'homme. N'aie plus de semblables pensées : Dieu est l'amour et le bien; en lui il n'y a aucun sentiment de colère, et c'est l'homme lui-même qui s'est fait sa punition, etc., comme tu le verras en son lieu.

La porte secrète de la tentation de l'homme.

26. Puisqu'en ce lieu plusieurs questions se présentent, (car l'ame de l'homme se retourne toujours vers son pays natal, d'où elle est émigrée, et désire de rentrer dans sa demeure pour y jouir de l'éternel repos;) et puisque cela m'est accordé dans ma connoissance, je vais écrire sur la cause profonde de la chute : là on pourra regarder Moïse en face; toutefois si tu es né de Dieu, cela sera très intelligible pour toi; mais aucune ame non

éclairée ne pourra saisir le but ; car l'âme doit
être dans sa propre maison, si elle veut voir ce
qu'il y a dans la maison. En effet, de parler par
oui-dire, et ne pas voir soi-même, cela est toujours douter si les choses que l'on entend dire sont
vraies ; mais ce que l'œil voit, et ce que l'esprit
connoît, ils le croient parfaitement, car ils l'ont
saisi.

27. L'esprit cherche néanmoins pourquoi l'homme
a dû être tenté, tandis que cependant Dieu l'avoit
créé parfait : Dieu sachant tout, la faute retombe
toujours sur Dieu. Le démon en fait autant, car
l'esprit dit : S'il n'y avoit pas eu d'arbre de la
science du bien et du mal, Adam ne seroit point
tombé.

28. O! âme chérie, si tu ne connois rien de plus,
ferme tes yeux fortement, et ne cherche pas ; demeure dans la patience et dans l'espérance, et
laisse Dieu agir, autrement tu tomberas dans un
grand trouble, et le démon te conduira dans ces
doutes qu'il insinue toujours, que Dieu ait voulu
le mal ; qu'il ne vouloit point que tous les hommes
fussent sauvés, et que c'est pour cela qu'il avoit
créé l'arbre de la colère.

29. Ame chérie, écarte de semblables pensées,
autrement tu fais d'un Dieu saint et aimant, un être
sans miséricorde et plein d'une volonté ennemie.
N'aie point de Dieu de telles pensées, et considère
toi toi-même, et ce que tu es ; tu trouveras en toi-
même l'arbre de la tentation, et aussi la volonté

d'où il a poussé. Oui, la source de cette végétation
est en toi, et non en Dieu, en ne parlant ici que de
la divinité pure qui se manifeste dans le second
principe par le cœur de Dieu. Cela est ainsi et non
autrement.

3o. Mais si nous pensons à l'origine du premier
principe, alors nous trouvons l'espèce de l'arbre,
ainsi que celle de la volonté relativement à l'arbre ;
nous trouvons là l'abîme de l'enfer et de la colère.
Oui, nous trouvons la volonté de l'enfer et de la
colère ; nous trouvons de plus la volonté du démon.
Nous trouvons l'envieuse volonté de toutes les créatures de ce monde ; pourquoi toutes sont ennemies,
se haïssent, se mordent, et se battent. Ma chère
raison, je vais te montrer l'arbre de la tentation, et tu
pourras regarder Moïse en face ; seulement, tiens
ton esprit attentif pour saisir.

3i. Je t'ai souvent donné à entendre dans ce livre, ce qu'est l'essence de toutes les essences ; mais
comme il est ici de la plus haute utilité de reconnoître la base, je vais te l'exposer très complètement
et très profondément, afin que tu puisses la reconnoître également en toi-même. Tu pourras aussi la
reconnoître dans toutes les créatures, et dans le
premier objet qui se présentera : ce que tu contemples, ou ce que tu peux avoir continuellement
dans ta pensée, tout cela doit être autant de témoignages. Je peux prendre pour témoins le ciel, la
terre, aussi bien que le soleil, les étoiles et les élémens ; et cela, non pas par de simples paroles et en

promesses, mais je dois te représenter toutes ces choses dans leurs *vertus* et dans leur essence. Tu n'as dans ton corps aucune puissance qui puisse t'en convaincre. Seulement, ne laisse pas obscurcir ton ame par l'esprit de mensonge, l'ancien serpent, car il a mille artifices.

32. Quand il voit qu'il ne peut pas pénétrer dans l'homme avec le doute sur la miséricorde de Dieu, il lui rend la conscience légère, de manière qu'il considère tout comme rien ; il plonge son ame dans l'assoupissement, de façon qu'il ne s'estime guère ; comme si tout n'étoit que peu de chose. Que les choses *divines* aillent comme elles pourront: il ne veut pas se tourmenter le cœur pour elles, et il laisse le docteur s'en occuper comme étant chargé d'en répondre. Ainsi l'ame marche aussi légèrement dans ceci, qu'un tourbillon de vent, ou qu'un torrent. Aussi Christ en parle, et dit : Le démon arrache la parole de leur cœur, pour qu'ils ne la saisissent point et ne deviennent point croyans et saints, et qu'elle ne prenne point racine.

33. Autrement, si les perles pouvoient croître et les lys pousser, il (*le démon*) pourroit être dévoilé, alors chacun le fuiroit, et il resteroit dans un grand mépris. C'est là la marche qu'il a suivie depuis le commencement du monde, et quelque vive que soit sa défense, néanmoins, malgré sa fureur et ses vacarmes, il croîtra au milieu de son royaume imaginaire, un lys dont le parfum atteindra jusque dans le paradis de Dieu, comme le témoigne l'esprit.

34. Vois, toi, fils de l'homme, veux-tu parvenir facilement à ces connoissances? Réfléchis seulement sur *ta base d'affection* et considère-la; tu trouveras tout en elle; tu sais que d'elle viennent la joie et la souffrance, le rire et les pleurs, l'espérance et le doute, la colère et l'amour, l'attrait pour une chose et aussi la répugnance pour cette même chose. Tu trouves en elle la colère et la méchanceté, et aussi l'amour, la douceur et tout ce qui est bon et agréable.

35. Ici on se demande : l'ame ne pouvoit-elle pas demeurer dans une seule volonté, c'est-à-dire, dans un pur amour, comme Dieu même ? C'est là où gît le point, le but et la connoissance. Vois, si la volonté n'étoit que dans une essence, l'ame n'auroit aussi qu'une qualité qui donneroit la même *teinte* à la volonté; et ce seroit une chose immuable, qui resteroit toujours en repos, et ne feroit jamais rien de plus, c'est-à-dire, qu'elle feroit toujours la même chose. En cela il n'y auroit aucune joie, ni aucune connoissance, ni aucun art, ni aucune science d'accroissement, et il n'y auroit aucune sagesse; et de même si la qualité n'étoit pas à l'infini, tout seroit un rien, et il n'y auroit ni *affection*, ni volonté pour quelque chose, car il n'y auroit qu'une seule chose.

36. Or, on ne peut pas dire que la divinité entière, avec ses trois principes, soit en une seule volonté et une seule manière d'être; il y a une distinction à faire. Quoique le premier et le troisième principe ne soient point appelés Dieu (et aussi n'est-ce pas là Dieu), ils sont, cependant, son

essence, où la lumière de Dieu et son cœur sont toujours engendrés de toute éternité, et c'est un seul être comme le corps et l'ame dans l'homme.

37. En effet, s'il n'y avoit pas une ame éternelle, *ou une base éternelle affective* d'où dérive l'éternelle volonté, il n'y auroit point de Dieu. Mais il y a une éternelle ame *ou base d'affection*, qui engendre l'é-ternelle volonté; l'éternelle volonté engendre l'é-ternel cœur de Dieu; le cœur engendre la lumière; la lumière, la puissance; la puissance, l'esprit; et c'est là le tout puissant Dieu, qui est dans une in-commutable volonté. Car si l'ame n'engendroit point la volonté, la volonté aussi n'engendreroit point le cœur, et tout seroit un rien; mais si l'ame engendre la volonté; la volonté, le cœur; le cœur, la lumière; la lumière, la puissance; la puissance, l'esprit; alors l'esprit engendre de nouveau *la base affective*, car il a la puissance, et la puissance est le cœur; or c'est là une alliance indissoluble.

La profondeur.

38. Maintenant, vois; l'ame est dans les ténèbres; elle rassemble son ardeur pour la lumière, afin de l'engendrer; autrement il n'y auroit aucune volonté et aussi aucune génération. Cette ame est dans l'an-goisse et dans le désir; ce désir devient la volonté; la volonté embrasse la puissance; et la puissance remplit l'ame. Ainsi le royaume de Dieu existe dans la puissance qui est, 1°. Dieu le père; et la lumière transforme la puissance désirante en volonté. Le royaume est, 2°. Dieu le fils, car dans la puissance,

la lumière est engendrée de toute éternité. Et de la puissance dans la lumière sort, 3°. l'esprit saint qui engendre de nouveau dans l'ame ténébreuse, la volonté de l'éternelle essence.

39. Ainsi, vois, ame chérie, c'est là la divinité ; elle tient en soi le principe second ou médiane, c'est pourquoi Dieu n'est que bonté, qu'amour, lumière et puissance. Maintenant, considére que dans Dieu il n'y auroit pas éternellement, une telle sagesse et une telle science, si l'ame ou la base d'affection n'étoit pas dans les ténèbres. Car là, il y a angoisse dans la volonté pour engendrer ; or, l'angoisse est la qualité ou la propriété ; la qualité ou la propriété est la multiplicité ; elle produit l'esprit, et l'esprit à son tour fait la multiplicité.

40. Maintenant, chère ame, considère-toi en toi même, et en toute chose. Qu'y trouves-tu ? Tu ne trouves rien que l'angoisse ; dans l'angoisse, la qualité ou la propriété ; dans la qualité, *l'affection* ; dans *l'affection*, la volonté pour croître et engendrer ; dans la volonté, la puissance ; dans la puissance, la lumière ; dans la lumière, son esprit multipliant et propageant qui, à son tour, forme la volonté d'engendrer une branche de l'arbre, semblable à lui ; et ceci je l'appelle dans mon livre le centre, où la volonté engendrée est venue en une substance, et engendre à son tour une semblable substance ; car telle est la mère de la génératrice.

41. Or, l'angoisse a en soi, en possession, le premier principe. Comme elle demeure dans les ténèbres, elle est une autre essence que n'est l'es-

sence dans la lumière, où il n'y a que par amour et douceur, et où on n'aperçoit aucun tourment ; et la qualité qui est engendrée dans le centre de la lumière, n'est plus maintenant qualité, mais l'éternelle sagesse et science de tout ce qui étoit dans l'angoisse avant la lumière. Cette sagesse et cette science vient maintenant toujours au secours, de la volonté comprimée dans l'angoisse, et fait, de nouveau en elle un centre pour la génération ; de façon qu'ainsi, dans la qualité, s'engendre de nouveau la croissance ou la puissance ; de la puissance, le feu ; du feu, l'esprit ; et l'esprit fait de nouveau, dans le feu, la puissance ; de sorte qu'ainsi il y a une indissoluble alliance. Or, de cette ame, ou de cette *base affective* qui est dans les ténèbres, Dieu a engendré les anges, *qui sont des flammes de feu*, mais allumées par la lumière de Dieu ; car c'est dans cette ame où un esprit peut être engendré, sans cela il resteroit dans le rien. Car, quant à soi, aucun esprit ne peut être engendré dans le cœur et la lumière de Dieu, attendu que c'est là la limite de la nature, et il n'a à lui aucune qualité ; c'est pourquoi il n'en sort rien de plus, et ce cœur demeure invariable dans l'éternité : il brille dans l'ame qui est de la qualité des ténèbres, et les ténèbres ne peuvent pas le saisir.

42. Or, dans l'affection angoisseuse des ténèbres, il y a un tourment inexprimable, d'où dérive le nom de qualité, c'est-à-dire, de plusieurs bouillonnemens en une source ; et, de ces mêmes bouil-

lonnemens s'élèvent en un seul bouillonnement, une multitude de sciences ; de façon qu'elles sont innombrables. L'esprit de Dieu, sortant de la lumière, prête son secours à chaque science ; dans chaque science de la source, il fait, par son gracieux amour, imprégner de nouveau le centre, et dans le centre il s'engendre de nouveau une source comme une branche d'un arbre : là de nouveau s'élève une base d'affection dans l'angoisse, et l'esprit d'amour fait imprégner le tout par son amour, c'est-à-dire, chaque pensée et chaque volonté, et cela substantiellement : car la volonté s'élève si haut dans le centre qu'elle engendre le feu, et, dans le feu, est engendrée la substance et l'essentialité.

43. En effet, c'est son esprit, et c'est là la limite de la volonté dans la base ténébreuse ; or, dans l'angoisse il ne se peut rien engendrer de plus élevé que le feu ; car il est là limite de la nature, et il engendre de nouveau l'angoisse et le tourment, comme cela se voit. Maintenant, l'angoisseuse et ténébreuse affection n'a pas en soi une substance unique, ou une seule essence, mais plusieurs, autrement elle ne pourroit engendrer aucune qualité, et cependant elle est véritablement un seul être, et non pas plusieurs êtres.

44. Ame chérie, l'esprit supérieur te dit : Soumets ta base affective, je te montrerai la chose ; vois ce qui saisit ta volonté, et dans quoi réside ta vie : diras-tu dans l'eau et dans la chair ? Non, elle existe dans le feu, dans la chaleur : s'il n'y avoit point de chaleur, le corps se durciroit et l'eau

se dessécheroit : ainsi l'affection et la vie consistent dans le feu.

45. Mais , enfin , qu'est-ce que le feu ? Il est premièrement les ténèbres , la dureté, l'éternel froid, la sécheresse , où il n'y a rien qu'une éternelle faim.

Dira-t-on : Comment vient le feu ?

Chère ame , ici l'esprit de Dieu, ou l'éternelle lumière , vient au secours de la faim ; car la faim résulte aussi de la lumière : dès que la puissance divine se contemple dans les ténèbres, dès lors les ténèbres sont soupirant après la lumière , et le désir est la volonté.

46. Or , la volonté ou le désir dans la sécheresse ne peut pas atteindre la lumière ; là il y a dans la volonté une angoisse qui tend à la lumière. L'angoisse est attirante ; dans *l'attirement* est la souffrance ; la souffrance rend l'angoisse plus grande, de façon que l'angoisse dans l'astringence attire beaucoup plus fort ; dans cet *attirement* en souffrance est l'aiguillon amer , où l'amertume *provenant* de la souffrance ; l'angoisse tend après l'aiguillon par *l'attirement* , et ne peut cependant pas le saisir, car il se défend : or , plus l'angoisse attire , plus l'aiguillon tempête.

47. Alors l'angoisse , l'amertume et la souffrance dans l'aiguillon sont comme un esprit de souffre , et tous les esprits dans la nature sont comme des souffres qui s'angoissent l'un dans l'autre jusqu'à ce

que la lumière de Dieu vienne à leur secours ;
alors le *souffre* devient un éclair, et là est sa limite, car il ne peut pas monter plus haut dans
l'angoisse; c'est là le feu qui est éclair brillant dans
l'ame, ou aussi dans la base affective ; car l'ame
atteint la puissance de la lumière, qu'elle transmet
en douceur : dans ce monde, *ce feu* est le feu qui
brûle ; dans l'enfer, il est immatériel : c'est le feu
éternel qui brûle dans la qualité.

48. Maintenant, toi, chère ame, tu vois en miroir combien Dieu est près, et est lui-même le
cœur de toutes choses, et donne à toutes la puissance et la vie. Lucifer a perdu tout cela ; il est
devenu ainsi plein d'orgueil. Lorsque cet esprit de
souffre fut créé dans la volonté de l'ame de Dieu,
il voulut dominer de là au-dessus de la limite de
la nature, et pousser le feu au-dessus de la douceur, et pour lui tout devoit être brûlé par le
feu : il vouloit être le souverain. Les étincelles de
feu dans l'esprit de souffre s'élevèrent trop, et ces
esprits n'ont point été jugés anges aux yeux du
créateur, ou de l'esprit dans le FIAT ; quoiqu'il
soit venu à leur aide dans la première intention,
ou lorsque le centre fut ouvert pour la *production*
des esprits, et qu'il les aperçut comme les autres
anges; ils ont toutefois engendré une volonté ignée,
tandis qu'ils devoient ouvrir leur centre pour la génération de leur vraie base affective, et engendrer
la volonté angéliquement.

49. La première volonté d'où ils furent créés
étoit de Dieu, et elle les créa bons ; et la seconde

volonté que, comme obéissans, ils devoient engendrer de leur propre centre en douceur, fut mauvaise ; aussi leur père, par rapport à ses *enfans ou productions* fut chassé de la puissance de Dieu ; il perdit le royaume angélique, et demeura dans la source du feu. Dès que le mauvais résultat de son affection se fut détourné de la douceur, dès lors ils obtinrent ce qu'ils avoient voulu : car la base affective est le Dieu et le créateur de la volonté ; elle est libre dans l'éternelle nature ; ce qu'elle s'engendre à elle-même, elle l'a.

50. Maintenant tu demandes : Pourquoi l'amour de Dieu ne vint pas de nouveau à son aide? Non, mon ami. Son affection s'étoit élevée jusqu'à la limite de la nature, et vouloit de là dominer au-dessus de la lumière de Dieu : sa base affective étoit devenue, dans la colère, une source de feu allumé. La douceur de Dieu ne peut rien là, l'esprit de souffre brûle éternellement ; aussi est-il un ennemi de Dieu, et Dieu ne peut lui aider. Car le centre est brûlant dans l'éclair ; sa volonté ne cesse pas de se porter de là au-dessus de la douceur de Dieu. Il ne peut produire aucune autre volonté ; car sa source a atteint dans le feu la limite de la nature, et il demeure une source de feu inextinguible ; le cœur de Dieu, dans la douceur, et le principe de Dieu est fermé pour lui , et cela pour l'éternité.

51. En somme, Dieu ne veut avoir aucunes sources de feu dans le paradis ; elles doivent rester dans le premier principe, dans les éternelles ténèbres. Si ces anges fussent restés comme Dieu les

créa , lorsque la douceur les envisagea , et qu'ils
eussent placé dans la douceur le centre de leur
affection , alors la lumière de Dieu les auroît éclairés éternellement ; ils auroient mangé du verbe
de Dieu ; ils seroient restés dans le premier principe , par la racine de leur origine , comme Dieu
le père lui-même ; et dans le second principe , par
la volonté , dans la base affective : alors ils auroient eu la source paradisiaque , et la volonté angélique ; ils auroient été comme amis dans le *limbus*
du ciel , et dans l'amour de Dieu.

CHAPITRE ONZIEME.

De toutes les circonstances de la tentation.

1. Maintenant, voici la plus haute question : Qu'est-ce qui a porté la base affective du démon à s'élever si haut ? et qu'est-ce qui a fait qu'un si grand nombre d'entr'eux est tombé dans l'orgueil ? Vois. Lorsque Dieu plaça le fiat dans la volonté, et voulut créer les anges, alors l'esprit sépara d'abord toutes les qualités, à la manière dont tu vois encore les diverses espèces d'étoiles, et le fiat les créa ainsi. Alors furent créés les princes, et les trônes angéliques selon chaque qualité, telle que la dureté, l'astringent, l'amer, le froid, le rude, le doux et ainsi de suite dans l'essence, jusqu'à la limite de la nature, ou jusqu'à la source de feu, comme tu en as une image dans les étoiles, en voyant combien elles sont diversifiées.

2. Enfin, chaque trône ou principauté angélique est devenu une grande fontaine, comme tu peux en juger par le soleil en comparaison des étoiles, et comme tu le vois à la terre couverte de fleurs. La grande fontaine dans la source fut le prince ou le trône angélique à l'heure du fiat dans l'affection ténébreuse, là où dans chaque fontaine le centre est sorti en mille fois mille *centres*, ou en infinité,

Car , dans le FIAT , l'esprit se contempla dans la nature des ténèbres , selon le mode de l'éternelle sagesse ; alors des multitudes de propriétés qui étoient
dans la nature, sortirent d'une seule fontaine, selon
le mode de l'éternelle sagesse de Dieu , ou (comme
je pourrois le représenter en similitude pour faciliter
l'intelligence) tel qu'un prince angélique qui auroit
engendré en un instant une infinité d'anges de soi-
même. Là , cependant , le prince ne les engendra
point ; mais les essences et les qualités par le moyen
du centre dans chaque essence sortirent du prince
angélique , et l'esprit *créaturisa* cela par le FIAT , et
cela demeura substantiellement. C'est pourquoi
chaque légion ou chaque essence qui étoit sortie
d'une fontaine , obtint une volonté dans la fontaine ,
qui étoit leur prince ; comme tu vois que les étoiles
livrent toute leur volonté à la puissance du soleil ;
que le soleil domine sur toutes , et qu'ainsi elles
ont aussi leur principe ; ce dont il ne faut pas
trop parler aux docteurs. Ils croient impossible de
le savoir : cependant , là , dans Dieu tout est possible , et devant lui , mille ans sont comme un jour.

3. Or , parmi ces princes angéliques , il en est un
qui est tombé ; car il resta dans la quatrième forme
de la matrice de la génératrice , dans la base ténébreuse , dans l'ame qui est dans le lieu où l'éclair
de feu *s'originise* , et cela , avec toute sa légion provenue de lui. Ainsi le mode igné l'a poussé à se porter au-dessus de la limite de la nature , et au-dessus
du cœur de Dieu , et ce mode est ainsi resté fortement allumé en lui.

4. Car, *c'est* comme lorsque Dieu dit à la matrice
de la terre : *Que toutes sortes d'animaux soient pro-*
duits. Alors le FIAT créa des animaux de toutes les
essences, et subdivisa d'abord la matrice, et ensuite
les essences et qualités ; après quoi, il créa de la
matrice subdivisée, un mâle et sa femelle ; mais
comme les créatures étoient matérielles, ainsi chaque
espèce devoit aussi se perpétuer soi-même de chaque
essence ; au lieu qu'il n'en est pas ainsi des anges,
mais ils avoient été *produits* à l'instant, comme le
sont les pensées de Dieu.

5. Mais c'est ici le fondement. Chaque qualité ou
essence dans la source vouloit exister créaturellement ; l'essence ignée s'éleva trop puissamment, et
Lucifer a conçu là-dedans, sa volonté ; il en a été
de même d'Adam, avec l'arbre de la tentation,
comme cela est écrit : Et Dieu laissa croître toutes
sortes d'arbres dans le jardin d'Eden, et au milieu,
l'arbre de la vie, et de la connoissance du bien et
du mal.

6. Moïse dit : Dieu laissa croître du jardin, toute
espèce d'arbres beaux à la vue, et bons à manger.
Or, ici est le voile en Moïse, et cependant dans la
parole il est nettement et clairement manifesté
qu'il y avoit des fruits beaux à voir, et bons à
manger, dans lesquels il n'y avoit ni mort, ni colère, ni corruption ; mais des fruits paradisiaques,
dont Adam pouvoit vivre éternellement dans la
splendeur et la volonté de Dieu, dans son amour et
sa perfection : la mort existoit seulement dans l'arbre de la connoissance du bien et du mal, qui seul

pouvoit introduire l'homme dans une autre image.

7. Or, notre pensée voit clairement que le fruit paradisiaque qui étoit bon, n'est point ainsi devenu totalement terrestre, puisque Moïse dit aussi qu'ils étoient de deux espèces : une, bonne à manger, et agréable à voir ; et l'autre, portant la mort et la corruption. Dans les fruits paradisiaques il n'y avoit ni mort ni corruption ; toutefois, si la mort avoit été en eux, Adam auroit mangé de la mort dans tous les fruits ; mais comme il n'y avoit point de mort en eux, leur fruit ne pouvoit aussi également être terrestre ; quoiqu'il crût de la terre, cependant la puissance divine du second principe y étoit représentée ; néanmoins il croissoit réellement de la terre dans le troisième principe, laquelle terre Dieu maudit après la manducation terrestre, pour que le fruit paradisiaque necrût plus de la terre.

8. De plus si Adam avoit dû manger du fruit terrestre, il auroit dû manger dans son corps, et avoir eu des boyaux. Or, une puanteur comme celle que nous portons maintenant dans notre corps, pouvoit-elle subsister dans le paradis, dans la sainteté de Dieu ? En outre, par la manducation terrestre il auroit mangé du fruit des étoiles et des élémens, qui, aussitôt auroit *inqualifié* en lui, comme cela est arrivé dans la chute, et il n'eût plus été redouté de tous les animaux. Car, aussitôt l'essence animale se seroit assimilée dans sa puissance à l'essence humaine, et la plus forte auroit dominé l'autre. [*Faute dans le texte:* fruit *pour* crainte.]

9. C'est pourquoi, il en a été d'une autre sorte

avec Adam. Il a été un homme céleste et paradisiaque, et il devoit aussi manger du fruit céleste et paradisiaque, et, dans cette puissance, dominer sur tous les animaux, aussi bien que sur les étoiles et les élémens. Aucune froidure ni chaleur ne devoit le toucher, autrement Dieu lui auroit donné aussi une peau grossière comme aux autres animaux, et il n'auroit pas ainsi été nud.

10. Maintenant, on se demande : Pourquoi donc l'arbre terrestre de la connoissance du bien et du mal a-t-il poussé ? S'il n'avoit pas été là, Adam n'en auroit pas mangé. Ou bien : Pourquoi Adam a-t-il été tenté ? Ecoute, demande à ce sujet à ta base affective, pourquoi dans toi, une pensée de colère se conçoit et s'engendre aussi promptement qu'une pensée d'amour. Diras-tu qu'elle vient de ce que tu entends et de ce que tu vois ? Cela est vrai ; Dieu le savoit bien aussi, c'est pourquoi il falloit qu'Adam fût éprouvé, car le centre de l'affection est libre, et engendre la volonté d'après l'ouïe et la vue, d'où résultent l'imagination et l'attract.

11. Puisqu'Adam fut créé une image et une entière similitude de Dieu, et qu'il avoit en soi les trois principes comme Dieu lui-même, alors sa base affective et son imagination devoient voir entièrement dans le cœur de Dieu, et y placer son attract et sa volonté : et comme il étoit un souverain sur toutes choses, et que son ame étoit un triple esprit, en trois principes, en un seul être, de même aussi son esprit ou la volonté en son esprit, devoit rester manifeste en une seule essence, savoir : l'essence

céleste et paradisiaque ; sa base affective et son ame devoient se nourrir du cœur de Dieu ; et son corps, de la puissance du *limbus* céleste.

12. Mais, comme le *limbus* céleste étoit manifesté par le terrestre, et étoit dans le fruit, en une même substance, et qu'Adam étoit aussi de même ; c'étoit à Adam de ne point tendre après la matrice terrestre, puisqu'il avoit reçu du premier principe, une ame vivante ; qu'il avoit eu l'insufflation de l'esprit saint et qu'il avoit été éclairé de la lumière de Dieu, qui existe dans le second principe.

13. C'est pourquoi, Dieu ici, lui donna aussi la défense de ne se point laisser attirer par la matrice terrestre et par son fruit, qui étoit passager et corruptible, et qui n'étoit point pour l'esprit de l'homme. Il devoit manger du fruit, mais seulement de celui qui étoit selon le mode et la propriété paradisiaque, et non point des essences terrestres. Car, les essences paradisiaques s'étoient figurées dans tous les fruits. C'est pourquoi, ils eussent été très bons à manger à la manière angélique, et très agéables à la vue, comme dit Moïse,

Maintenant, on se demande : Qu'est-ce qu'à donc été proprement la tentation dans Adam ?

La porte du bien et du mal.

14. Nous avons de ceci, un puissant témoignage, et on le lit dans la nature et dans tous ses enfans, dans les étoiles, et les élémens, dans la terre, les pierres et les métaux, particulièrement dans les

créatures vivantes, où tu vois comment elles sont toutes bonnes et mauvaises ; savoir : des créatures aimables, ainsi que des animaux méchans et vénéneux ; tels que des crapauds, des serpens et des reptiles. Ainsi, il y a du poison et de la méchanceté dans tout ce qui vit dans le troisième principe, et il faut qu'il y ait de la colère dans la nature, sans quoi tout seroit une mort et un rien.

La profondeur dans le centre.

15. Ainsi que cela a été exposé précédemment, l'ame éternelle est dans les ténèbres ; elle s'angoisse et soupire après la lumière afin de l'engendrer. Or, l'angoisse est la source, et la source a en soi plusieurs formes ; elle atteint jusqu'au feu, dans sa substance ; elle a l'amer, l'astringent, le dur, le froid, le colérique, l'oblique ou le poison, dans la racine duquel, la joie et la peine existent également. Quand elle atteint jusqu'à la racine du feu, et qu'elle peut saisir la lumière, alors il sort de la colère, une grande joie ; car, la lumière met la forme colérique dans une grande douceur ; au contraire, cette forme, qui parvient à la racine du feu, demeure dans la colère.

16. Lorsque Dieu voulut (ainsi que nous le pouvons savoir) que l'ame éternelle qui étoit dans les ténèbres fût manifestée dans le troisième principe par ce monde, alors toutes les formes furent premièrement manifestées dans le premier principe jusqu'au feu, et les formes que la lumière atteignit,

furent angéliques et paradisiaques ; mais les autres sont restées colériques, meurtrières, astringentes et mauvaises, chacune dans son essence ou dans sa propre forme : car, chaque forme vouloit être aussi manifestée, attendu que c'étoit la volonté de l'éternelle essence de se manifester. Mais dans l'éternel engendrement, une forme ne pouvoit pas se manifester seule, par la raison que l'une est membre de l'autre, et que l'une sans l'autre ne seroit rien.

17. C'est pourquoi, l'éternelle parole ou le cœur de Dieu a travaillé dans la ténébreuse et spirituelle matrice, qui, en elle-même dans l'origine, étoit sans lumière, et muète, et il engendra une image de lui-même corporelle et saisissable, dans laquelle toutes les formes ont été tirées de l'éternelle forme, et sont venues en substance : car, de la forme spirituelle a été engendrée la forme corporelle ; et l'éternelle parole (l'a) créée par le FIAT, pour que cela restât ainsi.

18. Alors, de toutes ces formes *sorties* de la matrice de la terre par le FIAT dans la parole, sont provenues toutes les créatures de ce monde, telles que les arbres, les plantes et herbes, chacune selon sa forme, ainsi que les reptiles, bons ou mauvais, selon que chaque forme s'est *originisée* dans la matrice de la génératrice. Il en a été de même des fruits dans le paradis de ce monde, dans le jardin d'Eden, lorsque le verbe dit : *Que toutes sortes d'arbres et de végétaux soient produits.* De toutes les formes sortirent et poussèrent des arbres et des végétaux, qui tous étoient doux et aimables ; car la parole s'é-

toit représentée dans toutes les formes dans le FIAT.

19. Mais, en ce moment, les ténèbres et le tourment furent dans le centre ; c'est-à-dire que, dans ce centre, la mort et la colère pénétrèrent, et qu'ils y font sentir leurs pointes aigues et la corruption. Si cela n'avoit pas été, ce monde eût subsisté éternellement, et Adam n'auroit point été tenté. Le tourment et les ténèbres ont aussi (commé une mort ou un ver destructeur de la source), travaillé de concert, et engendré de leur siége ou dans le milieu, l'arbre bon et mauvais, puisqué la mort pique dans le milieu dans le centre ; par le moyen de quoi ce monde, à la fin des jours, sera enflammé par le feu ; et ce même tourment est la colère de Dieu, que le cœur ou la lumière de Dieu dans l'éternel père, rétablit continuellement dans la douceur : c'est pourquoi la parole, ou le cœur de Dieu, s'appelle l'éternelle miséricorde de Dieu.

20. Puisque toutes les formes devoient s'élever dans l'éternelle nature, il falloit donc que la forme de la colère et de l'âpreté se produisît aussi, comme tu le vois, aux crapauds, aux serpens, aux vers et aux mauvais animaux; car c'est cette forme là, c'est-à-dire, le poison ou l'esprit de souffre, qui piqué dans le centre, dans la génération, dans toutes les créatures ; comme tu vois que toutes les créatures ont du poison et du fiel, et que la vie des créatures pointe dans cette puissance ; et comme tu as vu ci-dessus, dans tous les chapitres de ce livre, de

quelle manière la nature éternelle *s'originise*, opère,
et quelle est son essence.

21. Or, l'arbre de la colère, ou celui qui est au
milieu de la nature, a poussé aussi au milieu du
jardin d'Eden, et est devenu le plus grand et le
plus puissant de tous au moyen de sa propre forme,
qu'il avoit dans l'origine, dans les qualités éternelles;
et on voit ici clairement que Dieu vouloit avoir et
conserver l'homme dans le paradis; car il lui avoit
défendu cet arbre, et avoit laissé croître assez
d'autres arbres, et d'autres fruits de toutes formes,
et de diverses essences.

La porte de la tentation.

22. Saint-Paul dit : *Dieu a prévu ou choisi
l'homme en Jésus-Christ, avant que le fondement du
monde fût posé.* Ici nous trouvons si bien la base,
que nous nous plaisons à l'écrire, et à chercher
la perle; car, vois : dans l'éternelle sagesse de Dieu,
avant la création du monde, a été vue et aperçue
dans l'éternelle matrice, la chute des démons ainsi
que de l'homme, puisque l'éternel verbe dans l'éternelle lumière savoit bien que s'il ouvroit la fontaine
de l'éternelle génération, chaque forme feroit son
explosion : toutefois ce n'étoit point la volonté de
l'amour dans le verbe de la lumière, que la forme
de la colère dût s'élever au-dessus de la forme de
la douceur; mais comme elle a eu une qualité puissante à ce point là, cela est néanmoins arrivé.

23. C'est pourquoi le démon, à cause de la colère, de la puissance, etc., est aussi appelé un prince de ce monde qui est dans la colère ; ce dont il sera question lors de la chute ; et c'est pourquoi Dieu ne créa qu'un seul homme. Car l'amour de Dieu vouloit que l'homme demeurât dans le paradis, et y vécût éternellement ; or, la colère voulut le tenter pour savoir s'il mettroit son imagination et sa volonté entière dans le cœur de Dieu, et dans le paradis où il étoit.

24. Puisqu'Adam étoit également extrait de l'essence colérique, il devoit être éprouvé pour savoir si son essence, d'où provenoit son imagination et son attract, pourroit rester dans la qualité céleste ; s'il mangeroit du verbe de Dieu ; et laquelle essence de la paradisiaque ou de la colérique seroit surmontée dans Adam.

25 . Et tel étoit le plan du cœur de Dieu ; c'est pourquoi il ne créa qu'un seul homme, afin qu'il pût être éprouvé, pour savoir comment il se maintiendroit, et afin que dans la chute il fût d'autant plus secouru : or, avant la création du monde le cœur de Dieu avoit projeté, dans son amour, de venir à son secours ; et, lorsqu'il n'y eut pas d'autre moyen, le cœur de Dieu voulut plutôt se faire homme lui-même, et engendrer de nouveau l'homme.

26. Car Adam n'est pas tombé par orgueil colérique, comme le démon ; mais son essence terrestre a surmonté son essence paradisiaque, et l'a

portée dans l'attract de la terrestréité ; c'est pourquoi aussi la grâce s'est reportée vers lui.

La très haute, très forte, et très puissante porte
de la tentation dans Adam.

27. Ici j'avertirai franchement le lecteur de réfléchir sérieusement sur Moïse : car, ici sous le
voile de Moïse, il peut voir Moïse en face ; de
plus, il peut voir le second Adam dans le corps
de la vierge ; de plus, il peut le voir dans sa tentation, et sur la croix, aussi bien que dans la
mort, et enfin, dans la puissance de la résurrection, et à la droite de Dieu. De plus, tu vois
Moïse sur la montagne de Sinaï ; et enfin, la trans-
figuration du Christ, de Moïse et d'Élie, sur la
montagne du Tabor : de plus, tu vois ici toute
l'écriture de l'ancien et du nouveau testament ; tu y
trouves tous les prophêtes depuis le commencement
du monde, ainsi que toute la force et la puissance de
tous les tyrans ; pourquoi les choses ont été ainsi
et doivent continuer de même ; enfin, tu trouves
la porte dorée de la toute puissance, ainsi que du
grand pouvoir dans l'amour et l'humilité ; de même
que la raison pour laquelle cependant les enfans
de Dieu doivent être tentés ; et pourquoi néanmoins le noble grain de sénevé doit croître dans les
tempêtes, les croix et les souffrances, et ce qui
fait que cela ne peut pas être autrement ; de plus,
tu y trouves l'être de tous les êtres.

28. Et c'est la porte du lys, qui, selon que l'esprit l'annonce, doit bientôt croître dans l'arbre colérique : et, quand il croît, il nous apporte, par son agréable et puissante odeur, la vraie connoissance dans la trinité sainte ; or, par cette odeur, l'ante-christ étouffe, l'arbre de la colère éclate, et la colère s'élève dans la grande bête, qui a pour un tems la force et le pouvoir de l'arbre, jusqu'à ce que cette force devienne aride et toute de feu, parce qu'elle ne peut plus recevoir de la sève de l'arbre colérique qui a éclaté ; alors elle s'élève en colère contre l'arbre et le lys, jusqu'à ce que l'arbre dont la bête a mangé, et qui l'a rendue forte, brise la bête : par là sa puissance demeure dans le feu de l'abîme ; alors, toutes les portes restent ouvertes dans le grand arbre de la nature, et le prêtre Aaron donne son joyau et son bel ornement à l'agneau qui a été égorgé, et qui en est revenu.

29. Lecteur, qui aime Dieu, on te montre ici qu'on nous présente les grands mystères des secrets qui étoient dans Adam avant sa chute, et encore de plus grands après sa chute, lorsqu'il fut comme mort, et aussi néanmoins vivant. On nous montre la génération de l'éternelle essence, et pourquoi cependant il étoit ainsi nécessaire qu'Adam dût être éprouvé, et pourquoi cela ne pouvoit pas être autrement : cependant la raison fait toujours des objections contre, et allègue la toute puissance de Dieu, par laquelle il pouvoit l'arrêter comme le permettre.

30. Chère raison, laisse là ton obscurité, car

avec tes pensées et ton sens tu ne connois ni Dieu, ni l'éternelle essence. Comment, avec de semblables pensées, veux-tu reconnoître l'image que Dieu a engendrée de l'ame éternelle? On t'a ici représenté souvent comment l'ame qui, cependant, dans l'homme, est la plus grande essence, ne consiste pas dans une seule source.

31. Or, si nous réfléchissons au penchant, ou à ce qui a pu porter et entraîner Adam contre la défense, pour qu'il pût convoiter contre l'ordre de Dieu, tandis qu'il étoit cependant dans une grande perfection, alors nous trouvons l'éternelle ame dont Adam avoit été créé; et, puisqu'il étoit un extrait de l'ame éternelle, et de toutes les essences de tous les trois principes, il devoit être tenté pour savoir s'il pourroit se maintenir dans le paradis; car le cœur de Dieu auroit voulu qu'il restât dans le paradis : or, il ne pouvoit rester dans le paradis qu'autant qu'il mangeroit des fruits paradisiaques ; ainsi son cœur devoit être entièrement incliné vers Dieu, et il auroit vécu dans le centre, et Dieu auroit opéré en lui.

32. Maintenant, qui est-ce qui étoit donc contre lui? ou qu'est-ce qui l'a entraîné du paradis dans la désobéissance, pour qu'il ait passé dans une autre image?

Vois, toi, fils de l'homme, il y avoit un triple combat : dans Adam; hors d'Adam; et dans tout ce que contemploit Adam. Diras-tu : Qu'est-ce que c'étoit? Il y avoit trois principes. Le royaume de l'enfer, et la puissance de la colère étoit le pre-

mier ; et ensuite le royaume de ce monde, ou les
étoiles et les élémens, étoient le second ; enfin,
le troisième étoit le royaume du paradis, qui vouloit aussi le posséder.

33. Or ces trois royaumes étoient dans Adam ;
et aussi hors d'Adam, et il y avoit dans les essences un puissant combat : toutes attiroient dans
Adam, et hors d'Adam, et vouloient avoir Adam ;
car c'étoit un grand souverain, provenu de toutes
les puissances de la nature. Le cœur de Dieu vouloit l'avoir dans le paradis, et demeurer en lui ;
car il disoit : C'est mon image et ma ressemblance.
Le royaume de la colère vouloit aussi l'avoir,
et il disoit : Il est mien, et il est provenu de
ma fontaine, ou de l'éternelle ame des ténèbres ;
je veux être en lui, et il doit vivre dans ma puissance ; en effet il est né de moi ; je veux montrer par
lui ma force et ma grande puissance. Le royaume
de ce monde disoit : Il est mien, car il porte mon
image, et il vit en moi et moi en lui ; il me doit
obéissance, je veux le soumettre et le contenir ; j'ai
tous mes membres dans lui, et lui a les siens en
moi. Je suis plus grand que lui, et il doit être
mon économe ; je veux montrer en lui mes magni-
ficences, mes merveilles et ma puissance ; il doit
manifester ma force et mes prodiges ; il doit garder
et soigner mes troupeaux [*ou mes régions*] : je veux
le revêtir de ma magnifique majesté ; ainsi que cela
est clairement devant les yeux.

34. Mais lorsque le royaume de l'âpreté, de
la colère, de la mort et de l'enfer vit qu'il avoit

le dessous ; et qu'il ne pouvoit pas retenir l'homme,
il dit : Je suis la mort et un ver , et ma force est
en lui ; je veux le briser et le pulvériser ; son esprit doit vivre en moi ; et quoique toi , monde ,
tu le regardes comme étant tien , puisqu'il porte ton
image , cependant son esprit est de moi , et engendré de mon royaume ; c'est pourquoi prends
de lui ce qui est tien , je garderai ce qui est mien.

35. Maintenant , qu'a fait dans ce combat la puissance en Adam ? Elle a fait l'hypocrite avec tous
les trois ; elle a dit au cœur de Dieu : Je veux
demeurer dans le paradis , et tu dois demeurer
en moi : je veux être tienne , tu es mon créateur ,
et tu m'as ainsi extraite et formée de tous les trois
principes. Tes agrémens sont délicieux , tu es mon
époux, j'ai reçu de ta plénitude ; c'est pourquoi je
suis enceinte , et je veux m'engendrer une vierge ,
afin que mon royaume devienne grand , et que tu
aies en moi une vraie joie ; je veux manger de ton
fruit , et mon esprit doit manger de ta puissance ,
et ton nom en moi doit être *Emmanuel*, Dieu avec
nous.

36. Et lorsque l'esprit de ce monde aperçut cela,
il dit : Pourquoi ne veux-tu manger que de ce que
tu ne peux pas saisir, et ne boire que de ce que tu ne
peux pas sentir ? n'es-tu donc pas un esprit ? Tu
tiens de moi , en toi, toutes les espèces d'appréhensi-
bilités. Vois , le fruit saisissable est doux et bon ;
et le boire saisissable est fort et puissant ; bois et
mange de moi , alors tu obtiendras toute ma force
et ma beauté , tu pourras être puissant en moi sur

toutes les créatures. Le royaume de ce monde te
sera en propriété, et tu seras un souverain sur la
terre.

37. Et la force dans Adam, dit : Je suis *établie* sur
la terre, et je demeure dans le monde, et le monde
est mien, je veux en user selon mon gré. Alors, le
commandement de Dieu (de l'éternel cercle de la
vie, et comprimé dans le centre de Dieu) vint et
dit : Le jour où tu mangeras du fruit terrestre, tu
mourras de mort. Ce commandement fut conçu
dans l'éternel père ; là il *s'originise* dans le centre
d'où l'éternel père engendre sans cesse son cœur,
ou son fils de toute éternité.

38. Or, lorsque le ver des ténèbres vit le commandement de Dieu, il se dit en lui-même : Ne veux-
tu rien fournir ici ? Tu es esprit dénué de corps ;
tandis qu'Adam est corporisé ; tu n'as en lui que la
troisième partie, en outre le commandement est
lancé : tu te glisseras parmi les essences ; tu dissi-
muleras avec l'esprit de ce monde ; tu prendras sur
toi la forme d'une créature, et tu enverras dans ce
monde, quelqu'un de mon royaume habillé en forme
de serpent ; tu persuaderas à Adam de manger du
fruit terrestre, et aussitôt le commandement brisera
son corps, et l'esprit demeurera mien. Sur cela,
l'envoyé ou le démon fut tout disposé, principalement, parce que Adam occupoit sa place dans le
paradis, là où il devoit être ; et il se dit en lui-
même : Maintenant, tu as de quoi te venger ; tu
mêleras le mensonge et la vérité l'un avec l'autre,
afin qu'Adam ne les discerne pas, et tu le tenteras.

De l'arbre de la connoissance du bien et du mal.

39. Je t'ai dit ci-dessus : Que l'arbre étoit provenu de la puissance de l'eau, c'est-à-dire, qu'il étoit provenu de la terre, et avoit eu en soi entièrement la nature de la terre, comme encore aujourd'hui tous les arbres sont terrestres, et non autrement, ni meilleurs, ni pires ; en eux existe la corruption, de même que la terre est périssable, et passera à la fin ; alors tout s'en ira dans son Ether, et il n'en demeurera que la figure. Or donc, tel a été l'arbre qui a existé au milieu du jardin dans Eden, et par lequel Adam devoit être tenté dans toutes les essences. Car, l'esprit d'Adam devoit dominer puissamment sur toutes les essences, comme sont les saints anges et Dieu lui-même.

40. En outre, Adam étoit créé de la parole ou du cœur de Dieu, afin qu'il pût être son image et sa ressemblance ; il étoit très puissant dans tous les trois principes ; aussi grand qu'un prince, ou un trône-ange. Mais lorsque cet arbre, qui seul portoit des fruits terrestres parmi tous les autres arbres, se trouva ainsi dans le jardin d'Eden, Adam s'en laissa éblouir à plusieurs reprises, parce qu'il savoit que c'étoit l'arbre du bien et du mal ; en outre, la puissance de l'arbre pénétra aussi en lui fortement, comme étant également en lui, de façon qu'un attract corrompit l'autre ; et l'esprit du grand monde pénétra aussi Adam fortement, de façon qu'il fut infecté, et que sa *vertu* fut surmontée ; alors l'homme

paradisiaque disparut ; et le cœur de Dieu dit : Il n'est pas bon que l'homme soit seul, formons-lui un aide qui soit près de lui.

41. Ici Dieu a vu sa chute, et qu'il ne pouvoit se soutenir (puisque l'imagination et l'attract d'Adam étoient si fortement portés vers le royaume de ce monde, et vers le fruit terrestre) ; il a vu qu'Adam n'engendreroit point de soi un parfait homme paradisiaque, mais un homme infecté par l'attract, et qui tomberoit dans la corruptibilité ; et le texte de Moïse l'annonce plus loin très réellement : Et Dieu laissa tomber un profond sommeil sur l'homme, et il s'endormit.

CHAPITRE DOUZIEME.

De l'ouverture des saintes écritures ; des circonstances à considérer hautement.

La porte d'or, dont Dieu favorise le dernier monde
dans lequel le lys croîtra.

1. CHER lecteur, j'aurois besoin de la langue d'un
ange pour cette description, et toi d'une intelligence
angélique si nous voulions nous entendre l'un l'autre.
Mais quoique nous ne les ayons pas, nous voulons,
cependant, avec notre langue terrestre, parler des
grandes œuvres de Dieu, selon notre don et nos
connoissances; ouvrir l'écriture au lecteur, et lui
donner, en outre, l'occasion de penser avec quoi la
perle peut se chercher et enfin se trouver. Nous
voulons travailler dans notre œuvre journalière et
pour ceux qui après nous y entreront, jusqu'à ce
que la perle du lys soit trouvée.

2. Ici donc, la raison demande : Combien de
tems donc Adam a-t-il été dans le paradis avant la
chute, et combien de tems a duré la tentation ? Je
ne peux rien dire de cela, d'après l'écrit de Moïse
sur la création, car cela est resté caché pour une
grande raison ; mais je veux te montrer la merveille de Dieu, et y creuser autant que cela m'est

donné dans la connoissance , afin que tu puisses apprendre à mieux considérer la tentation et la chute d'Adam.

3. Chère raison , vois , maintenant , dans le miroir des opérations et des faits de Dieu. Lorsque Dieu apparut à Moïse dans le buisson ardent , il dit : *Ote tes souliers, car ici est un lieu saint.* Qu'est-ce que c'étoit que cela ? Dieu lui montra parlà sa naissance terrestre ; car il vouloit lui donner une loi dans laquelle l'homme pût vivre, si c'étoit possible , et obtenir par-là la sainteté. Mais qui fut celui qui la lui donna , et ordonna à l'homme de vivre en elle ? Ce fut Dieu le père, de son centre ; c'est pourquoi cela arriva avec le feu et le tonnerre : car dans le cœur de Dieu , il n'y a ni feu , ni tonnerre , mais le très saint amour.

4. Maintenant la raison dit : Dieu le père n'est donc pas avec son fils un seul être ? Oui , il est un seul être et une seule volonté. Par quel milieu a-t-il donc donné la loi ? Par l'esprit du grand monde , puisqu'après sa chute Adam et tous les hommes y ont vécu ; ainsi l'épreuve fut faite pour savoir si l'homme pourroit vivre dans *cette loi* en confiance en Dieu ; c'est pourquoi il la promulgua avec de grandes merveilles, et il l'environna de splendeur , comme cela se voit à Moïse , qui avoit une face lumineuse ; et quand il se fut choisi ce peuple , il détruisit les enfans des incrédules , et conduisit *le peuple* dans le désert par des merveilles et des prodiges ; c'est par-là que fut faite l'épreuve pour

savoir si l'homme pourroit vivre dans une parfaite obéissance sous cette clarification.

5. Qu'arriva-t-il alors? Moïse fut appelé par Dieu, du milieu des enfans d'Israël, sur la montagne de Sinaï, et il y demeura quarante jours : là il voulut éprouver ce peuple, pour savoir s'il étoit possible qu'il mît sa confiance en Dieu, pour qu'il pût être nourri du pain du ciel, afin d'arriver à la perfection. Or, alors le peuple fut tenté, car Moïse s'éloigna d'eux au milieu des nuées et des colonnes de feu, et s'arrêta quarante jours. Là l'ame du *majoris mundi*, ou de l'esprit du grand monde, fut en combat de rechef contre l'éternelle base affective de Dieu, l'une en opposition de l'autre. Dieu exigeoit l'obéissance, et l'ame de ce monde exigeoit l'attract de cette vie passagère, tel que de manger, boire, jouer et danser : en outre, ils choisirent pour Dieu de leur ventre un veau d'or, afin qu'ils pussent vivre sans loi.

6. Ici tu vois de nouveau comment les trois principes ont combattu l'un et l'autre au sujet de l'homme. La loi donnée à Adam, dans le jardin d'Eden, perça de nouveau, et voulut avoir obéissance ; alors l'esprit de la colère perça aussi de nouveau avec des fruits faux, et un faux attract, et chercha la vie corruptible. Or, ce combat dura quarante jours avant qu'ils eussent érigé le veau, et qu'ils fussent déchus de Dieu ; telle a été aussi la durée de ce combat des trois principes.

7. Mais lorsqu'ils furent déchus de Dieu, alors

vint Moïse avec Josué : il voit l'apostasie ; il brise les tables en pièces ; il conduit les Hébreux dans le désert , où ils doivent tous mourir , excepté Josué et Caleb ; car la clarification du père dans le feu , dans le premier principe ne pouvoit les introduire dans la terre promise ; et quoiqu'ils mangeassent la manne, cela ne les secourut point dans la tentation : il n'y avoit que Josué , et enfin Jésus , qui pût le faire.

8. Lorsque le tems fut arrivé que le vrai héros revint du paradis , et devint le fils de la vierge , alors le combat des trois principes recommença ; car il (*ce héros*) fut placé de nouveau devant l'arbre de la tentation : il devoit soutenir un rude choc devant l'arbre de la tentation, et supporter la tentation des trois principes ; ce à quoi le premier Adam n'avoit point résisté. Alors le combat dura de nouveau quarante jours et quarante nuits , aussi long-tems que le combat avoit duré avec Adam dans le paradis , et pas une heure de plus ; c'est alors que le héros eut remporté la victoire. C'est pourquoi ouvre bien tes yeux , et regarde bien l'écriture ; et quand même elle seroit brève et obscure , elle est cependant véritable.

9. Tu ne trouves point dans Moïse qu'Adam ait été chassé du paradis le premier jour. La tentation d'Israël et du Christ nous enseigne bien plus amplement ; car la tentation du Christ et la tentation d'Adam sont justement semblables dans toutes les circonstances.

I.

10. En effet, Adam fut tenté quarante jours dans le paradis, dans le jardin d'Eden, devant l'arbre de la tentation, pour savoir s'il y résisteroit, et pour qu'il établît son penchant dans le cœur de Dieu, et qu'il ne mangeât que du verbe de Dieu; alors Dieu lui eût donné à manger de son *corps*, du céleste *limbus*, pour qu'il mangeât dans la bouche, et non dans le corps. Il devoit engendrer de soi le fils de la vierge, ou de Sophie; car il n'étoit ni homme ni femme : il avoit en soi la matrice et aussi la masculinité, et il auroit engendré de la matrice, sans déchirure de son corps, la vierge pleine de modestie et de chasteté.

11. Et ici est le combat dans la manifestation de Jean, où une vierge engendre un fils que le dragon et le ver ou serpent vouloient dévorer, où la vierge s'élève sur la lune terrestre et méprise et foule aux pieds ce qui est terrestre. Ainsi Adam devoit aussi fouler aux pieds ce qui est terrestre, et il en a été surmonté. C'est pourquoi le fils de la vierge *Marie*, lorsqu'il eut vaincu devant l'arbre de la tentation, devoit aussi ensuite entrer dans la mort, dans la première mort de la colère, et soumettre le premier principe.

12. Car le Christ est resté quarante jours dans le désert pour la tentation ; là il n'y avoit ni pain, ni boisson; alors le tentateur vint, et vouloit l'éloigner de l'obéissance, et dit : Qu'il devoit faire du pain des pierres. Cela n'est autre chose, sinon qu'il devoit mépriser le pain céleste que l'homme avoit reçu

dans la foi et dans une forte assurance en Dieu , et porter son imagination dans l'esprit de ce monde , et vivre en lui.

13. Mais lorsque le fils de la vierge lui opposa le pain céleste , et que l'homme ne vit pas seulement de ce monde, ou du boire et manger terrestres , alors il se présenta une autre espèce de tentation ; savoir : la domination de ce monde. Le prince de la colère voulut lui donner tout le pouvoir des étoiles et des élémens , pourvu seulement qu'il voulût mettre en lui son imagination et l'adorer. C'étoient là réellement les véritables verges avec lesquelles Adam avoit été fustigé par la puissance , la domination et la beauté de ce monde, par lequel Adam se laissa enfin séduire et emprisonner. Mais le fils de la vierge lui opposa que son royaume n'étoit pas celui de la parole et du cœur de Dieu, qu'il devoit adorer Dieu , et ne servir que lui.

14. La troisième tentation étoit la même dans laquelle le démon étoit aussi tombé par orgueil ; puisqu'il lui dit qu'il devoit s'envoler au-dessus du temple , et s'élever au-dessus de l'humilité et de la douceur ; car la douceur fait que le père colérique dans l'origine , devient miséricordieux et gracieux, de façon que la divinité est un être aimable et délicieux.

15. Mais le souverain Lucifer auroit voulu , dans la création , être au-dessus de la douceur du cœur de Dieu , et de-là au-dessus de la limite de la nature ; c'est pourquoi il vouloit aussi persuader au fils de la vierge de voler sans ailes , par orgueil et au-

dessus de la limite de la nature , ce dont il sera amplement traité en son lieu. J'ai seulement présenté
ici cela brièvement afin que tu comprennes mieux
mon écrit; en quoi consiste la base de l'écriture; qu'il
n'y a rien de nouveau , et qu'il n'y aura, non plus,
rien de nouveau, si ce n'est seulement une vraie
connoissance de l'esprit saint , de l'essence de toutes
les essences.

Du sommeil d'Adam.

16. Adam n'a point mangé du fruit avant sa chute ,
jusqu'à ce que sa femme ait été créée de lui. Seulement , ses essences et son penchant en ont mangé par
l'imagination, en esprit , et non par la bouche. C'est
pour cela que l'esprit du grand monde l'a saisi , et
a *inqualifié* puissamment en lui ; car à l'instant le
soleil, les étoiles, et tous les quatre élémens ont
combattu avec lui puissamment , et si fortement
qu'ils l'ont vaincu, de façon qu'il s'est laissé tomber
dans le sommeil.

17. Maintenant, pour un homme intelligent il
est aisé de conclure et de savoir que dans Adam ,
lorsqu'il étoit en image de Dieu , il n'y avoit aucun
sommeil et qu'il ne pouvoit y en avoir. Car, Adam
étoit une image telle que nous serons quand nous
ressusciterons de la mort. Là , nous n'aurons besoin
ni des élémens, ni du soleil, ni des étoiles, non plus
que d'aucun sommeil ; mais nos yeux seront toujours ouverts , et éternellement , pour contempler
la majesté divine , dont nous tirerons notre nour-

riture et notre boisson ; et le centre dans la multiplicité ou dans l'expansion de la génération , nous
donnera une joie pure et de pures délices. Toutefois,
Dieu ne tirera de la terre pour le royaume céleste ,
aucun autre homme tel qu'étoit le premier avant
la chute ; car, il avoit été créé de l'éternelle volonté
de Dieu , et elle est invariable et doit subsister.
C'est pourquoi , pense sérieusement à ces choses.

18. Toi , ame chérie , toi qui nages dans un bain
ténébreux , dirige ton affection vers la porte des
cieux, et cherche quelle a donc été la chute d'Adam,
pour que Dieu en ait un si grand dégoût, qu'Adam
n'a pas pu rester dans le paradis ? Contemple et
considère le sommeil , et tu trouveras tout.

19. Le sommeil n'est autre chose que d'avoir été
subjugué. Car , le soleil et le sydérique sont toujours en puissant combat avec les élémens , et l'élément eau ou la matrice , est trop foible devant le feu,
et les étoiles ; car elle est l'abaissement ou le couler-
bas dans le centre de la nature , comme tu l'as vu
ci-dessus en plusieurs endroits.

20. Or , la lumière du soleil est comme un Dieu
dans la nature de ce monde ; elle enflamme toujours
par sa puissance , les étoiles , d'où ces étoiles qui
sont une essence réellement terrible et angoisseuse ,
s'élèvent toujours en un triomphe vraiment joyeux ;
car cette lumière est une substance. C'est ainsi que
la lumière de Dieu enflamme et éclaire la rigide
et ténébreuse ame du père : et de-là, la joie et les
délices divins s'élèvent dans le père par le moyen
de la lumière.

21. Ainsi , ce même triomphe , ou cet *élèvement* fait toujours dans la matrice de l'eau, comme un bouillonnement. Car , toutes les étoiles jètent toujours leur puissance dans la matrice de l'eau, c'est-à-dire , qu'elles sont en elle. Ainsi , la matrice est désormais toujours en bouillonnement et en élèvement, d'où vient l'accroissement dans le bois, dans l'herbe , dans les plantes et dans les animaux. En effet , le régime supérieur du soleil et des étoiles , ainsi que des élémens domine dans toutes les créatures ; il est en elles une floraison ou une végétation , et sans sa puissance , il n'y auroit dans ce monde , dans le troisième principe , aucune vie ni mobilité dans aucune chose sans exception.

22. Or , la créature vivante ; savoir : l'homme , les animaux et les oiseaux ont en eux la teinture ; car dès le commencement, ils sont un extrait de la qualité des étoiles et des élémens , par le FIAT : et dans la teinture , est le feu toujours inflammable , qui attire sans cesse la puissance de l'eau, ou l'huile ; de là vient le sang dans lequel gît la noble vie.

23. Mais le soleil et les astres enflamment continuellement la teinture , car elle est ignée ; et la teinture enflamme le corps, par le moyen de la matrice de l'eau , de façon qu'il est toujours chaud et bouillonnant. Les astres et le soleil sont le feu de la teinture , et la teinture est le feu du corps. Ainsi tout est en bouillonnement ; et lorsque le soleil descend , de manière que son éclat ne soit plus là, alors la teinture devient foible , car elle n'a plus aucun *allumement* de la part de la puissance du soleil , et

quoique la puissance des étoiles l'enflamme par la qualité du soleil, le tout est cependant trop foible, et est comme impuissant. Or, dès que la teinture est impuissante, alors la vertu du sang, qui est la teinture, est aussi impuissante, et se précipite dans un doux repos comme morte et vaincue.

24. Or donc, ce n'est que dans la teinture que se trouve le discernement qui règle la base affective, et fait les sens et les pensées. C'est pourquoi tout est comme mort; et seulement les astres gouvernent encore dans la racine du premier principe, où la divinité, comme une splendeur, ou une *vertu* opère en toutes choses. Alors l'esprit astral voit dans la splendeur du miroir de la puissance divine, dans le feu élémentaire, dans la matrice de l'eau et ouvre sa mâchoire après la teinture; mais cette teinture est débile, alors il prend la puissance de la teinture, ou la base affective, et il *inqualifie* avec elle. Alors la base affective cherche les élémens, et y travaille entièrement, selon la puissance des étoiles, car, cette base affective est dans l'œuvre et la qualité des étoiles : et ce sont là les rêves nocturnes, et les images ou visions dans le sommeil.

La porte de la très haute profondeur de la vie de la teinture.

25. Quoique le docteur sache ce que c'est que la teinture, cependant le simple et l'ignorant ne le savent pas, eux qui ont souvent plus de talent et d'intelligence que le docteur, sans avoir autant

d'art : c'est pourquoi j'écris pour ceux qui cherchent, quoique je pense que ni le docteur, ni l'al-
chymiste n'a la base de la teinture, à moins qu'il
ne soit régénéré de l'esprit ; c'est celui-là qui
perce au travers de tout, qu'il soit savant ou ignorant. Devant Dieu le docteur n'est pas évalué plus
que le paysan.

26. La teinture est une chose qui sépare et emporte de l'impur ce qui est clair et pur ; elle porte
avec elle la vie de tous les esprits ou de toutes les
essences dans son plus haut degré. Oui, elle est la
raison de l'éclat et de la splendeur ; elle est une
cause qui fait que toutes les créatures voyent et
vivent. Mais sa forme n'est pas d'une seule espèce :
elle n'est pas dans les animaux comme dans
l'homme ; et aussi elle est différente dans les pierres,
les métaux et les plantes. Quoiqu'elle soit véritablement dans toutes choses, elle est cependant
foible dans quelques unes ; et dans quelques autres,
comme impuissante.

27. Mais si nous cherchons ce qu'elle est en essence
et en propriété, et comment elle est engendrée,
nous trouvons vraiment une substance précieuse
et noble dans sa génération ; car elle dérive de la
puissance et de la source de la fontaine de la
divinité, qui s'est représentée dans toutes choses :
c'est pourquoi elle est si secrète et si cachée ; et aucune base affective, fausse ou impie dans ses connoissances, ne pourra la trouver ni la connoître ; et
quoiqu'elle soit là, cependant aucune ame légère et
fausse n'est digne d'elle, c'est pourquoi elle lui

reste cachée ; et Dieu gouverne tout en tous, sans que la créature le sente et l'aperçoive. Cette créature cesse d'être et ne sait pas comment cela lui arrive : elle vit, et ne sait dans quoi ; elle périt et ne sait comment ; et l'ombre et la figure de la teinture demeurent éternellement. Car elle est née de l'éternelle volonté, mais l'esprit lui est donné par le FIAT selon l'espèce de chaque créature. Elle a été aussi implantée et incorporée au commencement de la création dans les diamans, les pierres et les métaux, selon chaque espèce.

28. De toute éternité elle a été en Dieu ; c'est pourquoi elle est aussi en Dieu pour l'éternité. Mais lorsque Dieu voulut former une image de sa substance, et que cette image dut être engendrée des ténèbres, alors, elle [*cette teinture*] se trouva dans l'explosion de l'éclair de feu, à la place où la cinquième forme de la génération de l'amour s'engendra en similitude ; car elle étoit née de la source de la fontaine de la volonté, ou du cœur de Dieu. C'est pourquoi son ombre demeure éternellement dans la volonté de Dieu, et c'est à cause de cette volonté que l'ombre de toutes les créatures et de toutes les essences qui ont été engendrées en images, demeurera éternellement : car elle est l'image de Dieu, qui a été engendrée de l'éternelle volonté ; mais son esprit ne demeure pas éternellement dans le troisième principe de ce monde ; il se brise à la cessation de la source ou de la vie.

29. Car tout ce qui vit dans le troisième principe se brise, et va dans son Éther et à sa fin, excepté

la figure de la teinture qui demeure éternellement
comme une ombre ou une volonté, sans esprit et
sans mobilité ; mais dans le second principe la teinture demeure éternellement en esprit et en essence,
le tout très puissamment ; savoir : dans les anges et
dans l'homme, aussi bien que dans l'ascension de
toutes les essences, car leur centre pour la génération est éternellement fixe.

De l'essence et de la propriété de la teinture.

La profonde porte de la vie.

3o. Son essence est l'éclair dans l'expansion du
cercle de la vie, lequel éclair fait dans l'eau l'éclat et
la splendeur ; sa racine est le feu, et la souche est
l'astringence. Or, l'éclair sépare de l'eau l'amertume et l'astringence, de façon que l'eau est douce
et claire. Dans cette *teinture* est la *faculté de* voir de
toutes créatures, de façon que l'esprit dans l'éclair
est dans la matrice de l'eau. Car l'éclair est dans
cette *teinture* comme une splendeur, et il remplit
l'esprit des essences. L'essence tire de ceci puissamment à soi, car elle est l'astringence, et l'éclair
sépare toujours les ténèbres de la lumière, et ce qui
est impur de ce qui est pur ; mais alors il reste la
puissance divine ; et l'éclat divin se peint toujours
dans le pur ; d'où il arrive que l'âpreté est séparée
de la nature, et que la splendeur divine rend doux
ce qui est pur, car elle se combine avec.

3r. Or, le doux est comme une huile ou une onctuosité dans laquelle l'éclair s'enflamme toujours ; de façon qu'il brille ; mais comme l'huile suave est mêlée avec la matrice aquatique, cela fait que la lumière brillante est constante et douce : néanmoins comme elle ne peut pas, dans la nature de l'eau, demeurer purement huile à cause de *l'inqualification* de l'eau, alors elle devient épaisse, et *la nature* du feu la colore en rouge. C'est là, dans chaque créature, le sang et la teinture, dans laquelle existe la noble vie.

De la mort et du *mourir*.

La porte de l'affliction et des douleurs.

32. Cette noble vie qui est ainsi dans la teinture est dans un grand danger, et elle peut s'attendre à toute heure à la dissolution ; car aussitôt que le sang dans lequel vit l'esprit, vient à disparoître, alors l'essence se brise, et de-là la teinture s'envole comme une lueur ou une ombre, alors la source de feu est épuisée, et le corps devient roide.

33. Ah ! combien la vie a de puissans ennemis, particulièrement de la part des élémens et des astres ! Aussitôt qu'un élément devient trop fort, la teinture s'en éloigne, et la vie prend fin. S'il est rempli outre mesure par la première eau, alors il réfroidit et éteint le feu, et l'éclair s'en va comme une lueur ; s'il est accablé par la terre, ou par une matière impure, alors l'éclair s'obscurcit et passe ; s'il est, en

troisième lieu, trop gonflé par l'air, jusqu'à s'arrêter, alors la teinture est étouffée, ainsi que les originelles essences, et l'éclair se brise en éclats, et s'en va dans son Éther; mais, quatrièmement, s'il est trop rempli par le feu ou la chaleur, alors l'éclair s'enflamme, la teinture brûle, d'où le sang devient brunâtre et noir; et l'éclair s'éteint dans la douceur.

34. Ah! combien la vie a d'ennemis dans les constellations qui *inqualifient* avec la teinture et les élémens! Lorsque les planètes et les étoiles sont dans leurs conjonctions, alors elles jètent leurs rayons empoisonnés dans la teinture, d'où il résulte des élancemens, des déchiremens, et des tourmens dans la vie de la douce teinture; car la douce teinture, étant un aimable et agréable délice, ne peut rien souffrir d'impur. C'est pourquoi quand de tels rayons vénéneux sont lancés en elle, alors elle se défend et se nétoye continuellement. Aussitôt qu'elle est surmontée, de manière à être obscure, alors l'éclair s'éteint; la vie se brise; le corps périt et devient cadavre ou une carcasse morte, car l'esprit est la vie.

35. J'ai voulu exposer ceci très brièvement, comme un sommaire, et non point avec toutes les circonstances, afin que l'on puisse entendre ce que c'est que la vie. Cela sera plus amplement éclairci en son lieu, car il y a là-dedans beaucoup de choses, et on pourroit en faire de gros livres; il suffit que l'on puisse comprendre comment Adam a été subjugué et est tombé dans le sommeil.

La porte de la céleste teinture ; comment elle a été en Adam avant la chute ; et comment elle sera en nous après cette vie.

36. Ces secrets sont grands et importans, et celui qui les cherche et les trouve en retirera une véritable joie ; car ils sont le vrai pain céleste de l'ame. Si nous pouvons considérer et recevoir la connoissance de la céleste teinture, alors la connoissance du joyeux règne divin s'élève en nous, de façon que nous désirons d'être délivrés de la vanité, et de vivre dans cette sorte d'*engendrement*, ce qui cependant ne peut pas être ; mais nous devons satisfaire à notre tâche journalière.

37. La raison dit : Ah ! si Adam ne s'étoit pas laissé aller à l'attract, il ne se seroit pas endormi ! Si j'avois été à sa place, j'aurois tenu ferme et je serois resté dans le paradis ! Oui, chère raison, tu fais de belles conjectures : mais souvent tu t'abuses beaucoup trop ; je veux te montrer ce que sont tes forces, et ce que c'étoit que la porte : pense seulement comment tu aurois pu tenir ferme si tu avois été devant l'arbre de la tentation comme Adam.

38. Vois. Je vais te présenter une juste comparaison : je suppose que tu sois un jeune homme, ou une jeune vierge, comme Adam étoit l'un et l'autre en une seule personne ; comment te persuaderas-tu que tu résisterois ? Je suppose ainsi que je mette ensemble un jeune homme d'une bonne complexion,

beau et vertueux, et une jeune, belle et chaste fille,
et que non-seulement je les laisse causer l'un et
l'autre, et s'entretenir amicalement, mais encore
qu'ils puissent se saisir et s'embrasser l'un et l'autre;
que je leur recommande de ne point s'enflammer
de désir et d'amour l'un pour l'autre, par aucune pensée; de n'en point écouter l'inclination, et encore
moins de se laisser aller à aucune *imprégnation* dans
la volonté; que je les laisse être ensemble pendant
quarante jours et quarante nuits, et se promener l'un
et l'autre dans une pure joie; que je leur commande
en outre, que leur volonté et leur base affective soit
dans la résolution de ne jamais concevoir la pensée
de se désirer l'un et l'autre, et de s'imprégner par
aucune essence ni propriété; mais que leur volonté
et leur inclination soit fixement et fermement liée à
mon commandement; et que le jeune homme ait
dans sa volonté de ne jamais jouir de cette vierge ou
d'une autre, et que celle-ci ait à son tour la même
volonté, etc.; comment penseras-tu, toi, misérable
raison, pleine d'erreurs et d'infirmités, que tu aurois
résisté? ne l'aurois-tu pas promis comme Adam;
mais aurois-tu, plus que lui, tenu ta parole?

39. Ainsi, ma chère raison, je t'ai présenté un
miroir : voilà comment il en a été avec Adam. Dieu
avoit créé son ouvrage très sagement et bon, et il
avoit extrait l'un de l'autre. Il étoit le premier fondement d'où il avoit créé ce monde, et du monde
l'homme à qui il avoit donné son esprit, et lui avoit
recommandé de vivre très parfaitement en lui sans
vacillation, et sans aucune autre volonté.

40. Mais Adam avoit aussi l'esprit de ce monde, car il étoit du monde, et il vivoit dans le monde : or, Adam étoit la chaste vierge, entendez ceci de l'esprit qui lui avoit été soufflé par Dieu ; et l'esprit qu'il avoit reçu de la nature ou de ce monde, étoit le jeune homme. Ils étoient actuellement près l'un de l'autre, et ils reposoient sur la même tige, ou *sur la même base.*

41. Maintenant la chaste vierge [*qui n'est ici que l'esprit d'Adam*] devoit s'établir dans le cœur de Dieu ; n'avoir nulle autre imagination, et ne se point laisser attirer par la beauté de ce charmant jeune homme [*l'esprit de la nature*] ; mais le jeune homme s'enflamma pour la jeune vierge, et désira de s'unir avec elle ; car il dit : Tu es ma chère épouse, mon paradis, et mon jardin de roses ; laisse-moi entrer dans ton paradis : je veux me remplir de toi, afin que je puisse recevoir de tes essences, et jouir de tes saints amours. Combien j'aimerois à goûter l'aimable douceur de ta puissance ! Si je pouvois seulement recevoir de ta belle lumière, combien alors je serois joyeux !

42. Et la chaste vierge dit : Tu es mon époux et mon compagnon ; mais tu m'es inférieur en ornement. Ma perle est plus précieuse que toi ; ma puissance est impérissable ; ma base affective est toujours la même : la tienne est inconstante, et ta force est passagère. Demeure dans mon parvis ; je te traiterai avec amitié ; je te ferai beaucoup de bien ; je te décorerai de mes ornemens ; je te revêtirai de mes parures ; mais je ne puis te donner ma

perle, car tu es ténébreux, et elle est belle et lumineuse. (Adam a reçu dans le Christ la perle ; car elle se plongea dans le ver de l'ame, et l'engendra de nouveau pour la lumière : et ici le combat est semblable ; car la vierge [*qui ici est la* SOPHIE] ne vouloit pas donner au ver la perle, entendez la pure divinité ; mais il devoit vivre dans son parvis, et elle vouloit l'éclairer et le couronner. C'est sur quoi Adam fut éprouvé pour savoir si cela pouvoit être : mais, comme cela ne put pas avoir lieu, la vierge SOPHIE donna la perle à Christ, fils de la vierge *terrestre*, ou au prince en Dieu.)

43. Alors, l'esprit de la nature, où le jeune homme dit : Ma belle et chaste perle, laisse-moi donc jouir de ton appui ; ne veux-tu pas t'unir avec moi, de peur que je ne me remplisse de toi ? Renferme seulement ta perle dans mon cœur, afin que je t'aie en ma possession ? N'es-tu pas ma couronne dorée ? Combien je voudrois goûter de ton fruit !

44. Alors le chaste esprit de Dieu, ou la vierge SOPHIE, dit en Adam : Mon cher amant et compagnon, je vois bien ton désir ; tu voudrois bien t'unir avec moi, mais je suis une vierge, et toi un homme : tu souillerois ma perle et briserois ma couronne. En outre, tu mêlerois ma douceur avec ton aigreur, et tu obscurcirois ma claire lumière ; c'est pourquoi je ne veux pas. Je veux bien te prêter ma perle, et te revêtir de mes parures ; mais je ne te les abandonne point en propriété.

45. Et le compagnon, ou l'esprit du monde en Adam, dit : Je ne te laisse point. Si tu ne veux pas que je m'unisse avec toi, je prendrai ma puissance la plus interne et la plus forte, et j'en userai avec toi selon ma volonté, et selon ma force la plus intérieure. Je t'envelopperai de la puissance du soleil, des étoiles, et des élémens ; alors personne ne te connoîtra, tu seras à moi éternellement ; et, quoique je sois inconstant, comme tu dis, et que ma *vertu* ne soit pas comme la tienne, je veux cependant te garder dans mon trésor, et tu dois être ma propriété. Ainsi, l'esprit en Adam voulut dominer sur la terre dans une puissance propre ; car l'esprit du grand monde vouloit en agir ainsi ; de même que Lucifer voulut dominer sur la vierge SOPHIE avec son ver. S'il avoit conservé la vierge SOPHIE, dans l'amour, et qu'il eût demeuré dans son parvis, il seroit resté un ange.

46. Alors la vierge SOPHIE dit : Pourquoi veux-tu user de violence ? ne suis-je pas ton ornement et ta couronne ? Je suis claire, et tu es ténébreux. Vois : si tu me voiles, alors tu n'as plus aucun éclat, et tu es un ver ténébreux. Comment pourrois-je demeurer avec toi ? Laisse-moi seulement, je ne me donne point à toi en propriété ; je veux bien te décorer de mes ornemens, et tu dois vivre dans ma joie ; tu dois jouir de mes fruits, et goûter de ma douceur ; mais tu ne peux *inqualifier* avec moi. Car mon essence est la puissance divine, dans laquelle est engendrée ma belle perle, et ma claire lumière : ma fontaine est éternelle. Si tu

obscurcis ma lumière, et que tu souilles mon vêtement, tu n'as plus aucune beauté, et tu ne peux
te soutenir, mais ton ver se brisera ; alors j'aurai
perdu mon compagnon, que je m'étois choisi pour
époux. Je voulois avoir de la joie avec lui ; mais
désormais ma perle et ma beauté n'auront plus de
contentement *Isaïe*, 5 ; *Matt.*, 21. (Ce dont parle
Isaïe, ainsi que le Christ, en disant qu'il voudroit
bien manger aussi des nobles raisins de la vigne,
Mich., 7 ; *Marc*, 12.) Si cependant je me suis
associée avec toi dans l'esprit de ma joie, et que
tu ne veuilles point jouir de ma beauté ; n'en reste
pas moins dans mes ornemens et dans ma *vertu* ;
demeure avec moi dans ma joie, et je te parerai
éternellement.

47. Et le jeune homme dit : Ton ornement est
déjà mien ; j'use de toi à ma volonté. Je serai
détruit en effet, comme tu le dis ; cependant mon
ver est éternel, c'est par lui que je dominerai ;
mais je veux demeurer en toi, et te couvrir de
mon vêtement.

48. Alors la vierge sortit se tourna vers le cœur
de Dieu, et dit : Mon cœur et mon amour, tu es
ma puissance ; par toi je suis claire ; je suis engendrée éternellement de ta racine ; délivre-moi du
ver des ténèbres, qui tente et infecte mon époux :
ne me laisse pas obscurcir par les ténèbres. Je
suis réellement ton ornement ; c'est pourquoi viens,
afin que tu aies de la joie en moi. Pourquoi res-
terois-je dans les ténèbres avec mon époux ? Et
la réponse divine fut : *La semence de la femme doit*

écraser la tête au serpent, au ver ; et il la piquera au talon.

49. Vois, chère ame ; là-dedans perce la teinture céleste, qu'il noüs faut peindre par comparaison, et que nous ne pouvons nullement exprimer avec des paroles. Oui, si nous avions une langue d'anges, nous pourrions bien dire ce que l'entendement conçoit ; mais la perle est vêtue d'un habit ténébreux. La vierge soumit s'adresse au cœur de Dieu constamment, pour qu'il daigne éloigner de mes délicieuses jouissances le ver ténébreux. Mais la réponse divine fut : *La semence de la femme doit briser la tête au serpent* ; c'est-à-dire, les ténèbres du serpent doivent être séparées de ton époux. L'habit ténébreux dont le serpent a revêtu ton époux, et a obscurci ta perle et ta belle couronne, doit se briser et redevenir terre ; et tu dois te réjouir en moi avec ton époux ; telle a été éternellement ma volonté. Elle doit subsister.

50. Si nous nous représentons maintenant le grand mystère, alors l'esprit découvre à notre intelligence que le vrai fondement de ceci est en Adam. Car, son esprit originel, ou l'ame, qui étoit le ver, étoit né de l'éternelle volonté de Dieu le père ; et créé en nature d'esprit par le FIAT, lors de la création, au lieu où le père engendre éternellement son cœur, entre la quatrième et cinquième forme dans le centre de Dieu, là où la lumière de Dieu se contemple toujours, et s'originise éternellement. C'est pourquoi la lumière de Dieu, ou une belle vierge, vint à son secours, et prit l'ame pour son

époux, et voulut orner l'ame avec sa belle couronne du ciel, avec la noble puissance de la perle,
et la parer de ses vêtemens.

51. Alors la quatrième forme fit son explosion
dans le centre de l'ame ; c'est-à-dire, là ou l'esprit de l'ame fut créé dans le centre, entre la
quatrième et la cinquième forme, près le cœur de
Dieu ; ainsi la quatrième forme parut brillante dans
les ténèbres. De-là est créé le monde qui, dans sa
forme, se redivise dans son centre, en cinq parties,
dans son ascension jusqu'à la lumière du soleil. Car
les étoiles sont aussi engendrées dans leur centre
entre la quatrième et la cinquième forme, et le
soleil est la fontaine de la cinquième forme dans le
centre, comme l'est le cœur et la lumière de Dieu
dans l'éternel centre qui n'a aucun fondement.
Mais *le centre* des étoiles et des élémens a son fondement dans la quatrième forme, dans la base
affective ténébreuse, dans l'explosion de l'éclair
de feu éveillé.

52. Ainsi l'ame est engendrée entre deux centres.
1°. Entre le centre de Dieu, comprenez le cœur ou
la lumière de Dieu, là où il est engendré de l'éternel lieu ; et ensuite, 2°. entre le centre manifesté
de ce monde. Elle est suspendue aux deux, et elle
inqualifie avec les deux, c'est pourquoi elle a les
trois principes, et peut vivre dans tous les trois.

53. Mais telle étoit la loi et la volonté de la vierge
SOPHIE. De même que Dieu domine sur toutes choses,
et se peint par-tout, et donne à tout la force et la
vie, et que les choses ne le comprennent point quoi-

qu'il soit là ; de même aussi l'ame devoit rester paisible, et la forme de la vierge SOPHIE, devoit régner dans l'ame, et couronner l'ame avec la lumière de Dieu. L'ame devoit être le beau jeune homme qui fut créé ; et la puissance de Dieu, la belle vierge SOPHIE ; et la lumière de Dieu, la belle couronne de perle, avec laquelle la vierge SOPHIE vouloit parer le jeune homme.

54. Mais le jeune homme vouloit avoir la vierge SOPHIE en propriété, tandis que par sa naissance elle étoit d'un degré au-dessus de lui ; ainsi cela ne pouvoit pas être. Car la vierge SOPHIE étoit de toute éternité, et l'époux lui avoit été donné pour qu'elle eût par-là de la joie et des délices en Dieu.

55. Mais lorsque le jeune homme *ou Adam* ne put point obtenir cela de la vierge SOPHIE, il se retourna vers le ver, dans son centre. Car la forme de ce monde pressa très puissamment sur lui ; elle étoit aussi dans l'ame, et auroit bien voulu avoir la vierge en propriété, et en former une femme, comme en effet elle forma une femme, lors de la chute ; toutefois la femme ne vint point de la perle, mais seulement de l'esprit de ce monde. Car la nature de ce monde s'angoisse continuellement après la vierge SOPHIE, pour être délivrée de la vanité ; et elle se flatte *d'inqualifier* avec la vierge SOPHIE ; mais cela ne peut pas être, car la SOPHIE est engendrée de plus haut.

56. Et si ce monde étoit brisé, et délivré de la vanité du ver, cependant, il n'obtiendroit pas pour cela la vierge SOPHIE, mais il demeureroit sans

esprit et sans ver, sous son ombre; dans un gracieux et doux repos ; sans penchant et sans désir propre ; or il arriveroit par-là à son haut grade et à sa beauté, et seroit affranchi éternellement de son travail. En effet, le ver qui le tourmente ici s'en va dans son principe et ne touche plus l'ombre et la figure de ce monde dans l'éternité. Car alors la vierge SOPHIE domine de concert avec son époux.

57. Mon cher lecteur, je veux t'exposer ceci clairement ; car chacun n'a pas la perle pour atteindre la vierge SOPHIE, et cependant, chacun malgré cela voudroit savoir comment s'est passée la chute d'Adam. Vois comment je t'ai représenté ici que l'ame avoit en soi trois principes ; savoir : 1o. le plus intérieur, le ver ou l'esprit de soufre, et la source selon laquelle elle est un esprit ; et 2o. la vertu divine qui rend le ver doux, clair et joyeux, par le moyen de quoi le ver ou l'esprit est un ange, comme Dieu le père lui-même, entendez d'un semblable mode et engendrement ; et 3o. elle a le principe de ce monde. Ils sont tous unis les uns et les autres, et cependant aucun ne saisit l'autre, car ce sont trois principes, ou trois engendremens.

58. Vois: le ver tient de l'éternel ; il est en soi propriétaire de lui-même. Les deux autres lui sont donnés, chacun par une génération : l'un à droite, et l'autre à gauche. Maintenant, il est possible qu'il perde ses deux formes et générations ; car s'il regarde en arrière dans la puissance du feu colérique, et qu'il devienne faux envers la vierge SOPHIE, alors elle s'éloigne de lui, et demeure comme une figure

dans son centre , et la porte de la vierge sophie est
fermée.

59. Or , si tu veux retourner à la vierge sophie ,
tu dois être engendré de nouveau par l'eau dans le
centre, et par l'esprit saint ; alors tu la recouvres
avec une grande gloire et une grande joie. Ce dont
Christ dit : *Il y a dans le ciel pour un pécheur qui fait*
pénitence , plus de joie que pour quatre-vingt-dix-neuf
justes qui n'ont pas besoin de pénitence. Ainsi bientôt le pauvre pécheur est reçu de nouveau par la
vierge sophie, de manière qu'elle n'a plus besoin de
se voiler ; et lui il devient une créature vivante et
intelligente, un ange de Dieu. Personne ne peut exprimer cette joie ; il n'y a que l'ame régénérée qui
la connoisse ; le corps ne la comprend point , mais
il tressaille , et ne sait point comment cela lui arrive.

60. La seconde forme ou principe, se perd pour le
ver par la mort corporelle [*s'il n'a pas rempli son*
œuvre]; de façon que, quoiqu'il demeure en figure,
c'est cependant toujours pour lui une honte et un
tourment, de ce qu'ayant été un ange il est maintenant un ver et un esprit mécontent, colérique et vénéneux. Ce dont l'écriture dit : *Que le ver de l'im-*
pie ne meurt point, et que son tourment demeure éter-
nellement. Car , si le ver n'avoit point eu la forme
d'ange et d'homme , son tourment ne seroit pas si
grand. Mais cela est cause qu'il a un éternel remords,
et qu'il n'obtient rien; il connoît l'ombre de sa gloire,
et ne peut plus jamais vivre en elle.

61 C'est pourquoi, tel est en bref le fondement de
la chute d'Adam, pour en parler dans la plus haute

profondeur. Adam, par son penchant, a perdu la vierge SOPHIE, et a reçu dans son penchant la femme qui est une personne cagastrique ou sujète à la corruption ; et la vierge SOPHIE attend encore continuellement de lui, qu'il revienne dans la nouvelle naissance pour qu'elle puisse le reprendre avec une grande gloire. C'est pourquoi pense à toi, fils de l'homme ; j'écris ici ce que je sais certainement, et celui qui l'a vu, le témoigne, sans quoi je ne l'aurois pas su non plus.

CHAPITRE TREIZIEME.

De la création de la femme (extraite) d'Adam.

La porte charnelle , misérable et ténébreuse.

1. IL m'est pénible de vous retracer votre douleur, mais puisque cela ne peut pas être autrement,
nous allons pour un moment revêtir l'habit de la
femme ; toutefois ce sera dans la vie de la vierge
SOPHIE; et quoique nous souffrions beaucoup d'afflictions dans *l'habit* de la femme, cependant la vierge
SOPHIE nous en recompensera bien. Ainsi nous devons nous traîner avec la femme jusqu'à ce que nous
l'envoyions au tombeau ; alors elle sera une ombre
et une figure, et la vierge SOPHIE doit être notre
épouse et notre digne couronne; elle nous donnera
sa perle et sa belle couronne, et nous revêtira de ses
ornemens ; d'après cela nous voulons faire cette entreprise, à cause du lys. Quoique nous allions éveiller une grande tempête, et quand même l'antechrist
sépareroit la femme de nous [*ici, par la femme,
l'auteur entend notre corps*], cependant la vierge
SOPHIE doit nous rester ; car nous sommes mariés
avec elle. Que chacun prenne ce qui est à lui, alors
ce qui est à moi me restera.

2. Or donc , lorsqu'Adam alla dans le jardin d'Eden , et que les trois principes introduisirent ainsi un tel combat dans Adam , sa teinture fut entièrement affoiblie , et la vierge sophie s'éloigna. Car l'esprit de l'attract de ce monde l'avoit emporté dans Adam ; c'est pourquoi il se laissa tomber dans le sommeil. A l'heure même son corps céleste devint chair et sang , et sa forte puissance devint os : alors la vierge sophie s'en alla dans l'Ether et dans l'ombre ; mais dans l'Ether céleste, dans le principe de la puissance ; et là elle attend après tous les enfans d'Adam , pour voir si quelqu'un d'eux voudra par la nouvelle génération la prendre encore pour épouse.

3. Mais qu'est-ce que Dieu devoit faire ? Il avoit créé Adam de sa volonté éternelle ; il n'auroit plus été possible qu'Adam eût engendré de soi sa postérité virginale à la manière paradisiaque. [*Comme lorsqu'il étoit vierge lui-même. Voyez ch. 10, no. 18.*] Alors Dieu établit le FIAT du grand monde dans le milieu ; car Adam étoit tombé de nouveau dans le sein du FIAT , comme une personne à moitié brisée, puisque par son penchant et son imagination il étoit à moitié mort ; maintenant pour qu'il pût vivre , il falloit que Dieu l'aidât de nouveau ; puisqu'il devoit engendrer un règne , il falloit qu'il y eut une femme pour la propagation , semblablement à tous les autres animaux. Le royaume angélique , en Adam, étoit passé , il lui falloit désormais un royaume de ce monde.

4. Or, que fit donc Dieu avec Adam ? Moïse dit :

Lorsqu'Adam dormit, il prit une de ses côtes, en forma une femme (de la côte qu'il avoit prise de l'homme), *et il ferma la place avec de la chair.* En cela Moïse a écrit très juste ; mais qui ici l'a bien entendu ? Si je n'avois pas connu le premier Adam dans sa forme virginale dans le paradis, je serois arrêté ici, et je ne saurois rien autre chose, sinon qu'Adam avoit été fait chair et sang d'une masse de terre, et Eve sa femme d'une de ses côtes et de ses durs os : ce qui cependant avant ce tems là m'avoit souvent paru très étonnant quand je lisois les gloses que de si grands savans ont écrites sur Moïse. Quelques uns même ont osé parler d'un fossé dans le pays oriental, d'où Adam a été pris et formé, comme un potier fait un vase ou un pot.

5. Heureusement j'ai examiné les écritures qui disent : Ce qui est né de la chair, est chair ; de plus, la chair et le sang ne peuvent pas posséder le royaume des cieux ; de plus, personne ne monte au ciel que le fils de l'homme qui est venu du ciel (ou la pure vierge) et qui est dans le ciel : ce qui m'aida beaucoup *à penser* que le fils-vierge étoit l'ange de la restauration de ce qui avoit été perdu en Adam, car Dieu apporta de nouveau dans la femme, dans son corps virginal, l'enfant-vierge qu'Adam devoit engendrer. Si je n'avois pas considéré le texte dans Moïse, où Dieu dit : Il n'est pas bon que l'homme soit seul, nous voulons lui faire une aide ; je serois encore arrêté dans la volonté de la femme [*ou pensée terrestre*].

6. Mais ce même texte dit : *Que Dieu considéra*

tout ce qu'il avoit fait, et il vit que tout étoit bon. Or, si cela étoit bon dans la création , il faut bien que cela soit devenu mauvais pour que Dieu ait dit : *Il n'est pas bon que l'homme soit seul.* Si Dieu avoit voulu les assimiler à tous les autres animaux par la reproduction animale, il auroit aussi bien formé tout de suite un homme et une femme ; or, que Dieu en ait un dégoût, cela est bien annoncé par le premier fils de la femme, Caïn, le meurtrier de son frère : la malédiction de la terre le prouve aussi ; mais qu'est-il nécessaire d'apporter ici de semblables témoignages ? La preuve claire en sera donnée, et cela sera confirmé, non - seulement par les écritures qui en effet forment un voile, mais par l'universalité des choses, si nous en prenons le tems, et que nous n'ensevelissions pas notre travail dans des objets périssables.

7. Ici la raison dit : Quelles sont donc les paroles de Moïse au sujet de la femme ? A cela je réponds : Moïse a écrit très juste ; mais moi je ne l'entends pas bien, depuis que je suis dans la femme. Moïse avoit un visage tout illuminé, mais il étoit obligé d'y porter un voile, pour qu'on ne pût pas le voir en face. Or, quand le fils - vierge ou la *pure* vierge vint , il le regarda en face, et ôta le voile. La raison demande donc : Qu'est-ce que c'étoit que la côte *tirée* d'Adam , pour être une femme.

La porte de la profondeur.

8. Vois : la SOPHIE nous montre que lorsqu'Adam fut subjugué, et quelle passa dans son Ether, alors

la teinture , dans laquelle la belle vierge demeure ;
devint terrestre , fatiguée , abattue et foible. Car la
racine puissante de la teinture , d'où elle tiroit sa
force et son repos sans aucun sommeil, c'est-à-dire ,
la matrice céleste qui contient le paradis et le
royaume céleste disparut en Adam , et s'en alla
dans son Ether.

9. Lecteur , entends bien ceci. La vertu divine ou
la belle vierge sophie , n'est pas détruite et venue à
rien. Cela ne peut être ; seulement elle est demeu-
rée dans le principe divin , et l'esprit ou l'ame
d'Adam est demeuré avec son propre ver dans le
troisième principe de ce monde ; mais la vierge
sophie , ou la puissance divine , est dans le ciel,
dans le paradis , et se contemple dans les qualités
terrestres de l'ame ; savoir : dans le soleil , et non
dans la lune, entendez dans le plus haut principe de
l'esprit de ce monde , là où la teinture est la plus
noble et la plus claire , là d'où résulte la base
affective de l'homme.

10. Elle voudroit bien retourner de nouveau en
son lieu , vers son mari , si seulement la chair terrestre , avec la base affective et les sens terrestres ,
n'étoient pas dans le chemin ! Car la sophie ne va
pas là dedans , elle ne se laisse pas lier dans le
centre céleste. Ses spéculations , ses soupirs , ses
fréquens appels , ses avertissemens et ses profonds
désirs l'occupent pendant tout le tems que la femme
vit à sa place ; mais pour celui qui est régénéré, elle
se montre à lui dans une forme très triomphante ,
dans le centre de la base affective. Souvent aussi

elle se plonge jusque dans la teinture du sang du cœur, ce dont le corps, avec la base affective et les sens tressaillent et sont si triomphans, que c'est comme si ce cœur étoit dans le paradis : en effet il acquiert aussitôt une volonté paradisiaque.

11. Alors est semée la noble graine de sénevé dont Christ dit ; que d'abord elle est petite, mais ensuite elle croît comme un arbre, aussi long-tems que l'ame persévère dans la volonté ; mais la noble SOPHIE ne reste pas à demeure ; car sa génération est de beaucoup plus élévée, c'est pourquoi elle ne demeure point dans des vaisseaux de terre ; elle visite donc ainsi son époux passagèrement et de tems en tems, s'il la désire ; cela n'empêche pas qu'elle ne le prévienne en tout tems par des égards, et qu'elle ne l'appelle la première ; ce qui n'est entendu que dans le lys, dit très sérieusement et très solennellement l'esprit. C'est pourquoi, faites-y attention, vous, enfans de Dieu : l'ange du grand conseil vient dans la vallée de Josaphat avec la bulle d'or : il la vend pour de l'huile, sans argent ; quiconque y vient, la rencontre.

12. Mais lorsque la teinture fut devenue toute terrestre et impuissante, par le triomphe de l'esprit de ce monde, elle ne pouvoit plus engendrer célestement, et elle fut ainsi retenue dans l'impuissance. Alors se trouva là le conseil de Dieu qui dit : Puisqu'il (*l'homme*) est devenu terrestre, et qu'il n'est plus capable d'*engendrer*, nous voulons lui former une aide. Le FIAT resta dans le centre, et sépara la matrice d'avec le *limbus* ; et le FIAT saisit dans le

sein d'Adam une côte de son côté droit, et en forma la femme.

13. Mais ici tu dois comprendre que le FIAT pour la création étoit dans Adam : quand il dormit, son corps n'étoit point encore devenu ainsi noueux, et avec des os durs. O ! non, cela commença lorsque la mère Eve mordit dans la pomme, et en donna aussi à Adam. Toutefois l'infection et la mort terrestre se trouvèrent bientôt présentés avec la défaillance et les maladies mortelles. Les côtes et les os étoient encore puissance et *vertu*, et Eve fut créée de la puissance et de la *vertu*, dont les côtes devoient se former.

14. Toutefois tu dois parfaitement comprendre qu'elle n'a point été tirée de là comme un esprit, mais entièrement en substance. On doit dire qu'Adam a reçu une déchirure, et que la femme porte l'esprit d'Adam en chair et os ; mais dans l'esprit il y a quelque différence, car la femme porte la matrice et Adam le *tinctus* ou la masculinité ; et ils sont deux dans une seule chair, non séparés dans la nature ; car les deux doivent de nouveau engendrer un homme, ce qu'auparavant un seul auroit pu faire.

Une aimable porte.

15. Tandis que nous sommes ici à écrire sur la dégradation d'Adam, l'esprit nous rappelle un mystère céleste de la côte d'Adam, que le FIAT lui a prise

et en a formé une femme, laquelle *côte* doit ensuite avoir manqué à Adam; car le texte dans Moïse dit positivement, que Dieu a rempli la place avec de la chair.

16. Mais la colère du serpent a amené les choses au point qu'Adam est tombé dans l'attract, et néanmoins le plan de Dieu doit également subsister. Car, au dernier jour, Adam doit ressusciter sans altération dans sa première image, tel qu'il a été créé. Mais enfin le serpent et le démon ont également amené les choses au point, qu'il en est résulté dans Adam cette sorte de déchirure. En effet, l'esprit nous montre deux choses : la première, qu'il ne pouvoit arriver aucun bien au ver, ou à l'esprit de l'ame, à moins que la *pure* vierge ne vînt et n'allât dans la mort, dans le ver, dans l'abîme de l'esprit de l'ame, qui, dans sa profondeur, atteint les portes de l'enfer et de l'âpre colère de Dieu, et sans qu'elle n'engendrât *Adam* de nouveau en une nouvelle créature dans la première image : ce qui est arrivé dans le fils de la vierge *terrestre*, dans le Christ.

17. La seconde, c'est que la côte d'Adam et son côté creux dans lequel elle étoit, ne pouvoient être rétablis dans leur perfection, à moins que le second homme ne se laissât blesser dans cette même place, afin que son sang virtuel vînt au secours du premier Adam, et rebâtît de nouveau son côté brisé. Nous le disons d'après notre précieuse connoissance; et quand nous écrirons sur les souffrances et la mort du Christ, fils de la vierge *terrestre*, nous éclaircirons

ceci de manière à ce que l'ame qui a soif, puisse trouver une fontaine-source qui ne sera pas très profitable au démon.

Continuation sur la femme.

18. La raison dit : Si Eve a été tout uniment créée d'une côte d'Adam, elle doit être de beaucoup inférieure à Adam. Ma chère raison, cela n'est pas. Le FIAT, comme un rude *attirement*, a pris de toutes les essences et propriétés d'Adam, ou de chaque puissance ; mais il ne lui a pas pris, en outre, les membres en substance. Car, dans le *limbus*, l'image devoit être un homme selon le mode humain, mais non pas cependant avec cette défectuosité. Entendez bien ceci dans le principe. Il devoit être, et étoit aussi un homme ; et il avoit un cœur virginal, entièrement chaste dans la matrice.

19. Mais c'est à cause de cela que certainement Eve a été créée de toutes les essences d'Adam, et qu'ainsi Adam a reçu une grande déchirure ; et toutefois cependant, la femme arriva à sa pleine perfection d'image de Dieu. Cela me confirme encore une fois le grand mystère par lequel la vierge SOPHIE témoigne très précieusement que dans la régénération, le fils de la vierge *terrestre*, s'est non-seulement laissé percer le côté, et a répandu son sang de son saint côté, mais a laissé aussi transpercer ses mains et ses pieds, et enfoncer une couronne d'épines sur sa tête, et a laissé flageller son corps, de façon que le sang a coulé de partout. Ainsi le fils

I.   15

vierge s'est profondément abaissé pour aider Adam
malade et brisé, et son Eve foible et imparfaite à
se rétablir, et pour les reporter de nouveau dans
leur première souveraineté.

20. C'est pourquoi tu dois admettre pour certain
qu'Eve a été formée de toutes les essences d'Adam.
Mais qu'il n'y ait pour cela ni côtes, ni membres
rompus dans Adam, cela se prouve par la timidité
et la foiblesse de la femme, et aussi par l'ordre de
Dieu, qui dit : *Ta volonté doit être soumise à ton
époux, et il doit être ton seigneur.* C'est pour cela que
l'homme étant complet et parfait *(à une côte près,)*
la femme est ainsi son aide, qui est autour de lui,
et doit lui aider en humilité et en soumission à avan-
cer son œuvre ; et l'homme doit reconnoître qu'elle
est entièrement foible, *comme étant* de ses essences;
qu'il doit venir au secours de sa foiblesse, et la chérir
comme sa propre essence. C'est aussi pour cela que
la femme doit mettre ses essences et sa volonté dans
celle de l'homme, être joyeuse devant son époux,
pour que l'homme ait un attract pour son essence
dans la femme ; et afin qu'ils soient deux dans une
seule volonté ; car ils sont une chair, un os, un
cœur, et ils engendrent en une volonté, des enfans
qui ne sont pas de l'homme, ni de la femme ; mais
de tous les deux, comme s'ils étoient d'un seul
corps. C'est pourquoi est venu le sévère commandement de Dieu aux enfans, d'honorer leur père et
mère avec sincérité et soumission, sous peine de
punition temporelle et éternelle, etc. ; ce dont j'é-
crirai lors des tables de Moïse.

De la propagation de l'ame.

La noble porte.

21. L'entendement a tant eu à faire depuis le commencement de ce monde jusqu'à présent, au sujet de cette porte, et pour chercher en elle, que je ne pourrois compter les dégoûts des écrivains. Mais dans le lys, cette porte se manifestera comme un arbre de laurier ; car ses branches recevront la sève de la vierge SOPHIE : c'est pourquoi elles seront plus vertes que le trèfle, et plus blanches que la rose : la vierge portera leur bonne odeur sur sa couronne de perle, et elle atteindra *jusque* dans le paradis de Dieu.

22. Puisque donc ce mystère se présente à nous, nous allons ouvrir les fleurs de ce bourgeon. Toutefois nous ne voulons point donner notre travail aux chiens, aux loups, et aux pourceaux, qui fouillent dans notre jardin de délices, comme des porcs ; mais à celui qui cherche, afin que l'infirme Adam soit conforté, et que la perle soit trouvée.

23. Maintenant, si nous scrutons la teinture, ce qu'elle est dans son dégré le plus élevé, alors nous trouvons l'esprit. Car nous ne pouvons pas dire que le feu soit la teinture, ni l'air non plus, attendu que le feu est opposé à la teinture, et qu'elle est étouffée par l'air. Elle est un aimable délice. La racine dont elle est engendrée, est à la vérité le feu ; mais si je devois nommer sa vraie place, et où elle siége, je ne pour-

rois dire autre chose sinon qu'elle est entre les trois principes ; savoir : le royaume de Dieu, le royaume de l'enfer , et le royaume de ce monde, dans le milieu ; elle n'en a aucun en propriété ; de plus elle est engendrée de toutes les trois ; elle a comme un principe particulier qui pourtant n'est pas un principe , mais une claire et aimable demeure. Elle n'est pas non plus l'esprit même , mais l'esprit demeure en elle et elle renouvelle l'esprit , de manière qu'il est clair et appréhensible. Son vrai nom est admirable, et personne ne peut le nommer que celui à qui il est donné, et celui-là le nomme seulement en soi, ou intérieurement, et non hors de soi. Elle n'a en substance aucun lieu pour son repos , et repose cependant toujours en elle-même ; et elle donne à toute chose , la splendeur , comme l'éclat du soleil donne à toutes les choses de ce monde, la lumière, la force et la beauté , et cependant n'est pas la chose , mais opère dans la chose , et fait que la chose croît et fleurit : elle se trouve, en effet aussi , véritablement dans toute chose ; et elle est dans toute chose , la vie et le cœur , mais non pas l'esprit qui est engendré des essences.

24. Dans une plante et une fleur odoriférante , la teinture est la douceur et la bénignité , et l'esprit de la *fleur* est amer et astringent ; et s'il n'y avoit pas de teinture , la plante n'auroit ni fleur ni odeur. Elle donne à toutes les essences , la puissance pour qu'elles poussent. Ainsi elle est aussi dans les métaux et dans les pierres : elle fait que l'argent et l'or végètent , et sans elle rien ne croîtroit dans ce monde,

Elle est une vierge parmi tous les enfans de la nature, et n'a jamais rien engendré d'elle-même, et aussi elle ne peut pas engendrer, et cependant elle fait que tout s'engrosse. Elle est la plus cachée de toutes les choses, et cependant aussi la plus manifeste. Elle est une amie de Dieu, et la confidente de la vertu. Elle ne se laisse retenir par rien, et cependant elle est dans toute chose; mais si elle éprouve des traitemens contre les droits de la nature, elle s'envole, et cela même très aisément. Elle ne tient point fort, et cependant elle est immuable; elle ne demeure dans l'altération d'aucune chose. Tant qu'elle est dans la racine de la nature, et que rien ne s'y altère, ni ne s'y dérange, elle demeure. Elle ne met de fardeaux sur aucune chose, mais elle allège le poids dans toutes les choses: elle fait que tout se réjouit, et cependant elle ne fait entendre aucune acclamation, mais la voix vient des essences, et se manifeste dans l'esprit.

25. Le sentier qui y mène est très près, et celui qui le trouve n'a pas envie de le manifester, et il ne le peut pas non plus; car, il n'y a aucune langue qui puisse l'exprimer. Quand même quelqu'un chercheroit long-tems *cette teinture,* si elle ne le veut pas, il ne la trouvera pourtant pas. Cependant elle va à la rencontre de celui qui la cherche bien, et selon le mode qui la constitue, c'est-à-dire, avec une ame virginale, et non par jalousie et convoitise. S'il suit fidèlement ce mode virginal, elle se laisse représenter et manifester par la foi du croyant, dans une chose où elle n'étoit pas. Elle se

puissante, et cependant elle ne fait rien : si elle s'éloigne d'un chose, elle n'y revient pas : non, mais elle demeure dans son Ether ; jamais elle ne se corrompt, et cependant elle peut aussi s'accroître.

26. Mais tu dis : Cela doit être Dieu. Non, ce n'est pas Dieu, mais l'amie de Dieu. Christ dit : *Mon père agit, et moi j'agis aussi.* Toutefois, elle est imperceptible dans une chose, et l'on peut cependant avoir des droits sur elle, et l'employer, particulièrement dans les métaux, où, si elle est intacte, elle peut, du fer et du cuivre, faire un or pur. Elle peut faire beaucoup avec peu, et cependant elle n'excite rien. Sa voie est aussi subtile que les pensées de l'homme, et aussi les pensées en viennent-elles.

27. C'est pourquoi quand l'homme dort, en sorte qu'elle soit dans le repos, il n'y a alors aucune pensée dans l'esprit ; mais la constellation forme un bruissement et un murmure dans les élémens ; elle imprime ou inculque dans le cerveau, ce qui à l'avenir doit lui arriver par leur opération, quoique cependant cela soit souvent détruit par une autre conjonction, de façon que cela ne vient point en œuvre. En outre *l'astre* ne peut rien montrer de complet, à moins que ce ne soit par une conjonction des planettes et des étoiles *fixes* qui procède *et suit son cours* ; alors cela tient, mais tout s'y représente terrestrement, selon l'esprit de ce monde, de façon que quand l'esprit astral doit parler de l'homme, il parle souvent des animaux, et représente toujours la

contre-partie. Selon que l'esprit terrestre se préoc-
cupe de l'esprit de l'étoile, tel est aussi son rêve.

28. Puisque nous avons parlé de la teinture
comme de la maison de l'ame, nous voulons aussi
parler de l'ame ; *dire* ce qu'elle est et comment elle
peut être propagée ; ce dans quoi nous pourrons
mettre la teinture dans un plus grand jour. L'ame
n'est pas aussi subtile que la teinture, mais elle est
puissante et a une grande autorité. Elle peut par la
teinture renverser les montagnes, si elle voyage dans
la teinture sur le char marital de la vierge sophie,
comme Christ en parle. Tout ce qui se fait par une
vraie foi, en quelque lieu que la teinture ait la supériorité, c'est la teinture qui le fait, et l'ame donne
l'ébranlement. Là cependant aucune puissance ne
se fait ressentir : c'est ainsi que la terre nage sur la
teinture céleste, tandis qu'il n'y a cependant qu'une
teinture dans le ciel et dans ce monde ; mais elle a
diverses qualités selon chaque essence ; elle n'est
pas dans les animaux comme dans les hommes,
dans les poissons comme dans les animaux *terrestres*;
elle est autrement aussi dans les cailloux que dans
les pierres précieuses, et autrement encore dans les
anges que dans l'esprit de ce monde.

29. Mais elle est semblable dans Dieu, dans les
anges et dans les ames virginales ; entendez les ames
pures dans lesquelles elle est entièrement devant la
face de Dieu. Le démon a aussi une teinture ; mais
une teinture fausse, qui ne subsiste pas dans le feu.
Par le moyen de cette teinture fausse, il peut atteindre le cœur de l'homme qui lui donne entrée ;

et s'insinuer en lui, comme un flatteur et un voleur déguisé, qui vient avec des carresses et veut le spolier : ce pourquoi Christ nous avertit que nous devons veiller.

30. Si maintenant nous voulons parler de la substance de l'ame et de son essence, alors nous devons dire que l'ame est ce qu'il y a de plus cru dans l'homme ; car elle est l'origine des autres essences. Elle est ignée, astringente, amère et âpre, et elle se peut comparer à une grande puissance : ses essences se comparent à un souffre ; sa porte, ou son siége, provenant de l'éternelle origine, tient le milieu entre la quatrième et la cinquième forme dans l'éternelle génération, et entre l'alliance indissoluble de la forte puissance de Dieu le père, là où s'engendre l'éternelle lumière de son cœur, lequel fait le second principe. Si elle perd entièrement la vierge de la puissance divine ou la sœur qui s'est donnée, de laquelle la lumière de Dieu s'engendre, et qui est donnée à l'ame pour perle, comme cela a été exposé, alors elle devient et est un *vrai démon*, semblable à tous les autres dans les essences, dans la forme et aussi dans la source. (Ici les anciens sages ont supposé que l'homme avoit deux anges ; que l'un le pousse à tous les maux, et que l'autre agit pour le délivrer. Il est vrai que le combat dure aussi long-tems que l'homme vit ici, quoiqu'il n'y ait point d'anges.)

[On pourroit dire, à la rigueur, que les anges bons et mauvais ne viennent qu'à l'occasion de ce combat ; on pourroit croire aussi que ce passage est interpolé ; car

*l'auteur est bien loin de nier la présence des anges bons
et mauvais auprès de nous. Voyez l'Aurore Naissante,
chap. 11, n°. 74 ; et chap. 19 , n°. 32. Seulement il
prétend qu'ils ne sont pas saisissables à notre homme
extérieur.*]

31. Mais si elle prend en soi la résolution de
marcher dans la douceur, c'est-à-dire, dans l'obéissance à Dieu, alors elle est une source du cœur de
Dieu ; elle reçoit la puissance divine, et toutes ses
essences rudes deviennent angéliques et pleines de
joie ; alors ses essences rudes la servent bien, et lui
sont plus salutaires et plus utiles que si, dans l'origine, elles étoient toutes douces, et qu'il n'y eût en
elles aucune force ni puissance, comme il s'en trouve
dans l'astringent, l'amer et l'igné.

32. Car le feu devient dans l'essence une lumière
douce, et n'est qu'un ardent *enflammement* dans la
teinture, et l'essence astringente fait que la puissance
divine peut la tirer à soi et la goûter ; car dans *cette*
essence, consiste le goût dans la nature. Ainsi
l'essence amère lui sert pour le mouvement qui
élève la joie, la bonne odeur et l'accroissement ; et
de ces formes sort la teinture, et c'est là la maison
de l'ame. De même que l'esprit saint vient du père et
du fils ; de même aussi la teinture sort de la lumière de l'ame embrasée , et par conséquent de ses
essences puissantes ; elle se compare à l'esprit saint,
mais l'esprit saint de Dieu est un degré au-dessus.
Car il sort du centre de la lumière par le cœur de
Dieu , tout-à-fait dans la cinquième forme, à la
limite de la nature.

33. C'est pourquoi la teinture dans l'homme est une différence d'avec l'esprit saint ; et la vierge de la puissance divine ou SOPHIE qui s'est donnée, demeure dans la teinture de l'ame, si elle est fidèle ; sinon la SOPHIE se retire dans son centre qui n'est pas entièrement fermé (car il y a une demie génération entre), à moins que l'ame ne marche dans la racine de l'astringence et de la méchanceté. Alors il y a une génération entière entre ; car l'astringence réside dans la quatrième forme des ténèbres , et l'amertume , dans le feu , entre la quatrième et la cinquième forme , comme cela est dit ci-dessus.

34. Maintenant on se demande : Comment Eve et Adam ont-ils reçu l'ame ! Vois. Lorsque le FIAT astringent de Dieu prit la côte d'Adam , il tira à soi toutes les essences , et le FIAT s'imprima dedans , pour demeurer ainsi éternellement. Alors la teinture dans Adam n'étoit point encore éteinte, mais l'ame d'Adam siégeoit encore dans la teinture , très fortement et puissamment ; seulement la vierge SOPHIE s'étoit éloignée , et le FIAT ne prit que la teinture: or l'essence astringente *inqualifia* avec le FIAT astringent , car le FIAT et l'astringence qui est dans les essences ne sont qu'une seule essence.

35. Ainsi le FIAT s'inclina alors vers le cœur de Dieu , et les essences reçurent la puissance divine ; alors la fleur s'éleva dans le feu , et de la fleur , de rechef , la teinture propre [*de l'ame*] ; ainsi Eve devint une ame vivante, et la teinture se remplit dans le *végètement* , comme étant une cause de tout *végètement* , en sorte que dans cette prompte opéra-

tion, il y eut un corps entier [*ou une circonscription*]
dans la teinture ; car cela étoit possible : ils n'étoient
pas encore tombés dans le péché, et ils n'étoient
pas encore des nœuds durs et des os.

36. Entends-bien ceci. Eve n'a point reçu l'ame
d'Adam, ni le corps d'Adam ; seulement une côte,
mais elle a été extraite des essences, et elle a pris
son ame dans ses essences qui lui furent données
dans la teinture, et le corps lui poussa dans sa
propre teinture ; ne s'élevant, à la vérité, qu'en
puissance ; mais le FIAT l'eut bientôt formée
en une femme, non pas informe, mais entièrement gracieuse ; car elle étoit encore à la manière céleste dans le paradis ; mais par le FIAT du
grand monde, les marques *dist.nctives* furent bientôt
mises ; et cela ne pouvoit être autrement : elle devoit être une femme d'Adam. Ils étoient toutefois
dans le paradis ; s'ils n'avoient pas mangé de l'arbre
et s'ils s'étoient tournés vers Dieu dans leur imagination, ils seroient demeurés dans le paradis ; mais
la propagation auroit dû avoir lieu à la manière féminine, et cependant cela n'eût pas duré : car Sa-
tan l'eût poussée trop loin, quoiqu'il ne se fût pas
encore laissé voir. Seulement il auroit répandu du
sucre dans l'esprit du grand monde, jusqu'à ce que
l'aimable bête se fût enfin placé sur l'arbre,
comme un flatteur et un menteur.

La porte de notre propagation dans la chair.

37. Ainsique je l'ai représenté ci-dessus, la noble

teinture est donc engendrée de l'ame, désormais, en sexe masculin et féminin. Elle est si subtile et si puissante qu'elle va dans le cœur d'un autre, ou dans sa teinture, ce que les magiciens démoniaques savent bien; mais ils n'entendent point le noble art, au contraire, ils emploient la teinture du démon, et ils en infectent beaucoup dans la moelle et dans les os, par leurs enchantemens: ils en recevront leur récompense comme Lucifer qui vouloit élever sa teinture au-dessus de Dieu.

38. Ainsi, sachez que dans l'homme la teinture n'est pas tout-à-fait la même que dans la femme; car, dans les hommes, la teinture sort du *limbus*, ou du mâle; et dans la femme, la teinture sort de la matrice. En effet, non-seulement la force de l'ame se peint dans la teinture, mais celle du corps entier; car le corps croît dans la teinture.

39. Or donc, la teinture est un penchant, un grand attract pour SOPHIE, laquelle SOPHIE appartient à la teinture: car cette teinture est subtile, sans intelligence; elle est l'inclination vers Dieu, et cherche toujours la SOPHIE, sa compagne. La masculine la cherche dans la féminine, et la féminine dans la masculine; particulièrement dans les complexions délicates, où la teinture est entièrement noble, claire et ardente: c'est de là que vient le grand désir des sexes masculins et féminins, de façon que chacun souhaite de s'unir avec l'autre; de là vient aussi le brûlant et violent amour pour que les teintures se mêlent ainsi l'une et l'autre, et se transmettent réciproquement leur goût délicieux:

là chacune *des deux* présume que l'autre a la vierge
SOPHIE.

40. Et l'esprit du grand monde croit qu'il a maintenant conquis la SOPHIE : il s'étend avec ses griffes ;
il veut mêler son infection avec la SOPHIE, et
pense qu'il a atteint son objet. Il ne veut plus
s'en éloigner ; il compte bien qu'il trouvera la perle,
mais il lui en arrive comme à un voleur qui est
chassé d'un beau jardin de délices, où il a mangé
des fruits d'un excellent goût ; ainsi il va et vient
autour du jardin fermé ; il mangeroit bien volontiers encore des bons fruits, mais il ne peut entrer ; enfin, il faut qu'il allonge la main en-dedans,
et il ne peut attraper les fruits ; car le jardinier
vient, et lui ôte les fruits de la main, alors il faut
qu'il s'en aille à vide, et son attract se transforme en dégoût. Il en est de même de l'esprit
du grand monde ; il sème ainsi, dans son attract
brûlant, le grain dans la matrice : or, la teinture
le reçoit avec une grande joie, présumant que c'est
la vierge SOPHIE ; mais l'âpre FIAT est au-dessus
de lui, et le tire à soi, tandis que la teinture
est si joyeuse.

41. Toutefois, la teinture féminine vient aussi à
son secours ; elle se remplit d'ardeur pour le cher
enfant ; elle croit tenir la SOPHIE, et les deux
teintures combattent l'une et l'autre pour avoir la
SOPHIE ; et cependant aucune ne l'a. Or, celle qui
surmonte l'autre est celle d'après laquelle le fruit
reçoit la marque ou le sexe ; mais comme la femme
est foible, elle prend le sang avec elle, dans la ma-

trice, par le moyen duquel elle suppose qu'elle
retiendra la vierge sophie.

La porte secrète de la femme.

42. Ici je dois montrer la base à ceux qui cherchent, car le docteur ne peut pas la leur montrer
avec son anatomie ; et, quand il disséqueroit
mille hommes, il ne la trouveroit cependant pas :
il n'y a que celui qui y est arrivé qui la connoisse.

43. C'est pourquoi je veux écrire de la vierge
sophie qui sait bien ce qu'il y a dans la femme
cette vierge est aussi subtile que la teinture, mais
elle a une vie, et la teinture n'en a point ; car
elle n'est seulement qu'un règne joyeux qui s'élève,
une volonté puissante, une demeure de l'ame, un
paradis délicieux de l'ame ; et elle est la propriété
de l'ame tant que l'ame est attachée à Dieu, par
son imagination et sa volonté.

44. Mais, si cette ame devient fausse, de manière que ses essences se jouent à l'esprit du grand
monde, et désirent de la plénitude de ce monde ;
savoir, dans l'astringence : d'avoir de grandes richesses, de boire et manger beaucoup, et de se
remplir sans cesse ; dans l'amertume : d'avoir une
grande puissance, de parvenir aux plus hautes dignités, de dominer impérieusement, de s'élever
au-dessus de tout, et de se faire voir telle qu'une
folle épouse ; dans la source du feu : de se livrer
à une puissance colérique, avec l'enflammement

du feu ; de s'imaginer d'être belle dans cet éclat,
et de se complaire à soi-même ; alors vient le flatteur et le menteur, le démon : il se transforme en
esprit du grand monde, comme dans le jardin
d'Eden ; il conduit l'ame dans la convoitise, dans
la débauche du boire et du manger, et dit toujours : Tu n'en auras pas assez ; tire à toi partout où tu
pourras en attraper, afin que tu en aies toujours
suffisamment. Dans la forme amère, il dit : Tu
es riche, et tu possèdes beaucoup ; élève-toi, exalte-
toi ; tu es plus grand que les autres gens ; l'inférieur, *le petit* n'est pas ton égal. Dans la puissance
du feu, il dit : Enflamme ta base affective, rends-
là implacable ; ne cède à personne ; épouvante le
timide ; ainsi tu seras redouté, et ta puissance se
soutiendra : alors tu feras ce que tu voudras, et
tu auras en partage tout ce que tu désireras. N'est-
ce pas pour toi qu'est faite cette souveraineté ?
n'es-tu pas véritablement un souverain sur terre ?

45. Et, lorsque cela s'effectue, alors la teinture
devient entièrement fausse : car, tel qu'est l'esprit
dans une chose, telle aussi est la teinture ; attendu
que la teinture sort de l'esprit, et est sa demeure.
C'est pourquoi, ô! homme, ce que tu sèmes ici
tu le recueilleras : en effet, l'ame demeure éternellement dans la teinture ; tous tes fruits seront
manifestés dans la teinture, dans une lumière claire ;
ils te suivront, dit la vierge sophie, avec cordialité
et avec de grands soupirs après le lys.

46. Si donc maintenant nous réfléchissons sur la
teinture, combien elle est multipliée, et si souvent

entièrement altérée, nous pouvons, avec raison, montrer le vice de multitude d'esprits, et comment ils sont engendrés : c'est pourquoi nous voulons faire une courte introduction sur la propagation des ames, et nous la conduirons depuis la chute d'Adam jusqu'à la naissance de Caïn. Car, comme cela a été exposé, la semence est semée dans l'attrait de la teinture ; là le FIAT astringent la reçoit, et suppose qu'il a reçu la SOPHIE ; là les deux teintures masculine et féminine se disputent à son sujet ; là l'esprit du grand monde, savoir, des étoiles et des élémens, se peint et remplit les teintures avec ses élémens ; ce que les teintures reçoivent dans le FIAT avec une grande joie, et elles croient qu'elles ont la SOPHIE.

47. Mais comme le FIAT est le plus puissant d'entre eux (car il est comme un esprit, quoiqu'il ne soit pas esprit), c'est pourquoi il est l'essence aiguë qui tire à soi, et désire le *limhus* de Dieu dans le paradis, d'où le corps d'Adam a été formé par le FIAT : il veut former un Adam du *limbus* céleste. Alors l'esprit du grand monde s'approche, et dit en soi : L'enfant est à moi ; je veux dominer au-dessus de la SOPHIE. Et il continue toujours à introduire là les élémens, ce qui fait que la teinture devient pleine et entièrement gonflée. Alors la teinture prend un dégoût à cause de cette plénitude, car elle est claire et déliée, et le FIAT est épais et gonflé par les élémens ; ce dont les femmes peuvent parler pertinemment quand elles deviennent enceintes ; comme en effet, la plupart ont du dégoût pour le boire et

le manger , et veulent toujours avoir quelque chose
d'extraordinaire : cela vient de ce que la teinture
prend du dégoût pour le gonflement de l'esprit de
ce monde , par ses élémens , et veut avoir quelque
chose de différent : car cette vierge ne le goûte
pas ; elle en prend du mécontentement; elle ne peut
le supporter ; elle s'en va dans son Æther , et ne revient point.

48. Alors donc l'esprit du soleil , des étoiles et
des élémens de ce monde , dit en soi : Maintenant
tu as gagné ; l'enfant est à toi , la base est posée ,
tu peux en disposer. La SOPHIE doit être à toi , tu
vivras en elle , et tu auras ta joie en elle ; ses ornemens doivent être à toi ; et il attire ainsi toujours à
soi, dans son attract, par le FIAT , lequel FIAT demeure pour l'éternité ; et il suppose qu'il a la
SOPHIE.

49. Alors , dans la semence , est attiré le sang de
la mère, dans lequel est la teinture de la mère : et
quand il a été goûté par l'âpre FIAT qui le trouve
plus doux que son essence , ce FIAT se développe
dedans avec un grand empressement; il devient fort
dans la teinture ; il veut créer Adam ; il sépare la
masse ou la matière , et alors l'esprit des étoiles et
des élémens est dans le milieu , et domine puissamment dans le FIAT.

50. Alors la matière est séparée selon la roue des
étoiles, suivant l'ordre dans lequel les planettes sont
dans ce moment là. Et celle qui est la première opère
par le FIAT la matière très fortement , et l'enfant reçoit une forme de son espèce.

51. Ainsi la matière est séparée en membres par le FIAT. Quand le FIAT tire ainsi maintenant le sang de la mère dans la masse ou la matière, il l'étouffe, et la teinture du sang devient fausse et tout-à-fait angoisseuse ; car l'essence astringente, c'est-à-dire, le FIAT s'effraie ; toute la joie que le FIAT astringent avoit acquise dans la teinture du sang, disparoît, et le FIAT dans l'effroi commence à trembler dans l'essence astringente : l'astringent dans cet effroi s'enfuit comme un éclair, et voudroit s'éloigner de l'essence et s'envoler ; mais il est retenu par le FIAT. Il est dur maintenant, et couenneux à cause de l'essence, car l'essence dans son astringence le rend coriace ; c'est lui qui enveloppe maintenant l'enfant, cela est la peau de l'enfant ; et la teinture se porte promptement, au-dessus de soi, en effroi, et veut s'éloigner, et cependant ne le peut pas non plus : car elle est dans l'extra - génération des essences, mais elle s'étend promptement, au-dessus de soi, avec effroi. Elle prend avec elle la force de toutes les essences ; là-dedans, l'esprit des étoiles et des élémens se *figurise* ; il se remplit par là en fuyant ; il pense qu'il a la SOPHIE ; il veut marcher avec elle, mais le FIAT les saisit tous et les arrête, et pense que le verbe de Dieu est là en concours, et que ce verbe doit créer Adam. Il se corrobore dans la puissante force de l'astringent qui est en éruption ; il crée de nouveau le plus haut du corps ou la tête. De cet astringent en éruption qui tend toujours à s'éloigner, et qui cependant ne le peut pas, vient le crâne qui renferme le centre supérieur. Et

de l'échappement de la teinture, hors des essences,
dans le centre supérieur, par le moyen de l'éruption, viennent ainsi du corps, dans la tête et dans
le centre supérieur, les veines et le col.

52. Ainsi toutes les veines dans tout le corps
viennent *de l'astringent en effroi*, et de l'étouffement,
lorsque *l'astringent en effroi* sort de toutes les essences et veut s'éloigner, et que le FIAT le retient
par sa forte puissance. C'est pourquoi une veine a
toujours une autre essence que l'autre, à cause du
premier échappement, où l'essence des étoiles et
des élémens se représente. Or, le FIAT retient le
tout, et le crée : il suppose que le verbe de Dieu
est là avec la forte puissance de Dieu ; là où le
FIAT devoit créer le ciel et la terre.

La porte de la grande affliction et de la souffrance.

53. L'esprit de la vierge, ou de SOPHIE, nous
montre de nouveau le mystère, et le grand secret ;
car l'étouffement du sang dans la matrice, particulièrement dans le fruit, est la première mort des
essences ; c'est là qu'elles sont séparées du ciel,
de façon que là la vierge ne peut pas être engendrée, elle qui devoit être engendrée de la puissance
céleste en Adam, sans la femme, et aussi sans la
brisure de son corps. Ici commence dans l'homme
le règne astral et élémentaire ; là, ils saisissent
l'homme et *inqualifient* avec lui ; là, ils le forment,
le disposent, le nourrissent et le soignent : ce que
l'on lira au sujet de Caïn. O ! homme, pense ici à

toi ; combien tu es étroitement serré, et combien
tu acquiers de souffrances dans le corps de ta mère !
(Et vous, jurisconsultes, remarquez de quel esprit vous tenez la lumière, et le pouvoir de juger ;
pensez-y bien, car cela est profond.) [*Ce passage
parott avoir été interpolé.*]

Continuation sur l'homification.

54. Et quand le FIAT tient ainsi en soi *l'astrin-*
gence en effroi, de façon que les élémens la remplissent ; ce même [*remplissement*] devient les os
durs. Là le FIAT figure l'homme entier avec ses
formes corporelles ; le tout selon la première lutte
des deux teintures, telles qu'elles se combattent
l'une et l'autre dans le jeu d'amour, lorsque la
semence est semée. Celle des teintures, soit la masculine, soit la féminine, qui obtient la supériorité,
est celle selon laquelle le sexe est figuré dans l'homme,
et la figuration arrive très vîte dans la tempête de
l'angoisseuse terreur ; là le sang s'étouffe ; alors,
l'homme astral et élémentaire va en haut, et
l'homme céleste va en bas. Car, dans la terreur,
l'aiguillon amer est engendré ; il tempête et fait rage
dans la dure astringence effrayée, dans la grande
angoisse du sang étouffé.

55. Dans le troisième mois, les femmes l'éprouvent
bien, lorsque cela arrive dans le fruit. Combien de
tourmens, de picotemens dans les dents, dans les
reins, et ainsi de suite ! Cela leur vient de la teinture étouffée dans le fruit, et de leur sang étouffé

dans la matrice , puisque la mauvaise teinture *in-qualifie* avec la bonne *teinture* de leur corps. C'est pourquoi , de la manière dont la teinture souffre de la peine dans la matrice , de cette même manière aussi les mères souffrent de la peine dans les bons membres ; savoir : dans les os durs , dans les dents , dans les côtes , comme cela leur est bien connu.

56. Lors donc que l'aiguillon amer, qui est engendré dans la terreur angoisseuse , dans l'étouffement et l'entrée de la mort ; se tourmente ainsi et fait rage dans l'astringence ; qu'il se rend ainsi effrayant ; qu'il pointe et se porte au-dessus de soi : alors il est saisi et retenu par l'astringence, de façon qu'il ne peut pas aller au-dessus de soi. Car , à cause de son *tempétement*, l'astringence le tire toujours plus fort à soi, et ne peut pas le souffrir ; ce qui fait que l'aiguillon devient beaucoup plus effrayant ; et ici il n'y a aucun autre remède que dans la séparation du corps et de l'ame , dans la mort de l'homme. En effet, la mort amère est déjà dans le sang étouffé ; et , si maintenant l'aiguillon amer ne peut monter au-dessus de soi, à cause de l'astringence , il devient comme une insensée , comme une roue tournante , ou comme une effrayante pensée rapide qui s'étrangle et s'angoisse. Il est alors un vrai esprit de souffre, une essence vénéneuse, effroyable, et dans la mort angoisseuse ; car c'est là le ver pour l'ascension de la vie.

57. Maintenant, puisque l'esprit des étoiles et des élémens s'est figuré dans *l'homification*, ainsi la puissance des étoiles et des élémens est aussi

circulante dans ce *tempétement* ; car là , dans cette
angoisse , l'esprit des étoiles tire aussi à soi la
vertu du soleil , et se contemple dans la *vertu* du
soleil , d'où il résulte dans ce *tempétement* un éclair
luisant dont l'angoisse dure et astringente s'effraie ,
et se précipite au-dessous de soi ; alors la terrible
teinture va dans son Éther. En effet , l'essence de
l'angoisse , dans le FIAT , s'effraie aussi beaucoup
devant l'éclair, de façon qu'elle devient impuissante
et tombe en arrière ; qu'elle se détend, et qu'elle
s'atténue.

58. Or , l'explosion ou l'éclair de feu s'opère
dans l'aiguillon amer; et , quand il se contemple
en arrière , dans la ténébreuse angoisse astringente ,
dans la mère , et qu'il se trouve ainsi subjugué
et réprimé , il s'effraie beaucoup plus que la mère ;
mais cet effroi arrivant ainsi dans la douce mère ,
l'éclair devient sur-le-champ blanc et clair , quoiqu'il tienne à l'angoisse , à la racine ignée : mais
maintenant sa surprise n'est plus qu'une grande
joie ; et c'est comme si on jetoit de l'eau sur le
feu, où alors la source astringente s'éteint. Or ,
l'astringence se réjouit aussi beaucoup de la lumière , et la lumière *se réjouit* de la mère de l'astringence dans laquelle elle est engendrée, de façon
qu'il n'y a sur cela aucune comparaison *à faire* ;
car c'est la naissance et le commencement de
la vie.

59. Aussitôt que la lumière de la vie s'envisage
dans l'angoisse, et dans la douce mère , et que par
là l'astringence goûte la lumière , combien elle est

douce, aimable et joyeuse, elle s'élève avec un si grand attract vers la lumière pour se mêler avec elle et pour la saisir, que son attract et ses puissances sortent d'elle pour atteindre cette lumière ; lequel attract est la *vertu* de la lumière ; or, cet attract qui sort dans l'amour, est la noble teinture qui là est engendrée neuve pour être en propriété à l'enfant ; et l'esprit, qui est engendré de l'angoisse dans l'éclair de feu, est la vraie ame qui est engendrée dans l'homme.

60. Ici, maintenant, il faut particulièrement observer où elle demeure, et d'où le cœur, les poumons et le foie dérivent ; spécialement la vessie et les entrailles ; et ensuite la cervelle dans la tête, et l'intelligence et les sens. J'exposerai cela ici l'un après l'autre. On ne peut guère bien rendre avec la langue humaine, ni particulièrement décrire avec ordre, ce qui, dans la nature, arrive en un clin d'œil ; il faudroit un gros volume pour le décrire ; et quoique le monde nous regarde comme trop petit pour ceci, nous dirons que nous nous croyons encore bien plus petit, et qu'il en est de nous, comme dit Isaïe : J'ai été trouvé par ceux qui ne me cherchoient point, et j'ai été connu de ceux qui ne me connoissoient point, et qui n'avoient point demandé après moi.

61. Je dis que cela n'a point été cherché, mais nous avons cherché le cœur de Dieu, pour nous y mettre à couvert des tempêtes du démon. Lorsque nous y sommes arrivés, la très gracieuse vierge SOPHIE nous rencontra hors du paradis et nous offrit

son amour, *disant* qu'elle vouloit être amie avec
nous et s'unir à nous comme une compagne, et
nous montrer le chemin du paradis, où nous serions
en sûreté contre les tempêtes ; elle portoit une
branche dans sa main, et dit : Nous voulons planter
cela, et il croîtra un lys, et je reviendrai à toi : ce
dont nous avons reçu assez de joie pour écrire de
la très gracieuse vierge SOPHIE, qui nous a montré
le chemin du paradis, où nous allons au travers de
ce monde et aussi au travers du règne infernal,
et il ne nous est arrivé aucun mal. Or, c'est d'après
elle que nous écrivons.

CHAPITRE QUATORZIEME.

De la génération et de la propagation de l'homme.

La très secrète porte.

1. Si nous considérons, maintenant, l'origine de la vie, en quel endroit du corps est le lieu et la place où la vie est engendrée, nous trouvons réellement toute la base de l'homme, et il n'y a rien de si secret dans l'homme qui ne puisse être trouvé. Car nous devons dire que le cœur est la place où la noble vie est engendrée intérieurement, et que la vie engendre à son tour le cœur.

2. Selon que nous l'avons exposé, la vie prend ainsi dans l'angoisse, par *l'enflammement* de la lumière, son commencement ; de l'éclat du soleil, dans l'esprit des étoiles et des élémens dans la grande angoisse, où la mort et la vie combattent. Car, c'est là que l'homme a passé du paradis dans une autre génération, ou dans l'esprit de ce monde, dans les qualités du soleil, des étoiles et des élémens ; là la vue paradisiaque s'éteignit, *cette vue* par laquelle l'homme voit par la *vertu* divine, sans le soleil et sans les étoiles ; là l'ascension de la vie

est dans l'esprit saint ; et l'éclat de l'esprit par lequel il voit , est la lumière de Dieu. Cela s'éteignit : car l'esprit de l'ame vint dans le principe de ce monde.

3. Tu ne dois pas entendre que cela soit éteint en lui ; non, mais l'ame d'Adam passa du principe de Dieu dans le principe de ce monde , et là , maintenant , chaque esprit d'ame doit par la propagation humaine être ainsi engendré (comme cela a été dit) et cela ne peut pas être autrement. C'est pourquoi si nous voulons être propres pour le royaume des cieux, nous devons être engendrés de nouveau dans l'esprit de Dieu ; autrement , personne ne peut hériter du royaume du ciel , comme le Christ nous l'enseigne avec vérité : ce dont j'écrirai ciaprès , pour *offrir* une fontaine à celui qui a soif , et une lumière pour la noble voie dans la fleur du lys.

4. Ici, il nous faut savoir que notre vie que nous recevons dans le corps de la mère , consiste purement et simplement dans la puissance du soleil, des étoiles, et des élémens , de façon que , non-seulement ils figurent un enfant dans le sein de sa mère, et lui donnent la vie, mais qu'ils le mettent aussi au monde et le nourrissent pendant toute sa vie , le soignent, lui causent sa bonne et sa mauvaise fortune , et enfin la mort et la destruction ; et si nos essences, d'où notre vie est engendrée , n'étoient pas plus élevées par leur très haut rang, *qui vient* d'Adam, nous serions tous semblables à des animaux.

5. Mais dans l'origine de la vie en Adam , nos

essences sont beaucoup plus élevées que les bêtes, qui ne tirent seulement leurs essences que de l'esprit de ce monde, et doivent aussi avec l'esprit de ce monde, dans une substance corruptible, aller dans leur éternel Ether, tandis, qu'au contraire, les essences de l'homme sont venues de l'incommutable et éternelle ame de Dieu, laquelle est indestructible dans l'éternité.

6. Car nous avons sur cela un principe certain, en ce que nous pouvons par notre discernement trouver et observer ce qu'il y a dans l'esprit de ce monde, ce qu'aucun animal ne peut faire. En effet, aucune créature ne peut porter sa conception plus haut que dans son principe, d'où ses essences sont sorties dans le commencement. Ainsi, nous, hommes, nous pouvons porter notre conception jusque dans le principe de Dieu, aussi bien que dans le règne de l'enfer angoisseux, là où notre ver d'ame *s'originise* dans le commencement en Adam, ce qu'aucune autre créature ne peut faire.

7. Mais elles pensent seulement comment elles se pourront remplir et nourrir pour que leur vie se soutienne, et aussi ne recevons-nous rien de plus de l'esprit des étoiles et des élémens. C'est pourquoi nos enfans sont dépouillés et nuds, avec une grande impuissance, et sans aucune intelligence. Or, si l'esprit de ce monde avoit une entière puissance sur les essences d'un enfant dans le sein de la mère, il pourroit aussi bien lui revêtir son habit grossier, c'est-à-dire, lui donner une peau grossière. Il faut qu'il respecte ce point, et qu'il

laisse aller les essences dans le premier et le second principe, à la propre disposition de l'homme, pour s'unir et s'attacher à celui qu'il voudra : ce que l'homme a incontestablement dans sa pleine puissance. C'est ce que j'exposerai convenablement en son lieu, et que je démontrerai hautement en dépit de toutes les puissances du démon, et de celles de ce monde, qui combattent fortement contre.

8. Notre vie dans le sein de la mère a entièrement son origine telle que cela a été exposé ; et elle existe là alors dans les qualités du soleil et des étoiles ; là ensuite, par l'enflammement de la lumière, il s'élève de nouveau un centre, et la noble teinture s'engendre aussitôt de la lumière, c'est-à-dire, des essences joyeuses de la qualité astringente, amère et ignée ; elle met l'esprit de l'ame dans de grandes et aimables délices ; et les trois essences, savoir : l'astringent, l'amer et le feu sont liées si fortement l'une à l'autre dans l'enflammement de la vie, que dans l'éternité elles ne peuvent point sé séparer. Or, la teinture est l'éternelle maison où elles demeurent, et qu'elles engendrent elles-mêmes depuis l'origine jusque dans l'éternité, ce qui leur donne de nouveau la vie, la joie et le délice.

La forte porte de l'indissoluble alliance de l'ame.

9. Vois : les trois essences, ou l'astringent, l'amer et le feu sont le ver ou l'esprit. L'astringent est une essence, et est de l'éternelle volonté de Dieu dans le

fiat de Dieu. *L'attirement* de l'astringence est l'aiguillon de l'amertume, que l'amertume ne peut souffrir,
et elle attire toujours plus fortement à soi ; d'où l'aiguillon devient toujours plus grand, quoique cependant l'astringence le retienne prisonnier ; et cela tout
ensemble est la grande angoisse qui étoit là dans
l'ame ténébreuse de Dieu le père, c'est - à - dire,
que les ténèbres soupirent après la lumière, et
que ces ténèbres, au moyen de l'éclat de la lumière
dans l'angoisse, parviennent à l'oblique éclair du
feu, ce dont les anges sont créés, lesquels ensuite
ont été éclairés de la lumière de Dieu, en plaçant
leur imagination dans le cœur de Dieu ; tandis que
les autres, tel que Lucifer, demeurent dans l'éclair
du feu, dans l'angoisse, à cause de leur orgueil.

10. Cette génération, ainsi que l'alliance indissoluble, est produite dans l'ame de chaque homme ;
et il n'y a aucune ame dans l'enfant dans le sein de
la mère, avant *l'enflammement* de la lumière ; car,
par l'enflammement, l'éternelle alliance est opérée,
de façon qu'elle dure éternellement, et que ce ver des
trois essences ne meurt, ni ne se brise ; car cela ne
peut pas être. Ils sont nés tous les trois d'une seule
source ; ils ont trois qualités, et ce n'est qu'une seule
essence. De même que la trinité sainte est triple,
et cependant dans un seul être, et a néanmoins trois
origines dans une seule mère, lesquelles sont une
essence l'une dans l'autre ; de même aussi est
l'ame de l'homme, et seulement moindre d'un dégré
dans le premier développement ; car elle est née
de l'éternelle volonté du père, et non pas du cœur

de Dieu ; mais le cœur de Dieu est ce qu'il y a de plus près d'elle.

11. Or, on conçoit bien maintenant au sujet des essences et des propriétés de l'ame, qu'elle n'est point chez elle dans cette maison de chair, où elle est également engendrée, et on reconnoît son effroyable chute ; car elle [*cette maison*] n'a aucune lumière propre en soi ; elle doit emprunter sa lumière du soleil, laquelle s'élève en effet dans sa génération ; mais elle est périssable, et non pas le ver de l'ame. Aussi on voit comment elle s'éteint à la mort de l'homme ; et si alors la lumière divine n'est pas engendrée de nouveau dans le centre, l'ame reste dans les éternelles ténèbres, dans l'éternelle source angoisseuse de la génération, où on n'aperçoit plus qu'un effroyable éclair de feu ; *enfin* dans un feu enflammé, dans laquelle source les démons demeurent aussi ; car c'est là le premier principe.

12. L'ame, ici dans ce monde, use de la lumière du troisième principe, par laquelle l'ame d'Adam s'est laissé attirer, et d'après quoi elle a été emprisonnée par l'esprit du grand monde. Mais si l'ame est engendrée de nouveau dans l'esprit saint, de façon que son centre s'élève en soi-même vers la régénération, alors elle voit avec deux lumières, et elle vit dans deux principes ; mais le plus intérieur ou le premier est fermé fortement, et elle y est seulement suspendue : c'est dans lui que les démons combattent et tentent les ames. D'un autre côté, la vierge ou SOPHIE (qui appartient à la teinture de la renaissance, et y demeurera à la séparation du corps

d'avec l'ame) soutient la partie et le combat avec
le démon ; elle lui brise la tête dans la *vertu* du fils
virginal , lequel sera le prince et le héros de l'ame ,
lorsqu'un nouveau corps dans la teinture de l'ame ,
sortira de la puissance de l'ame.

13. Et afin que quand l'ame est séparée du corps ,
elle ne puisse plus être tentée par le démon ni par
l'esprit de ce monde , il y a pour l'ame un doux repos renfermé dans son propre centre , dans sa propre teinture , lequel repos réside dans l'élément
caché dans le paradis , entre le royaume de ce
monde et le royaume de l'enfer , pour y rester jusqu'à ce que Dieu place ce monde dans son Ether , et
que le nombre des hommes et des figures soit
rempli selon la profondeur de l'éternelle ame de
Dieu.

14. Si maintenant nous considérons comment est
née la vie temporelle et périssable , alors nous trouvons que l'ame est une cause de tous les membres de
la vie de l'homme , et sans elle aucun membre corporel ne seroit engendré dans l'homme : car quand
nous scrutons l'ascension et *l'enflammement* de la
vie , nous trouvons forcément avec les clairs témoignages de tous les membres , que lorsque la pure
lumière de l'ame s'allume , le FIAT se trouve alors
dans une grande joie , et sépare dans un clin d'œil ,
dans la matrice , le pur de l'impur ; ce dont la teinture de l'ame dans la lumière est le maître ouvrier
qui , là , est le renovateur , et le FIAT le créateur.

15. Comme maintenant l'astringente matrice , au
moyen de la lumière , est ainsi devenue humble ;

atténuée et douce , alors la terreur colérique , qui
avant la lumière étoit ainsi vénéneuse , vole au-
dessus de soi , car elle s'étonne de la douceur de la
matrice , et c'est un étonnement d'une grande joie ;
cependant elle conserve son titre colérique , et ne
peut pas être changée ; elle ne peut pas non plus
s'éloigner de là , car elle est retenue par le FIAT ;
mais elle se porte promptement en haut , et elle se
fait par le FIAT astringent , une pellicule qui la retient ; c'est là le fiel autour du cœur.

16. Mais , comme la matrice dont la terreur a disparu est maintenant délivrée de la terreur de l'angoisse , et est aussi douce que l'eau suave ; alors l'esprit du grand monde se représente ainsi promptement dans la matrice , et y remplit les quatre élémens. Il dit en soi : Maintenant j'ai la douce vierge
SOPHIE. Or, le FIAT crée ou opère ce qui est là ; il
sépare les élémens qui sont aussi en combat , chacun voulant avoir la vierge *ou la* SOPHIE;et ils luttent
ensemble jusqu'à ce que l'un surmonte l'autre. Le
feu demeure en haut comme le plus puissant et le
plus fort ; l'eau au-dessous de lui ; la terre doit rester
en-dessous comme une substance très lourde , et
l'air veut avoir une région qui lui soit propre.

17. Car il dit : Je suis l'esprit et la vie; je veux demeurer dans la vierge SOPHIE. Or le FIAT astringent
attire tout à soi et en fait une masse et ensuite une
chair ; le feu conserve la région supérieure, c'est-à-
dire, le cœur de Dieu ; car par leur combat les
quatre élémens se séparent ; chacun se fait sa région particulière , et le FIAT transforme tout en

chair ; seulement l'air ne voudroit point avoir de
chair, car il dit : Je ne demeure point dans une maison ; et le FIAT dit : Je t'ai créé, tu es mien ; et il
l'enferme dans une enceinte, qui est la vessie.

18. Alors les autres régions se placent successive-
ment. Premièrement l'éclair colérique ; sa région
est le fiel. Au-dessous de l'éclair, le feu ; sa région
est le cœur. Au-dessous du feu, l'eau ; sa région est
le foie. Au-dessous de l'eau, la terre ; sa région est
les poumons.

19. Enfin chaque élément *inqualifié* dans sa source,
et cependant aucun ne peut rien faire sans l'autre,
et n'auroit aussi aucune mobilité sans l'autre ; car
l'un engendre l'autre, et tous les quatre n'ont qu'une
origine ; c'est une *seule* essence avec ces générations, comme je l'ai exposé ci-dessus amplement
au sujet de la génération des quatre élémens, lors de
la création.

20. Le fiel colérique ou le terrible et vénéneux
éclair de feu enflamme dans le cœur la chaleur ou le
feu, et c'est là la cause d'où ensuite tout dérive.

21. Ici, dans notre examen, l'effroyable, lamentable et douloureuse chute se trouve encore dans
l'homification, dans laquelle si la lumière de la vie
s'élève de façon que le FIAT renouvelle la matrice
dans la teinture de l'esprit de l'ame, alors le FIAT
jète loin de lui, hors de ses essences, le *principe* de la
suffocation et de la destruction, qui est dans le colérique, c'est-à-dire, l'impur du sang étouffé ; il le
jète de côté, et ne veut pas non plus le souffrir dans
le corps ; et le FIAT lui-même l'expulse comme une

hétérogénéité ; il fait de sa visqueuse astringence une enceinte, c'est-à-dire, une pellicule ou un boyau pour qu'il ne puisse toucher ni la chair ni l'esprit ; il lui laisse ouvertes les portes inférieures, et le proscrit éternellement, parce que cette impureté n'appartient point à ce règne. De même que cela est arrivé aussi à la terre, lorsque le FIAT l'a jetée hors de la matrice, au milieu, dans le centre, sur un tas [*ou fumier*], comme ne pouvant rien valoir pour le ciel ; de même en est-il ici.

22. Nous trouvons encore de plus grands mystères en témoignage de la lamentable chute ; car après que les quatre élémens se sont ainsi établis chacun dans une région particulière, ils se sont faits alors souverains au-dessus de l'esprit de l'ame qui étoit engendré des essences ; ils l'ont pris dans leur puissance, et ont *inqualifié* avec lui. Le feu, comme le plus puissant, l'a pris dans sa région dans le cœur ; c'est là qu'il doit s'arrêter ; il donne sa fleur et sa lumière hors du cœur ; il plane au-dessus du cœur, comme la lumière enflammée d'une chandelle. Ici, la chandelle signifie le cœur charnel avec les essences d'où la lumière brille. Or, le feu s'est *placé* au-dessus des essences ; il tend toujours après la lumière, et présume qu'il a la vierge de la vertu divine ou la SOPHIE.

23. Là (*dans le cœur*) la noble teinture est née des essences ; elle ne demande rien au feu, mais elle admet les essences ou l'ame dans ses aimables délices. Alors les autres élémens viennent de leur région et se remplissent ardemment de la teinture.

Chacun veut goûter la vierge ou la sœur, la nourrir et *inqualifier* avec elle ; c'est-à-dire, que l'eau se sature ici, et goûte la douce teinture de l'ame. Le feu dit : Je voudrois bien retenir l'eau, car je peux par là étancher ma soif et me réjouir. L'air dit : Je suis vraiment l'esprit ; je veux souffler ta chaleur et ton feu, afin que l'eau ne t'étouffe pas. Le feu dit à l'air : Je veux te retenir, car tu me conserves mes qualités, pour que je ne m'éteigne pas. Alors vient l'élément terre qui dit : Que voulez-vous faire tous trois, vous allez vous affamer et vous dévorer les uns les autres ; car vous êtes suspendus tous les trois les uns aux autres, et vous vous dévorez, et quand vous aurez consumé l'eau, vous vous éteindrez, car l'air ne peut pas se remuer s'il n'a de l'eau, attendu que l'eau est la mère de l'air ; et qu'elle engendre l'air ; en outre si l'eau est consumée, le feu devient trop colérique et il détruit le corps, alors notre région est passée, et aucun de nous ne pourra subsister.

24. Les trois élémens, le feu, l'air et l'eau disent alors à la terre : Tu es réellement trop ténébreuse, trop rude et trop froide, et tu es rejetée par le FIAT ; nous ne pouvons pas te recueillir ; tu détruirois notre demeure, tu la rendrois ténébreuse et de mauvaise odeur, et tu affligerois notre vierge qui est ici notre propre trésor et notre propre amour dans lequel nous vivons. Or, la terre dit : Prenez au moins mes enfans, qui sont aimables et dont les essences sont bonnes ; ils vous donnent à boire et à

manger, ils vous soignent, en sorte que vous ne souffrez jamais de besoins.

25. Alors les trois élémens disent : Mais tes enfans pourroient ensuite demeurer en nous, ils pourroient y devenir forts et puissans ; puis il faudroit nous éloigner ; ou être leurs sujets ; c'est pourquoi nous ne voulons pas les prendre non plus, car ils pourroient devenir aussi rudes et aussi froids que toi. Voici pourtant ce que nous voulons faire ; tu peux laisser tes enfans demeurer dans notre vestibule, alors nous viendrons à eux comme convives, nous mangerons de leurs fruits et nous boirons de leur boisson, puisqu'autrement l'eau, qui est contenue dans l'élément, pourroit devenir insuffisante pour nous.

26. Ainsi les trois élémens, le feu, l'eau et l'air disent à l'esprit : Va nous chercher les enfans de la terre pour qu'ils demeurent dans notre vestibule : nous voulons manger de leurs essences, et te fortifier. Là l'esprit de l'ame doit être obéissant comme un prisonnier ; il doit les saisir avec ses essences, et les enfermer. Alors le FIAT vient et dit : Non, vous pourriez m'échapper ; et il crée ou forme des grapins, et de-là viennent les mains, avec les figures et les formes de toutes les essences, comme cela est très visible, et l'astrologue le sait bien ; mais il n'en connoît pas le secret, quoiqu'il puisse expliquer les signes d'après les constellations et les élémens qui *inqualifient* dans les essences de l'esprit de l'ame (Si l'ame avoit mangé, en ce lieu, du verbe du sei-

gneur, et qu'elle eût laissé les élémens extérieurs
sans les avoir fauchés, cela eût été mieux.)

27. Si maintenant, dans la volonté, les mains
s'étendent après les enfans de la terre (laquelle ex-
tension n'est cependant dans l'esprit de l'enfant
qu'une volonté dans le corps de la mère), alors le
FIAT est là, et il fait une grande place dans le vestibule des trois élémens, et une dure et ferme enceinte autour, pour que la chair ne les touche
point ; car elle a peur des enfans de la terre, puisque la terre a été jetée dehors à cause de ses ténèbres âpres et puantes. Elle est en tremblement, dans
une grande crainte; et dans le cas où les enfans de la
terre lui deviendroient trop rudes, et qu'ils vou-
lussent lui causer de la puanteur, elle s'occupe à chercher les meilleurs moyens d'avoir une ouverture, et
de pouvoir jeter dehors la puanteur et le grossier ;
ainsi le FIAT fait hors du vestibule, qui est l'estomac, une issue et une ouverture ; il l'enveloppe
avec sa dure astringence ; et cela devient un boyau.

28. Cependant comme l'ennemi [*ou la puanteur*]
n'est pas encore en être, mais seulement dans la
volonté de l'esprit, alors le FIAT va très lentement
au-dessous de soi ; il cherche la porte où il pourra
faire une issue et une ouverture pour pouvoir jeter
dehors la puanteur et le grossier ; de-là vient que
les boyaux sont si longs et si tortueux.

29. Si maintenant, l'esprit de la terre (ou les essences de la terre dans la région des poumons) s'a-
perçoit de cette conversation (qui est spirituelle),
entre les trois élémens, le feu, l'air et l'eau ; alors

il vient à la fin, lorsque la demeure ou le vestibule des enfans de la terre est déjà bâtie, et dit aux
trois élémens : Pourquoi voulez - vous prendre le
corps au lieu de l'esprit? Vous voulez prendre les
enfans de la terre, et vous en nourrir ; je suis leur
esprit, et je suis pur ; je puis fortifier les essences de
l'ame, et les soutenir avec la *vertu* de mes essences :
admettez moi.

30. Et ils disent : Oui, nous voulons l'admettre ;
car tu es un membre de notre esprit, tu dois demeurer en nous, et fortifier les essences de notre esprit,
pour qu'il ne s'affoiblisse point ; mais nous devons
avoir aussi les enfans de la terre, afin que nous
nous réjouissions ; car ils ont aussi en eux nos qualités. Et l'esprit des poumons dit : Alors je vivrai
en vous tous, et je me réjouirai avec vous.

La porte de l'esprit sydérique ou astral.

31. Maintenant, lorsque la lumière du soleil qui
s'est regardée dans l'éclair de feu des essences de
l'esprit et qui s'est représentée et a été brillante dans
l'éclair de feu comme une puissance étrangère, et
non pas comme propre du soleil, voit qu'elle a ob-
tenu la domination, de façon que les essences de
l'ame qui est le ver ou l'esprit, veulent, aussi bien
que les élémens, se réjouir dans sa puissance et dans
son éclat ; lorsqu'elle voit que les élémens se sont
fait quatre régions ou habitations, comme une ré-
sidence à perpétuité ; que *le soleil* est regardé comme
un roi ; qu'ils lui font la cour dans l'esprit des essences, dans le cœur ; qu'ainsi ils l'aiment, se ré-

jouissent dans leur emploi, et ont en outre disposé les
enfans de la terre pour que l'esprit les présente; que
là ils veulent aussitôt se réjouir, être puissans, et
manger et boire des essences des enfans de la terre,
alors le soleil dit : Il est bon de demeurer ici ; tu
es roi, tu dois aussi amener ici ta famille, et l'élever
au-dessus des élémens, et te faire une région : tu es
vraiment roi. Il attire ainsi à soi les constellations,
il les porte dans les essences, il les place au-dessus
des élémens avec leurs nombreuses, prodigieuses et
inscrutables essences, dont le nombre est infini, et
il leur fait, dans un pays étranger, une région et un
royaume, de son extraction. (Ici est la porte, où les
enfans de ce monde sont plus prudens que les enfans de lumière.)

32. Car, les essences de l'ame ne sont point une
propriété de ce roi, il ne les a point engendrées, ni
elles lui ; mais, par attract, il s'est représenté dans
les essences de cette ame, et s'est enflammé dans
leur éclair de feu, dans le dessein de chercher sa
vierge ou sa SOPHIE, et de vivre en elle qui n'est
rien moins que la très sainte puissance divine. Dès
que l'esprit de l'ame est de l'éternité, et qu'il a eu
la vierge avant la chute ; alors désormais, l'esprit du
grand monde cherche toujours cette vierge SOPHIE
dans l'esprit de l'ame, et pense qu'elle est encore
là comme avant la chute, lorsque l'esprit du grand
monde se regarda avec tant de joie dans la vierge
d'Adam, et qu'il vouloit aussi vivre, et être éternellement dans la vierge : car il sentoit sa corruptibilité, comme en effet il étoit âpre en soi-même. Il

vouloit donc puiser dans l'amabilité et la douceur de la vierge sophie, et vivre en elle afin de ne pas périr de nouveau, mais de vivre éternellement.

33. Car, par le grand attract des ténèbres pour la lumière et la puissance de Dieu, ce monde a été engendré des ténèbres, là où la sainte puissance de Dieu s'est contemplée dans les ténèbres ; c'est pour cela qu'il est resté un si grand penchant et un si grand attrait pour la puissance divine dans l'esprit du soleil, des étoiles et des élémens, et dans toutes choses. Tout s'angoisse et soupire encore après la puissance divine, et voudroit bien être délivré de la vanité du démon : or, comme cela ne peut pas être, il faut que toutes les créatures attendent jusqu'à leur dissolution, où elles s'en iront dans leur Ether, et obtiendront place dans le paradis ; mais seulement en figure et en ombre ; et l'esprit qui laisse perdre ici un tel attract sera brisé.

34. Maintenant cet attract doit être ainsi ; sans cela aucune créature ne seroit bonne, et il n'y auroit dans ce monde qu'une vraie colère, et un pur enfer. Lors donc que la vierge, ou la sophie, voit dans le second principe que l'esprit de ce monde ne la peut pas atteindre, et que pourtant elle se contemple sans cesse dans l'esprit de ce monde, comme trouvant sa joie dans la fructification, et la croissance de toutes choses ; alors il est désireux, à son tour et cherche toujours la sophie. Il élève plusieurs créatures à un grand esprit et en sagacité ; il les place dans de hauts grades, autant qu'il peut,

et pense toujours qu'on lui réengendrera cette vierge qu'il a contemplée dans Adam, avant sa chute. C'est lui aussi qui a entraîné Adam à sa chute, en ce qu'il vouloit demeurer dans sa vierge; il combattit ainsi en Adam, par son grand attract', de façon qu'il tomba en sommeil; c'est-à-dire, il s'établit avec violence dans la teinture d'Adam, à cause de la vierge SOPHIE : il vouloit *inqualifier* en elle, et vivre éternellement en elle, d'où la teinture fut fatiguée ; et la SOPHIE s'éloigna.

35. Alors Adam succomba et devint sans force; ce qui s'appelle sommeil : cela a été l'arbre de la tentation pour éprouver s'il seroit possible qu'Adam vécût éternellement dans la vierge SOPHIE, et engendrât de soi, à son tour, la vierge, et ainsi de suite un royaume angélique.

36. Mais comme cela ne pouvoit pas être, à cause du triomphe de l'esprit de ce monde, alors la tentation extérieure fut entreprise d'abord par l'arbre du fruit de ce monde. Là, Adam devint entièrement un homme de ce monde; il mangea et but des essences terrestres; il s'infecta avec l'esprit de ce monde ; il en devint la propriété. En effet maintenant on peut voir journellement comment cet esprit possède un enfant dans le corps de la mère, dans *l'homification* : car il ne sait où chercher la vierge, ou la SOPHIE, ailleurs que dans l'homme où il l'a contemplée en premier lieu.

37. C'est pourquoi il combat ainsi violemment dans plusieurs hommes dont la complexion est forte, et dans qui souvent la vierge SOPHIE se contemple.

Il imagine toujours qu'il va obtenir la SOPHIE ;
qu'elle doit être engendrée pour lui ; et plus l'ame
se défend devant lui, et se porte vers le cœur de
Dieu pour s'y donner en propriété, là où l'aimable
vierge SOPHIE, non-seulement se contemple libre-
ment, mais daigne même quelque fois, pour plusieurs heures, se placer dans son siége ou dans
la teinture de l'ame ; plus l'esprit de ce monde devient puissant et désireux.

38. C'est alors que le roi ou la lumière du soleil devient aussi en esprit un royaume si joyeux,
si triomphant, si jubilant, et se réjouissant si fort
qu'il remue toutes les essences des étoiles, et qu'il
les porte à leur plus haut dégré, pour s'engendrer éminemment. Alors donc tous les centres des
astres s'élèvent ; et la gracieuse vierge s'y contemple ; là, alors, les essences de l'ame dans la
lumière de la vierge SOPHIE, peuvent, dans les
centres des astres, voir ce qu'il y a dans la source
de l'ame, et dans son origine.

39. Mon ame est bien instruite de ceci, et elle a
aussi reçu des connaissances que le docteur, avec
son bonnet couronné, ne pourroit pas croire.
Comme il ne pourroit pas saisir cela, il le re-
garderoit comme impossible, et l'attribueroit au
démon ; ainsi que les Juifs ont fait du fils de la
vierge ou de MARIE, lorsqu'il opéroit des prodiges
dans la vertu de la vierge ou de SOPHIE. Mon ame
ne demande rien à de telles personnes, et sait
apprétier leur orgueil ; elle a suffisamment de
la perle, et elle désire de montrer l'eau à ceux

qui ont soif. Le bonnet couronné peut jouer gaî-
ment sous le manteau de l'antechrist jusqu'à ce
que le lys croisse : alors l'odeur du lys jetera
de côté le bonnet, dit la vierge ou sophie; et celui
qui a soif boira de l'eau de la vie, et le fils de
la vierge gouvernera dans la vallée de Josaphat.

40. Or, puisque le mystère dans la lumière de
la vierge sophie vient au-devant de nous si merveilleusement, nous voulons, *en faveur* de l'ame
désireuse qui cherche sérieusement dans l'espérance
de trouver la perle, ouvrir encore une porte, comme
elle s'est ouverte à nous dans la vierge ou sophie.
Car l'ame se dit : Si le soleil, les étoiles et les
élémens n'ont jamais été dans le second principe
où la vierge sophie s'engendre de la lumière de
Dieu, comment auroient-ils donc pu reconnoître
la vierge dans Adam, pour se porter ainsi avec
une vive ardeur après la sophie ?

La profondeur dans le centre.

41. Fais attention, toi, ame désireuse : ce que
tu vois devant tes yeux, soit dans le feu, l'air,
l'eau, ou la terre n'est pas l'élément pur ; aussi
n'y en a-t-il pas quatre, mais un seul qui est
fixe et invisible, aussi bien qu'insaisissable. Car le
feu qui brûle ici n'est pas élément, mais l'âpreté
qui fut ainsi dans l'enflammement de la colère ;
lorsque les démons tombèrent de l'élément. L'élément n'est ni chaud, ni froid ; mais il est l'inclination vers Dieu : car le cœur de Dieu est chaud,

et son ascension est attirante et toujours découvrante; ainsi le cœur de Dieu est ce qui tient la chose devant soi et non en soi, et ensuite *ig* [*relisez ma note dans l'Aurore Naissante ; chap.* 8. *no.* 73] est la continuelle découverte de la chose : or, tout cela est éternel; et telle est la base de l'interne élément que la colère a rendu substantiel, de manière qu'il devint visible et saisissable. Lucifer, avec ses légions, a éveillé cette colère; c'est pourquoi il est resté aussi désormais un prince dans la colère, dans l'élément allumé ; ce qui fait que, d'après cette manière d'être, le Christ l'appelle un prince de ce monde. (Jean. 12 : 31.)

42. Mais l'élément demeure caché à la colère et à l'âpreté ; il réside dans le paradis , et cependant la colère sort de l'élément : c'est pourquoi Dieu a enfermé les démons dans la colère par l'élément. Il les contient par l'élément : or, la colère ne peut pas atteindre l'élément, comme le feu n'atteint pas la lumière, car la lumière n'est ni chaude, ni froide ; mais la colère est chaude : néanmoins] l'un contient l'autre , et l'un engendre l'autre.

43. Remarque ici : Adam avoit été créé de l'élément, ou de *l'attirement* du cœur de Dieu, qui est la volonté du père, et dans l'élément est la vierge de la puissance divine, ou la SOPHIE. Le régime externe, lequel, dans l'enflammement, se partagea en quatre parties, auroit bien voulu la posséder en soi; c'est-à-dire, la colère du démon auroit bien voulu demeurer dans le cœur de Dieu, et dominer au-dessus, et ouvrir là un centre. C'est ce que

la colère ne pouvoit pas faire sans la lumière ;
car chaque centre est engendré et ouvert par l'enflammement de la lumière ; aussi la colère vouloit-
elle bien dominer sur la douceur. C'est pourquoi
Dieu a laissé éclore le soleil, en sorte qu'il a ouvert quatre centres ou issues de l'élément.

44. Quand la lumière du soleil se contempla
dans la colérique astringence, alors l'astringence
devint limpide et douce comme l'eau. La colère dans
l'éclair de feu fut éteinte par l'eau, de façon que la
colère resta en repos. La volonté cependant ne pouvoit pas se reposer; mais elle passa, de l'eau, dans la
mère et se mit en activité, ce qui est l'air : or, ce
que la colère avoit attiré à soi, fut jeté par l'élément
dans l'eau, comme tu vois que la terre nage dans
l'eau.

45. Ainsi le méchant enfant s'angoisse après la
mère ; il voudroit bien être dans la mère, dans l'é-
lément, et ne peut pas l'apercevoir. Mais dans Adam
il a aperçu l'élément ; c'est pourquoi les quatre élémens ont attiré Adam à eux, et ils se persuadèrent
qu'ils avoient la mère, puisque la vierge sophie se
laissa ainsi voir alors dans l'esprit vivant d'Adam.

46. Aussi, maintenant l'esprit des astres et des
élémens veut toujours retourner dans l'élément; car
dans l'élément il y a douceur et repos ; et dans leur
enflammement il n'y a que combat et opposition ; et
dans ceci, en outre, le démon gouverne ; ainsi *les
astres et les élémens* voudroient bien être délivrés de
cet hôte méchant et nuisible ; ils soupirent avec
grande angoisse après la délivrance, comme Saint

Paul dit : Toutes les créatures soupirent avec nous
après le moment où elles seront délivrées de la
vanité.

47. La pensée dit en soi : Pourquoi Dieu laisse-t-
il cela nager si long-tems dans l'angoisse ? Ah ! s'il
arrivoit jamais que je pusse voir la vierge ou sophie !
Ecoute, toi noble et cher entendement, tout doit
entrer dans la glorification de Dieu, et louer Dieu
comme il est écrit : *Toutes les langues doivent louer
Dieu.* Tranquilise toi jusqu'à ce que le nombre
pour la louange de Dieu soit plein, selon l'éternelle
base affective.

48. Diras-tu : Quelle est donc la grandeur de ce
nombre ? Regarde ; compte si tu peux les étoiles
dans le firmament ; compte les arbres, les plantes et
les herbes. Le nombre qui doit entrer dans la gloire
et la majesté de Dieu, est aussi grand que cela ; car
toutes les étoiles retourheront à la fin dans l'élément,
dans la mère, et là alors il paroîtra combien elles
auront engendré de bien par leur opération ; en effet, l'ombre et l'image de tous les êtres paroîtront
devant Dieu dans l'élément, et y resteront éternellement, ce dont tu auras une grande joie ; tu verras
là dedans toutes tes œuvres, ainsi que les tourmens
que tu auras supportés ; ils seront changés tous en
une grande joie, et te récréeront beaucoup. Seulement confie-toi en Dieu. L'esprit enseigne que,
quand le tems du lys sera venu, alors cela arrivera.

49. C'est ce qui fait que Dieu temporise si long-
tems, à en juger par nos yeux, afin que son règne

de gloire soit grand en nombre , mais devant lui ce n'est qu'un instant. Prends seulement patience ; ce monde se dissoudra sûrement avec la colère qui demeure dans le premier principe : c'est pourquoi tiens-toi en garde.

50. Mon cher lecteur, je présente ma parabole des essences de *l'homification* dans le sein de la mère , comme un entretien de l'esprit avec les essences et les élémens. Je ne puis rien offrir de plus propre à être entendu ; seulement il faut que tu saches que ce n'est point une conférence , mais que cela arrive ainsi certainement dans les essences et dans l'esprit. Tu pourras dire que je ne suis point dans *l'homification* et que je ne la vois point ; que je suis bien une fois devenu homme, mais que je ne sais ni comment ni quand , et que je ne peux pas revenir ou rentrer dans le sein de la mère , et voir comment cela se passe. Aussi ne suis-je pas plus grand docteur que cela ; et je ne pourrois pas facilement argumenter dans ma propre raison , si j'étois encore lié dans ma propre cœcité. Mais louange soit à Dieu qui m'a ré-engendré , comme sa créature vivante , par l'eau et l'esprit saint, afin que dans sa lumière je puisse voir mes énormes vices originels qui sont dans ma chair.

51. Aussi je vis maintenant , dans ma chair, dans l'esprit de ce monde ; or , ma chair sert l'esprit de ce monde, et ma base affective sert Dieu. Ma chair est engendrée de ce monde ; elle tient sa région des étoiles et des élémens qui y demeurent , et ont puissance sur le corps ; et mon âme est engendrée de

nouveau en Dieu ; elle vit pour Dieu , et quand même je ne pourrois ni saisir ni retenir la vierge ou SOPHIE , et qu'ainsi mon ame tombât dans le péché ; cependant aussi l'esprit de ce monde ne peut pas la tenir toujours prisonnière.

52. Car la vierge ou SOPHIE m'a fidèlement promis de ne point m'abandonner, dans aucun besoin ; elle veut venir à mon secours dans le fils de la vierge ; il faut seulement que je m'attache à lui, il saura bien me ramener à elle dans le paradis : c'est où je veux entreprendre d'aller , au travers des ronces et des épines , au travers de toutes sortes de dédains et de mépris qui peuvent m'assaillir , jusqu'à ce que je retrouve ma patrie , d'où mon ame est émigrée, et où ma chère vierge SOPHIE demeure. Je me repose sur sa fidelle promesse , lorsqu'elle m'apparut , me disant qu'elle vouloit convertir en de grandes joies toutes mes tristesses ; et lorsque j'étois sur la montagne vers le nord , que tous les arbres tombèrent sur moi, que tous les vents orageux m'assaillirent, et que l'antechrist ouvrit sa gueule devant moi pour me dévorer, elle vint à moi pour me rassurer et se marier avec moi.

53. C'est pourquoi maintenant je suis dispos ; et je n'ai rien à démêler avec l'antechrist ; sa domination sur moi ne s'étend que sur la maison du péché dont il est le patron ; il peut à tout moment la prendre; alors j'entre dans mon pays natal. Cependant il n'est pas entièrement le maître dans son empire ; mais il est un singe de Dieu. De même qu'un singe quand il est rassasié , représente toute espèce de

bouffonneries , pour se réjouir , et voudroit volontiers passer pour être le plus beau et le plus adroit des animaux; de même aussi en est-il de l'antechrit. Sa puissance est suspendue au grand arbre de ce monde , et une bourasque de vent peut la souffler.

54. Ayant donc montré maintenant au lecteur comment le vrai élément se trouve caché dans les élémens externes enflammés, ayant offert par là un appui à ce lecteur , afin qu'il sache ce qu'il est , et qu'il ne se décourage pas dans une si importante manifestation, je vais poursuivre mon entretien avec les élémens , le soleil et les étoiles , qui présentent entr'eux un continuel combat et un continuel triomphe , dans lequel l'enfant est figuré dans le sein de la mère ; et , j'ajoute ceci pour le lecteur , que réellement le vrai élément est caché dans l'intérieur en l'homme , et qu'il est la précieuse cassette de l'ame si elle est fidèle et s'incline vers Dieu.

55. Lors donc qu'ici le cœur de l'enfant, son foie, ses poumons , sa vessie , son estomac , son esprit , ensemble avec tous les autres membres sont ainsi merveilleusement figurés dans le corps de la mère par les astres et les élémens , alors s'élève la région ou le régime qui forme complètement tout ce qui manque encore ; et maintenant il nous faut réfléchir sérieusement sur l'origine du langage , sur la base affective, et les pensées : ce en quoi l'homme est l'image et la ressemblance de Dieu et en quoi consiste la noble connoissance des trois principes.

56. Car , *l'ascension* de la vie , dans le sein de la mère , que nous avons représentée ci - dessus , est

I.   18

aussi la loi de chaque animal ; il prend également aussi son ascension dans le sein de la mère : son esprit vit aussi dans les étoiles et les élémens. Ils tiennent leur *voir* de l'éclat du soleil, et en cela il n'y a aucune différence entre l'homme et la bête ; car une bête mange et boit, *odore*, entend, voit et sent aussi bien que l'homme ; et cependant il n'y a en elle d'intelligence que pour se nourrir et se propager. Nous devons en ceci aller plus loin, et voir ce que c'est que l'image de Dieu, que Dieu a tant aimée qu'il a tourné vers elle son cœur et son fils, et l'a laissé devenir homme, afin qu'il aidât de nouveau l'homme après la chute ; qu'il le délivrât et qu'il le rachetât de cette génération bestiale, et le ramenât dans le paradis, dans la région céleste.

57. Ainsi nous devons voir, d'après le principe, comment non-seulement un homme bestial a été figuré avec des *qualifications* bestiales, mais aussi un homme céleste, et une image de Dieu, pour la gloire et les merveilles de Dieu : ce qui a fait qu'il a élevé l'homme à un si haut dégré, afin qu'il eût une éternelle ressemblance et image de sa substance ; car c'est pour cette fois qu'il s'est manifesté dans le ciel et sur la terre ; qu'il a produit quelques créatures en qualité d'esprits éternels, intelligens et raisonnables, pour vivre dans sa puissance et dans sa gloire ; et quelques autres en figures, de façon que quand leur esprit passe, et va dans l'Éther, les esprits qui sont éternels ont là leur joie et leur récréation.

58. Ainsi nous devons sonder et voir ce que c'est qu'une image ; comment elle prend ainsi son origine, de façon que l'homme porte : 1º. une image terrestre, élémentaire, et 2º. aussi une image céleste ; et non-seulement cela, mais il porte troisièmement avec soi une image infernale, qui est encline à tous les péchés et à toutes les méchancetés ; et tout cela commence à la fois avec *l'ascension* de la vie.

59. Et en outre, nous devons voir où se trouve la volonté propre ; de façon que, dans sa puissance particulière, un homme puisse se donner au royaume du ciel, ou au royaume de l'enfer, à celui qu'il veut. Nous appelons devant ce miroir celui qui a faim et soif de la noble connoissance, et nous lui signalons le but, afin que dans sa base affective, il se délivre des erreurs et des disputes contentieuses *qui se passent* dans le royaume de l'antechrist ; or, quiconque saisira bien cette porte comprendra l'essence de toutes les essences, et apprendra à concevoir (s'il s'observe bien) ce qu'ont écrit Moïse et tous les prophètes, et en outre tous les saints apôtres ; dans quel esprit chacun a parlé, et ce qui a été, et ce qui à l'avenir peut encore être, et sera.

La très précieuse porte dans la racine du lys.

60. Si nous considérons les trois principes, comment ils sont dans leur origine, et comment ils s'engendrent, nous trouvons alors l'essence de toutes les essences ; comment l'une sort de l'autre ; com-

ment aussi l'une est d'un rang plus élevé que l'autre ; comment l'une est éternelle et l'autre est périssable ; et comment l'une est plus belle et meilleure que l'autre : nous trouvons aussi pourquoi l'une veut aller en avant, et l'autre en arrière ; de plus, l'amour et le désir, ainsi que l'inimitié de chaque chose.

61. Ainsi d'abord, nous ne pouvons rien dire de l'origine de l'être de tous les êtres, sinon que dans l'origine il n'y a seulement qu'une essence d'où sort alors l'essence de toutes les essences. Cette même essence est l'éternelle ame de Dieu, laquelle demeure dans les ténèbres. Or, de toute éternité cette même essence s'est désirée elle-même ardemment, et a été dans la volonté d'engendrer la lumière : ce même désir est la source, et cette même volonté est le *bourgeonnement* ou l'ascension. Or, l'ascension fait le mouvement et la mobilité ; la mobilité fait *l'attirement* dans la volonté, et la volonté fait le désir ; de façon que la volonté s'empresse toujours après la lumière, et c'est là une éternelle alliance, qui est sans commencement et sans fin. Car là où il y a une volonté, il y a aussi un désir ; et où il y a un désir, là il y a aussi, dans le désir de la volonté, un *attirement* de ce que la volonté désire ; mais le désir est astringent, dur et froid, car il tire à soi, et il retient. En effet, là où il n'y a rien, le désir ne peut rien retenir : or, si la volonté veut retenir quelque chose, il faut que le désir ait une solide consistance, afin que la volonté puisse le saisir ; et comme il n'y

avoit rien de toute éternité, alors la volonté ne pouvoit aussi rien embrasser ni retenir.

62. Ainsi maintenant nous trouvons que les trois sont de toute éternité une alliance sans commencement et indissoluble ; savoir : le penchant, la volonté, et le désir. L'un engendre l'autre ; et si l'un n'étoit pas, l'autre ne seroit pas non plus : de-là *vient que* personne ne sait ce que c'est. Car cela en soi-même n'est autre chose qu'un esprit qui, en soi-même, est dans les ténèbres ; et là cependant il n'y a pas de ténèbres, mais un rien, ni ténèbres ni lumières.

63. Enfin, le penchant est un *chercher* ou une stimulation du désir, et la volonté est une pause, une *retention* dans le désir : or, si la volonté doit le retenir, *ce désir*, il faut qu'il soit saisissable, et il ne doit pas y avoir une seule chose dans la volonté, mais deux ; maintenant puisqu'il y a ces deux choses, *l'attirement* doit être la troisième, pour qu'il attire dans la volonté ce qu'il y a de saisissable. Enfin, si cela est ainsi de toute éternité, il se trouve que de toute éternité il y a un *sourcement* et un mobilisant ; car ce qui est compacté doit sourcer et être quelque chose, pour que la volonté puisse saisir quelque chose. Si donc cela est quelque chose, il faut que cela soit astringent et attirant, pour arriver à être quelque chose : si donc cela est astringent et attirant, alors l'attirant fait la *saisissabilité*, de façon que la volonté a quelque chose à saisir et à retenir. Si donc cela est saisissable, cela est plus *substanciel* ou plus

épais que la volonté. Cela obscurcit la volonté et
la couvre ; mais la volonté est dans ce *saisissable*,
et *l'attract* opère les deux. Si donc la volonté est
dans le *saisissable*, alors le *saisissable* est les ténèbres de la volonté ; car il a embrassé la volonté
avec sa *saisissabilité*. Enfin la volonté ne peut
sortir du *saisissable* ; elle soupire néanmoins toujours après la lumière, afin d'être délivrée des ténèbres qu'elle se produit cependant à elle-même,
par le désir et *l'attract*.

64. De là maintenant vient l'angoisse, de façon
que la volonté est enfermée dans les ténèbres.
L'attirement de la volonté fait la mobilité, et la mobilité fait l'ascension de la volonté hors des ténèbres ;
en un mot l'ascension est la première essence,
car elle s'engendre dans *l'attract*, et elle est elle-
même *l'attract*. Or, la volonté ne peut pas non
plus souffrir *l'attirement* ; car cela la rend ténébreuse par l'essence attirée, que la volonté saisit,
et à laquelle elle résiste : cette résistance est le mobilisant, et le mobilisant fait, dans ce qui est
attiré, une séparation ou une brisure ; car il partage. L'astringence ne peut pas non plus souffrir
cela dans l'attract ; l'angoisse devient plus grande
dans la volonté, et l'attract aussi plus grand pour
retenir le mobilisant ; et quand le mobilisant est
ainsi fortement attiré et retenu par l'astringent
attirant, il se pique lui-même ; il devient aigu ;
il perce dans l'angoisse astringente : alors l'astringence tire encore plus fort à soi. Ainsi l'aiguillon
devient si grand dans l'angoisse, que la volonté

monte dans un horrible effroi, et forme le projet
de s'envoler hors des ténèbres.

65. Ici *s'originise* l'éternelle base affective, de façon que la volonté veut passer d'une source dans
une autre source, celle de la douceur. Là *s'originise*
aussi l'éternelle qualité dans l'angoisse ; c'est l'éternel ver qui s'engendre lui-même et qui aussi se
ronge ; il vit en soi-même dans sa propre colère,
dans les ténèbres qu'il produit lui-même. Enfin là
aussi *s'originise* l'éternelle *inqualification* ou *imprégnation* ; passé quoi, il n'y a plus rien à chercher ;
car il n'y a rien de plus profond ou d'antérieur.
Cela s'opère toujours soi-même de toute éternité, et
n'a aucun fabricateur ni créateur ; et ce n'est pas
Dieu, mais c'est l'originelle âpreté de Dieu, l'éternelle angoisse, engendrant en soi et aussi dévorant
en soi, et cependant ne consumant rien ; et n'aug-
mentant, ni ne diminuant.

66. Or, si maintenant l'éternelle volonté qui est ainsi
engendrée de toute éternité dans l'angoisse, conçoit
une affection pour quelqu'autre chose, afin d'éviter
l'âpreté et de s'élever dans la douceur, cela cependant ne peut venir autrement que d'elle-même.
Ainsi l'ame engendre de nouveau une volonté, de
vivre dans la douceur ; et la source de cette volonté
s'élève de la première volonté ; de l'ame angoisseuse ; de l'astringence ténébreuse, qui, dans
le mouvement, fait une roue brisante. Là donc la
volonté reconçue s'envisage dans la roue brisante,
dans la grande angoisse, dans l'ame éternelle, cherchant un lieu où il y ait quelque chose qui existe

dans la douceur ; et ce même coup d'œil dans la roue angoisseuse et brisante, est un éclair d'une grande volubilité que l'angoisse aiguise ainsi dans l'astringence, de façon que l'aigu de l'éclair est consumant, et c'est là l'éclair de feu, comme cela se voit dans la nature. Ainsi une substance dure passe au travers d'une autre en s'aiguisant, et engendre un éclair de feu qui n'existoit pas auparavant. Or la base affective reconçue saisit l'éclair, et regarde maintenant dans l'astringence, et l'éclair par son aigu colérique consume l'astringence compactée qui le retient prisonnier dans les ténèbres ; entendez la volonté qui est dans la base affective, et qui maintenant est délivrée des ténèbres.

67. Ainsi l'astringence reçoit l'éclair, et recule dans sa terreur, comme étant soumise ; elle devient douce par la terreur ; dans cette douceur l'éclair se déploie comme étant dans sa propre mère ; et par l'effet de cette douceur il devient blanc et clair ; il arrive de nouveau une surprise dans l'éclair à cause de la douceur, et c'est l'expansion d'une grande joie, dans laquelle la volonté est délivrée des ténèbres.

68. Ainsi l'ame éternelle s'unit à la volonté reconçue dans la douceur d'être délivrée des ténèbres de l'angoisse ; l'aigu du brisement des éternelles ténèbres demeure dans l'éclair de la douceur ; et l'éclair se déploie dans l'ame angoisseuse, en plusieurs mille fois mille ; oui, sans fin et sans nombre : or, dans ce même éclair, existe toujours de nouveau la volonté et l'ardente inclination de sortir des ténèbres.

Car là , dans chaque volonté , se trouve de nouveau l'éclair pour produire une ouverture ; ce que j'appelle le centre dans mes écrits et dans tout le cours de ce livre.

69. Enfin la première ardeur et le premier désir (ou l'âpre génération dans la première *volonté*), ainsi que l'ame ténébreuse, restent en elles-mêmes ; elles y ont le reflet de l'éclair de feu qui est toujours subsistant dans l'ame ténébreuse ; et cette même ame ténébreuse est éternellement en angoisse : en outre , dans l'éclair elle est sans interruption dans un état de brisement, *d'attract* , d'ascension et de désir de *monter* au-dessus de la douceur. Ainsi , dans le brisement par le feu de l'éclair, dans l'aigu de l'éclair , dans l'essence , l'attract s'élève comme un centre ou un principe.

La porte de Dieu le père.

70. Ainsi donc dans l'aigu de l'éclair de feu , la lumière qui est dans l'ame éternelle , et qui veut être délivrée des ténèbres , s'élève de la volonté reconçue , vers la douceur et la lumière ; ainsi cet affranchissement des ténèbres est une douceur et un bien être pour la base affective , en ce qu'elle est délivrée de l'angoisse et qu'elle se trouve dans l'aigu de l'éclair de feu qui brise les ténèbres astringentes et les rend claires et lumineuses par sa splendeur.

71. Or , dans cette lueur de l'aigu se trouve maintenant la toute puissance ; car il brise en soi-même les ténèbres , et produit des joies et une grande

douceur , comme quelqu'un qui passeroit d'un feu angoisseux dans de douces délices. Comme donc l'éclair est en soi si fortement rapide , plus grand et plus prompt qu'une pensée , et qu'ainsi en soi-même , hors des ténèbres , dans son *enflammement*, il voit dans la lumière; il s'effraie lui-même si fort qu'il laisse tomber en bas la puissance qu'il avoit dans le feu , et cet effroi arrive dans l'aigu de l'é-clair qui est maintenant l'explosion d'une grande joie. Ici la volonté reconçue désire cette explosion du feu dans la douceur. Or , ce désir est *l'attirement* de la joie ; *l'attirement* est *l'inqualification* dans la volonté , et ce qui est attiré rend la volonté imprégnée ou enceinte : car cela est en elle , et la vo-lonté le retient.

72. Or , il n'y a rien que la volonté puisse tirer à soi par l'aigu ou l'essence , sinon , la douceur , le *délivrement* des ténèbres ; cela est le désir de la vo-lonté , et là dedans se trouve l'aimable délice que la volonté tire à soi , et l'attirant dans la volonté , imprégne la volonté , de façon qu'elle est enceinte.

73. Maintenant la volonté reconçue est enceinte de joie dans la douceur ; elle désire de l'engendrer de soi sans interruption, pour se réjouir de nouveau et à cause du goût agréable qu'elle trouve dans la joie ; et ce même désir d'engendrer saisit la dou-ceur dans la joie qui se trouve dans la volonté enceinte, et il apporte de nouveau l'essence ou l'at-tract de la volonté , hors de la volonté , devant la volonté. Car ce qui est conçu, le désir l'attire hors de la volonté imprégnée , devant la volonté ; et

ce qui est attiré est aménité, puissance, joie et douceur. Enfin, le désir de l'éternelle volonté est tout entier de manger, ou d'attirer en soi de nouveau cette puissance et d'en être rassasié. Il ne souhaite rien de plus élevé ou de plus délectable ; car, en elle est le complément de la joie et de la douceur la plus éminente.

74. Or, dans cette même puissance qui est dans Dieu le père, comme il est dit ci-dessus, se trouve la science totale de ce qui est dans l'origine, dans l'éternité, là où l'éclair brille en mille fois mille, ou sans nombre. Car cette vertu puissante de la joie dans les délices est sortie de l'aigu du coup d'œil ; et le tout-puissant voit de nouveau dans l'aigu, au-dessus des ténèbres, dans l'éternel aigu, dans l'ame ténébreuse. Or, la base affective s'incline vers la puissance, et désire la puissance ; et la puissance ne retourne plus en arrière dans les ténèbres ; mais elle s'y contemple. De-là vient que l'éternelle base affective est toujours aspirante après la puissance : la puissance est l'aigu ; l'aigu est l'attirant, et s'appelle l'éternel FIAT, qui crée là, et corporise ce que veut l'éternelle volonté dans la douceur toute puissante (laquelle est la force et le brisement des ténèbres, et le développement du principe). Il opère là ce que la volonté aperçoit dans l'éternelle science, ce qu'en soi elle se propose de faire, ce qui s'incline vers la douceur, ce que cette volonté souhaite de créer par le FIAT aigu (c'est-à-dire l'éternelle essence). C'est là maintenant la volonté de Dieu. Ce qui s'incline vers

lui, et désire être à lui; tout ce qui se porte vers lui, dans sa puissance, dans un nombre mille et mille fois répété, ou à l'infini; il veut le créer dans la douceur.

75. Or, ce qui est sans fin a la possibilité de pouvoir s'incliner vers lui, étant encore dans la première essence. Toutefois, tu ne dois entendre ici aucune autre universalité; car Dieu seulement est l'universalité, et la plus grande profondeur par-tout. Mais ce qui est dans l'infini, cela est partagé, et est dans l'aperçu de la multiplicité, là où l'universalité se contemple en soi et par soi-même en infinité dans les éternelles ténèbres, qui sont imprégnées. Ces mêmes coups d'œil existent tous dans l'origine de feu, et peuvent dans les ténèbres imprégnées, c'est-à-dire, dans l'astringence de la froidure, et dans l'éclair de feu, apercevoir de nouveau, et vivifier leur penchant; ou bien concevoir de nouveau en raison des ténèbres et de l'angoisse de l'ame, une volonté d'aller dans la douceur de Dieu, au travers de l'aigu qui est dans l'éclair.

76. Car, l'aigu dans l'éclair est toujours le centre pour l'engendrement dans le second principe auquel, maintenant, le ver s'unit dans l'étincelle pour s'engendrer, soit de l'essence aiguë dans l'éternelle froidure, par le moyen de l'éclair qui est dans l'âpreté du feu, soit de l'aigu dans la renaissance de la douceur en Dieu; cela devient sa demeure, et sans retour: car la douceur ne va point en arrière dans la colère ténébreuse et dans la froide essence, dans le

premier attract qui est de toute éternité avant la volonté reconçue; mais elle vient à son secours, et elle l'éclaire. Ce que l'aigu reçoit de la forte puissance de Dieu, est vivant, dans la puissance et la lumière, éternellement avec Dieu.

77. Maintenant, la profondeur des ténèbres est aussi grande que la demeure de la lumière ; ces deux classes ne restent pas l'une à part de l'autre, mais elles sont unies l'une à l'autre, et aucune n'a ni commencement ni fin ; il n'y a *pour elles* aucune limite ni lieu, mais la renaissance aiguë est la fin et la limite, et est la marque de séparation entre ces deux principes.

78. Il n'y a aucun dessous ni dessus ; seulement la renaissance, hors des ténèbres, dans la douceur, s'appelle le dessus : et il y a une telle barrière entre eux qu'aucun ne saisit l'autre; car c'est une génération ou un principe, un ferme centre, la limite de séparation, de façon que l'un ne peut pas aller dans l'autre, excepté l'aigu éclair du feu de la forte puissance de Dieu, qui est dans le centre de la renaissance, qui voit seulement dans le ver des ténèbres, et fait, en épouvantant les ténèbres, l'éternel angoisseux tourment, l'ascension dans le feu, et cependant n'atteint rien au-delà de l'angoisse; et dans l'angoisse, la lueur colérique. Or, tout ce qui maintenant est corporisé dans la base affective colérique, dans les coups d'œil de l'infinité, et ne met pas sa volonté dans la corporisation précédente, ou dans le centre de la renaissance dans la douceur de Dieu,

cela demeure dans l'ame ténébreuse dans l'éclair de feu.

79. Ainsi cette même créature n'a aucune autre volonté en soi , et ne peut non plus en puiser dans aucune autre chose ; car il n'y a plus rien en elle que *la volonté* de toujours s'élever au-dessus du centre dans sa propre puissance non-régénérée, et de dominer dans la forte puissance du feu sur la douceur de Dieu ; et cependant elle ne peut y atteindre.

80. Ici est la source d'où la créature des ténèbres tire *sa volonté* d'être au-dessus de la divinité , telque le démon ; et telle est la source de l'orgueil particulier *ou de l'amour propre :* car telle qu'est la source dans la créature , telle est aussi la créature , attendu que la créature vient des essences , et que la source ou son ver est de l'éternelle volonté de l'ame ténébreuse.

81. Or, cette volonté n'est pas la volonté de Dieu , et aussi n'est-elle pas Dieu ; mais la volonté reconçue dans la base affective, pour la douceur, est la volonté de Dieu engendrée de nouveau, laquelle est dans le centre de la génération , dans l'aigu du brisement des ténèbres ; dans la douce amabilité du royaume de joie ; dans l'expansion de la lumière ; dans la réimprégnation de la volonté , et de l'engendrement de la puissance de l'éternelle toute science et sagesse dans l'amour. C'est là ce qu'est Dieu : ce qui écoule de lui est sa volonté, que l'essence ou l'aigu FIAT crée ; et Dieu demeure

uans le second principe, là où de l'éternel centre,
de l'éternelle volonté, est éternellement engendré
le royaume de Dieu sans fin et sans nombre, ainsi
qu'il suit ci-après.

La porte du fils de Dieu, le très gracieux lys dans les
merveilles.

82. Si donc l'éternelle volonté s'imprègne toujours ainsi de toute éternité, elle a aussi l'éternel
désir d'engendrer le fils dont elle est enceinte ; et
cette même volonté d'engendrer, engendre éternellement le fils dont la volonté est enceinte ; or, le fils
est l'éternelle puissance de la douceur que la volonté saisit de nouveau en soi, et il exprime la profondeur de la divinité, et les éternelles merveilles
et sagesses de Dieu.

83. Car, la volonté prononce, et l'enfant de la
puissance et de l'éternelle douceur est la parole que
la volonté profère ; et ce qui procède de la parole
prononcée, est l'esprit, lequel, dans la puissance
aiguë de Dieu, dans le centre de la renaissance de
l'éternelle base affective (ou de l'angoisse dans l'é-
clair de feu, dans l'aigu du brisement des ténèbres
et dans l'ouverture de la lumière dans la douceur)
sort éternellement de l'éternelle volonté, et de la
parole de Dieu par le FIAT aigu de la puissance du
père ; et c'est l'esprit saint de Dieu. Il est la puissance du père ; il sort du père, de la bouche de
Dieu par la parole,

La porte des merveilles de Dieu dans les roses du lys.

84. Ici la raison se demande : Où va l'esprit saint de Dieu lorsqu'il sort du père et du fils par la parole de Dieu ? Vois, toi, Adam malade, ici la porte du ciel est ouverte, *elle est* aisée à reconnoître pour celui qui seulement le veut sincèrement. Car, l'épouse dit : Viens ; et que celui qui a soif vienne là. Or, celui qui vient là, boit de la source de la connoissance de l'éternelle vie, dans l'odeur et la *vertu* du lys de Dieu dans le paradis.

- 85. Ainsi qu'il a été exposé, la base de la trinité sainte dans une essence divine et indivisible Dieu le père, le fils, l'esprit saint, est provenue de rien, de toute éternité ; elle est toujours engendrée par soi-même, et de soi-même de toute éternité, sans commencement ni fin ; mais demeurant en soi-même, resserrée par rien, n'étant soumise à aucune localité, ni limite, ni place ; elle n'a aucun lieu pour son repos ; mais sa profondeur est plus grande que nous ne pouvons le penser. Cependant, là il n'y a aucune profondeur, mais l'inscrutable éternité ; et celui qui voudroit ici chercher une limite et une fin, seroit confondu par la divinité, car il n'y en a point ; c'est la limite de la nature. Or, le scrutateur indiscret seroit comme Lucifer qui vouloit, dans son orgueil, s'élever au-dessus de la divinité. En effet, comme il n'y avoit point de lieu, il avança en lui - même dans la colère ignée, et il fut perdu pour la fontaine du royaume de Dieu.

86. Maintenant, vois le lys, toi noble ame, pleine des angoisses et des affections de ce monde. Vois ; la trinité sainte a en soi une éternelle volonté ; la volonté est le désir. Or, le désir, ce sont les éternelles essences dans lesquelles se trouve l'aigu ou l'éternel FIAT, qui sort du cœur et de la bouche de Dieu par l'esprit saint. Et la volonté qui sort de l'esprit, est la puissance divine ; la volonté la saisit cette puissance, et la retient ; le FIAT la crée, de façon qu'ainsi toutes les essences sont en elle comme dans Dieu même. La fleur de la lumière *sortant* du cœur de Dieu, fleurit en elle, et cependant elle n'est pas Dieu ; mais la chaste vierge [ou la SOPHIE] de l'éternelle sagesse et intelligence; et je traite souvent d'elle dans ce livre.

87. Enfin la vierge ou la SOPHIE est devant Dieu ; elle s'incline vers l'esprit dont sort la puissance ; c'est par là qu'elle est la chaste vierge de la sagesse: elle est dès lors la compagne de Dieu pour la joie de Dieu ; elle se contemple dans les éternelles merveilles de Dieu, et dans cette contemplation elle devient soupirante après les merveilles dans l'éternelle sagesse qui cependant est elle-même ; elle se désire ainsi en soi-même, et ses désirs sont les éternelles essences qui tirent à soi la sainte puissance ; l'âpre FIAT les crée, de façon qu'elles existent en substance ; elle est une vierge ; elle n'a jamais engendré, et elle ne prend aussi rien en soi ; elle se porte vers l'esprit saint qui sort de Dieu ; elle ne

rétrograde point, et ne tire rien à soi ; mais elle plane devant Dieu, et est la fleur de la végétation divine.

88. Ainsi la vierge ou la SOPHIE n'a non plus aucune volonté de s'imprégner avec quelque chose ; mais sa volonté est d'ouvrir les merveilles de Dieu : c'est pourquoi, sa volonté dans les merveilles, est d'apercevoir les merveilles dans les éternelles essences ; et l'âpre FIAT crée cette même volonté virginale dans les essences. Cela est une substance qui demeure éternellement devant Dieu, et dans laquelle les éternelles merveilles de la vierge SOPHIE ou de la sagesse de Dieu, sont manifestées.

89. Et cette substance est l'éternel élément dans lequel toutes les essences dans la puissance divine, restent ouvertes et sont visibles, et où la belle et chaste vierge SOPHIE de la sagesse divine, se contemple toujours selon le nombre de l'infinité, mille et mille fois répété, sans fin et sans nombre. Or, dans cette contemplation, sortent de l'éternel élément, les couleurs, les sciences, les *vertus* et la croissance du lys de Dieu, ce dont la divinité se réjouit sans cesse dans la vierge ou la SOPHIE de la sagesse. Cette joie descend des éternelles essences et s'appelle le paradis, vu la vive génération de l'aimable fruit du lys en infini, où alors les essences du lys s'élèvent en merveilles en plusieurs mille fois mille, sans nombre, comme tu en vois une image dans la terre florissante.

90. Toi, chère ame, vois, considère ceci. Maintenant ceci est Dieu, et son céleste royaume avec

l'éternel élément et le paradis, et cela existe ainsi dans l'éternelle origine, d'éternités en éternités. Enfin, ce qu'est là cette joie, ces délices et cette amabilité, je n'ai aucune plume pour le pouvoir écrire. Je ne peux pas non plus le dire, car la langue terrestre est de beaucoup trop débile pour cela. Elle n'est que comme de la boue comparée à de l'or, et encore beaucoup moins. Quoique la vierge ou sophie apporte cela dans l'intelligence, cependant tout est trop ténébreux et trop froid dans tout l'homme, pour qu'il ose seulement en exprimer une étincelle. Nous voulons réserver cela jusqu'à ce que nous soyons dans le sein de la vierge sophie. Nous avons seulement donné de ceci une courte explication pour qu'on puisse entendre l'auteur de ce livre ; car, nous ne sommes qu'une étincelle de la fontaine de la sagesse de Dieu, et nous parlons comme une étincelle. Mais pour nous, *êtres* terrestres, c'est assez ici sur cette terre, pour notre foible connoissance. Car, dans cette vie, nous n'avons pas besoin que Dieu donne une plus haute connoissance de l'éternelle substance. Nous parlons donc simplement de ce qui a été dans l'éternité ; ainsi c'est assez.

CHAPITRE QUINZIEME.

De l'intelligence de l'éternité dans la corruptibilité de l'essence de toutes les essences.

1. Sɪ donc, nous considérons ainsi l'éternelle volonté de Dieu, et l'essence de toutes les essences,
nous ne trouvons, dans l'origine, qu'une seule
essence, comme cela a été exposé. De cette essence
est née de toute éternité la seconde essence, ou l'essence divine, et nous trouvons que la double essence
existe dans la puissance divine, mais non pas en
une seule source ; car elles ne se mélangent point,
et aucune ne peut non plus être détruite.

2. Mais elles ont chacune un double penchant en
elles-mêmes, pour ce qui est à elles. Or, puisque
l'essence divine* est engendrée de soi-même de
toute éternité, elle est ainsi disposée à secourir
celle qui est foible, et s'appelle avec raison, miséricorde, *barmhertzigkeit*.

3. Maintenant, comme la vierge de l'éternelle sagesse ou la sophie, s'est contemplée dans l'éternelle
origine, et que dans l'éternelle base affective, dans
l'essence aiguë du brisement des ténèbres, elle a
trouvé dans l'éclair de feu, la profondeur de l'i-
mage de Dieu, et de quelle manière l'image de Dieu

est là en éternelle origine, dès lors elle est désireuse de cette image, et ce désir fait *l'attirement* dans
la volonté, et la volonté reste devant l'image ; or,
dans *l'attirement* de la volonté, le FIAT *opéra* la volonté dans l'image, d'où sont venus les anges tout à
la fois. Mais alors les éternelles essences étoient
dans l'image ; et la sagesse s'envisagea dans les essences en un nombre infini, de façon que les éternelles merveilles furent manifestées. Alors elles sortirent selon chaque essence, comme d'une seule
source, en plusieurs mille fois mille, *ou à l'infini.*

4. De là vint le nom de trône et de prince, le
tout selon l'essence de la première et grande source,
qui, dans le coup d'œil de l'éternelle sagesse de Dieu
sort de nouveau en plusieurs mille fois mille, *ou
à l'infini :* cependant il y a un nombre marqué ;
mais dans le centre de Dieu, il n'y en a point.
Ainsi de chaque essence sont sorties des fontaines ;
premièrement des trônes ; et dans les trônes plusieurs mille fois mille *ou à l'infini.*

5. Le FIAT a créé cela pour être une image et une
similitude de Dieu, ce qui fut obombré dans le FIAT
par la surabondante *vertu* de Dieu ; et la volonté de
Dieu s'est représentée devant l'image et la similitude qui alors reçurent la volonté. Ce furent là les
anges : car ils mirent leur imagination dans la volonté, et dans le cœur de Dieu, et ils mangèrent du
verbe du seigneur. Mais ceux qui, comme Lucifer,
mirent leur imagination dans l'ame ténébreuse,
afin de monter au-dessus de la divinité et de
la douceur, et de là dans la puissance du feu,

dans l'éclair de feu, dans la puissance aiguë de Dieu, et afin d'être seuls dominateurs : ceux-là devinrent des démons, et ils tirent leur nom de leur expulsion hors de la lumière, attendu qu'ils étoient dans la lumière lorsque le FIAT les créa ; car le FIAT qui les créa resta dans la lumière.

6. Ainsi le démon est coupable de sa chute ; car il se laissa mouvoir par la matrice de l'âpreté, tandis qu'il avoit cependant sa volonté pour s'attacher à la lumière ou aux ténèbres. Or, Lucifer étoit un trône ; c'est-à-dire, une source d'une grande essence, d'où proviennent tous ses subordonnés ; et ils firent comme lui. Ainsi ils furent rejetés en arrière dans les ténèbres ; car la lumière de Dieu ne va point dans l'âpreté.

7. Quand les démons colériques, créés dans l'espérance qu'ils deviendroient anges au lieu de démons, eurent conçu dans leur imagination le dessein de dominer sur Dieu, et sur le royaume du ciel, le FIAT qui les avoit créés, et qui *travailloit* à la *figuration* de l'image, fut infecté. Il enflamma aussitôt dans le miroir de la contemplation, l'élément, dans la similitude et dans l'extra-génération ; de façon que l'essence a engendré les éminentes essences d'où sortent les quatre élémens de ce monde, ou du troisième principe. L'aigu FIAT de Dieu, qui resta dans l'extra-génération, a créé l'extra-génération, d'où sont venues la terre et les pierres.

8. Car lorsque le FIAT enflamma l'élément dans l'extra-génération, alors la matière enflammée de-

vint saisissable! Elle ne convenoit point maintenant
au paradis ; mais elle fut extra-créée. Toutefois
pour que l'élément avec son extra-génération n'engendrât plus rien *de cette sorte*, Dieu créa de l'élément le ciel, et laissa le troisième principe sortir
hors de l'élément ; qui est le *limbus* céleste : là alors
l'esprit de Dieu se contempla de nouveau dans la
vierge SOPHIE, ou dans l'éternelle sagesse, et trouva
de nouveau l'image dans l'extra-génération, dans
la substance périssable. Or, ce coup d'œil contemplateur [*ou bien l'image aperçue*] resta dans *l'attirement* aigu du FIAT ; et le FIAT le créa de manière
qu'il devint substantiel ; et ce sont les étoiles, une
pure quintessence, un écoulement du FIAT hors
du *limbus* de Dieu, dans lequel l'élément reste
caché.

9. Mais pour que l'essence aigue et âpre ne fût
plus dans *l'attirement*, alors Dieu engendra une
image de la fontaine du cœur de Dieu, c'est-à-
dire, le soleil ; et, par ce moyen, naquit le troisième principe de ce monde, qui mit toutes choses
dans la douceur et dans la bonté.

10. Mais puisque l'éternelle sagesse de Dieu,
comme étant dans la chaste vierge SOPHIE de la
puissance divine, s'étoit envisagée elle-même dans
le principe de ce monde, dans le même lieu où
le grand prince Lucifer avoit été dans le ciel,
dans le second principe : dès lors ce coup d'œil
contemplateur étoit éternel ; et Dieu voulut que des
images ou similitudes sortissent des essences, *et*
que le FIAT les créât selon l'espèce de chaque es-

sence. Ces similitudes doivent être, après la dissolution de cette substance extérieure, une figure et
une image dans le paradis, et une ombre de cette
substance.

11. Pour que rien d'inutile ne sortît de la sagesse
de Dieu, alors Dieu créa de toutes les essences les
animaux, les oiseaux, les poissons, les reptiles,
les arbres et les plantes ; en outre aussi les esprits de
la quintessence, figurés dans les élémens ; par ce
moyen, après le complément du tems, lorsque l'extra-génération retournera dans l'Éther, tout brillera
devant Dieu, et son éternelle sagesse sera reconnue
dans ses merveilles.

12. Mais puisque sa volonté étoit d'avoir aussi à
ce même trône, dans l'éternel élément, une créature qui fût mise à la place des démons tombés, et
qui défendît ce lieu dans le ciel, dans le paradis,
alors il créa l'homme de l'élément.

13. Et ainsi alors ce lieu fut double et même
triple, en y comprenant l'éternelle origine ; savoir :
le premier principe dans la grande angoisse ; et ensuite le second principe dans la joie divine dans le
paradis ; et en outre le troisième principe dans la
lumière du soleil, dans les qualités des étoiles et des
élémens. Ainsi l'homme devoit être créé de tous les
trois ; mais puisqu'il devoit être un ange en ce lieu,
et recevoir toutes les connoissances et toutes les in-
telligences, afin qu'il pût aussi avoir l'éternelle joie
par les figures et les images qui ne restent pas en
éternels esprits, mais dans l'éternelle figure, il résulte de là que toutes choses sont dans ce monde.

14. Là Dieu se contemple, selon son éternelle volonté, dans son éternelle sagesse de la noble vierge SOPHIE, dans l'élément qui, dans le paradis, est l'aigu de la puissance divine ; et le FIAT créa l'homme, de l'élément, dans le paradis ; car il exprima la quintessence du soleil, des étoiles et des élémens, l'attira dans le paradis, dans l'élément de l'origine, d'où les quatre élémens procèdent, et il créa l'homme à l'image de Dieu, c'est-à-dire, en similitude de Dieu ; et il lui insuffla dans l'élément du corps, qui étoit toutefois une vraie puissance paradisiaque, l'esprit de l'éternelle essence *venant* de l'éternelle origine ; alors l'homme devint une ame vivante et une image de Dieu dans le paradis.

15. Et la divine sagesse de la très gracieuse vierge SOPHIE se contempla dans l'homme. Par ce coup d'œil, elle ouvrit le centre d'Adam en des nombres mille et mille fois répétés qui devoient sortir de la source de cette image ; or, cette noble vierge de la sagesse et de la puissance de Dieu, se seroit mariée à lui avec le dessein qu'il fût pur et entièrement chaste auprès de sa vierge, et qu'il ne mît aucune volonté, ni dans le premier, ni dans le troisième principe, pour y *inqualifier*, ou y vivre ; mais son inclination devoit être dans le cœur de Dieu, et il devoit manger du verbe de Dieu dans tous les fruits de ce monde.

16. Car les fruits étoient bons aussi ; et leur attrayante qualité venoit de l'élément intérieur *ou du* paradis. Alors Adam pouvoit bien manger de tous les fruits dans la bouche, mais non dans le corps,

dans la corruptibilité ; cela ne pouvoit pas être : car son corps devoit subsister éternellement et rester dans le paradis , et engendrer de soi une vierge de chasteté , semblable à ce qu'il étoit , et cela sans déchirure de son corps. Car cela pouvoit être puisque son corps étoit de l'élément céleste , oude la puissance divine.

17. Mais lorsque la chaste vierge SOPHIE se présenta ainsi en Adam , avec tant de sagesse , de douceur et d'humilité , les élémens extérieurs devinrent ardens pour l'élément éternel, pour s'élever dans la chaste vierge , pour y *inqualifier*. Puisqu'Adam étoit extrait d'eux , de la quintessence , ils désiroient ce qui étoit à eux , et vouloient *inqualifier* dans ce qui étoit leur propriété. Toutefois c'est ce que Dieu défendit à Adam , *en lui disant* qu'il ne devoit pas manger de la connoissance du bien et du mal , mais se contenter d'un aliment paradisiaque.

18. Mais l'esprit du grand monde subjugua Adam, et s'établit avec puissance dans la quintessence qui est la cinquième forme ou l'extrait de ce qui est dans les quatre élémens et dans les étoiles. Alors Dieu devoit créer à Adam une femme de ses essences, puisqu'il devoit remplir et bâtir le royaume selon ce que la noble vierge avoit aperçu , et l'homme devint terrestre , et la noble vierge SOPHIE , s'éloignant de lui, *se retira* dans le paradis : là elle attend ce qui est à elle ; il faut qu'il dépose le terrestre ; alors elle sera son épouse et sa tendre amante. Or , maintenant , la loi est de rigueur pour l'homme de ce monde ; il faut qu'il soit engendré dans la puissance

des étoiles et des élémens externes , et qu'il y vive
jusqu'à ce que le terrestre tombe.

19. Enfin il est triple dans cette vie , et le triple
esprit est suspendu sur lui ; c'est dans ces liens qu'il
est engendré , et il ne peut en être délivré qu'en se
dissolvant. Bien plus , il peut être privé du paradis ,
si son esprit imagine dans le colérique et dans l'â-
preté. Et s'il s'y abandonne, pour vivre ainsi en soi-
même dans l'orgueil au-dessus de la douceur et de la
justice, et avec empire comme Lucifer ; alors il
manque le paradis qui se trouve fermé pour lui , et
il perd la première image , qui est dans l'élément
caché dans le paradis.

20. Car l'homme adamique peut néanmoins vivre
dans le paradis selon l'élément intérieur qui reste
ouvert dans la base affective. S'il combat l'iniquité ,
et s'il se donne entièrement et de toute sa force au
cœur de Dieu , alors la vierge ou sophie demeure
auprès de lui dans l'élément intérieur , dans le paradis; elle éclaire son esprit pour qu'il puisse réprimer
le corps adamique.

21. Car les trois *engendremens* sont produits ensemble pour chaque *homme* , dans le corps de la
mère ; et personne ne peut dire: Je ne suis pas un
élu. C'est un mensonge qui renie l'élément *pur* ,
dans lequel l'homme vit aussi ; en outre , c'est re-
nier la vierge de la sagesse ou la sophie que Dieu
donne à chacun de ceux qui la cherchent avec sincérité et humilité. Ainsi la puissance de chercher
est aussi dans chacun; et est engendrée en lui par le
tout puissant élément caché ; et il n'y a pas d'autre

cause de la perdition de l'homme , que celle qu'a
offert Lucifer dont la volonté étoit libre ; il pouvoit
se tourner vers Dieu , dans l'humilité , la chasteté
et la douceur ; il pouvoit aussi se tourner vers l'ame
ténébreuse , dans la méchanceté et l'âpreté qui s'y
élèvent , et qui ne sont pas , à la vérité , dans leur
source , un désir de s'élever au-dessus de Dieu ,
mais tendent seulement au-dessus de la douceur ,
dans l'éclair de feu , dans la sévère renaissance.
Seulement les démons vouloient, comme créatures,
être supérieurs et les seuls souverains ; il en est de
même de l'homme ici bas.

22. La *vanité* de la nature pousse véritablement
un homme plus fortement que les autres ; mais elle
n'en contraint aucun d'être orgueilleux ; et quoiqu'il y ait violence , l'homme n'a cependant au sujet
des honneurs temporels et de la cupidité , qu'à
laisser avec une ferme volonté le démon dans les
éternelles essences ; celui-ci voit sur-le-champ comment l'homme est poussé par l'esprit de ce monde ,
aussi il le tente dans le même sens. Pour peu que
l'homme le laisse entrer , c'est un hôte difficile
à expulser. Cependant cela est très possible. Si
l'homme se propose absolument et entièrement de
se convertir et de vivre dans la volonté de Dieu , la
vierge ou SOPHIE est toujours toute prête à lui aider.

23. Les attaques redoublent lorsque le noble
grain de sénevé doit être semé ; car le démon s'y
oppose fortement. Mais celui qui s'opiniâtre à *résister* , éprouvera bientôt ce qui est écrit dans ce livre ,
et quand même il ne pourroit pas être délivré des

imperfections et des impulsions des élémens externes , cependant la noble semence lui reste dans le *limbus* de Dieu ; elle croît et pousse, et finalement elle devient un arbre qui n'agrée point au démon, mais il tourne autour de l'arbre comme un dogue plein de ruses ; il jète son infection sur l'arbre ; il l'accable en outre de toutes sortes d'adversités par ses ministres ; il en expulse aussi plusieurs de leur maison, par ses cabales, afin qu'ils ne puissent plus lui nuire, mais c'est un profit pour eux, et ils vont dans la terre des vivants.

24. Ainsi nous disons maintenant , d'après notre haute connoissance , que la source de tous les trois principes s'imprime à la fois dans *l'homification* de l'enfant dans le sein de la mère. Car., après que l'homme a été figuré des étoiles et des élémens par le FIAT, de façon que les élémens ont pris possession de leur région ; savoir : le cœur, le foie, les poumons, la vessie et l'estomac dans lesquels ils ont leur demeure ; alors il faut que le maître s'élève de tous les élémens dans sa double forme ; car il y a maintenant là : 1º., l'image de Dieu ; il y a aussi là 2º., limage de ce monde , et aussi 3o., l'image du démon. Or donc , il en coûte un combat et une victoire, et il faut que le briseur de serpent se trouve aussi dans le corps de la mère.

25. C'est pourquoi , vous , pères et mères , soyez craignant Dieu et pieux, pour que le briseur de serpent soit aussi dans votre fruit. Car Christ dit : *Un bon arbre ne peut pas porter de mauvais fruits ,*

et un arbre mauvais ne peut pas porter de bons fruits.
Or, quoique ceci se rapporte à la base affective ou
à l'ame qui est née, et qui jouit de son intelligence,
de façon qu'une ame mauvaise ne porte pas de bons
fruits ; ni une bonne, de mauvais : cependant cela
est véritablement essentiel pour l'enfant, puisque
l'enfant est engendré de l'essence des parens.

26. Quoique les étoiles dans la génération extérieure, changent les essences de l'ame dans l'autre
selon leur source, il y a cependant encore là l'élément
qu'elles ne peuvent pas changer par leur puissance,
à moins que l'homme ne le fasse lui-même : elles
n'ont que la région extérieure ; et aussi le démon
n'ose pas graver ses traits avant le tems de l'intelligence, où l'homme peut s'incliner de lui-même au
mal ou au bien. Néanmoins personne ne doit se reposer sur cela. Si les parens sont impies, Dieu peut
aussi bien abandonner une semence impie ; car il ne
veut pas que l'on jète les perles devant les pourceaux.
Quoiqu'il soit disposé à secourir tous les hommes,
cela n'est toutefois que pour ceux qui se tournent
vers lui. Quoique l'enfant soit dans l'innocence, cependant la semence n'est pas dans l'innocence, et
il lui faut bien le briseur de serpent. C'est pourquoi,
vous, parens, pensez à ce que vous faites ; sur-tout
vous, débauchés et prostituées, vous avez ici une
dure leçon. Faites attention à vous, ce n'est point
un jeu ; on vous annoncera cela en son lieu, de manière que le ciel en éclatera. En vérité, le tems de
la rose apporte cette *lumière* avec lui, et il est grand

tems de veiller ; car le sommeil est passé. Il y aura un grand déchirement avant le lys ; c'est pourquoi, chacun doit penser à ses affaires.

27. Si donc nous sondons la vie de l'homme dans le sein de la mère par rapport à sa puissance, à son langage, à sa pensée, à son ame noble et précieuse, alors nous trouvons la cause pour laquelle nous avons fait d'abord une si longue description de l'éternelle génération ; car le langage, les pensées et la base affective ont aussi, *dans l'homme*, une semblable origine, et telle qu'elle a été exposée ci-dessus pour l'éternelle génération de Dieu ; or, c'est une précieuse porte.

28. Car, voyez. Quand les portes de ce monde sont à leur point, de façon que l'enfant sortant des essences soit une ame vivante, et qu'il voie enfin dans la lumière du soleil et non dans la lumière de Dieu ; alors, le vrai maître *ou le* FIAT, vient précisément à cet instant, et dans un clin d'œil, lorsque la lumière de la vie s'enflamme, et il figure ce qui est sien : car le centre éclot dans tous les trois principes. Les essences astringentes sont les premières dans le FIAT, dans la forte puissance de Dieu ; elles sont la propriété de l'enfant, le ver de son ame ; elles restent dans la maison de la grande angoisse comme dans l'origine : car la semence est semée dans la volonté ; la volonté reçoit le FIAT dans la teinture ; le FIAT tire à soi la volonté intérieurement, et la semence extérieurement en une masse, attendu qu'il est là le maître à l'intérieur comme à l'extérieur.

29. Enfin , la volonté tire tellement à soi qu'elle devient enceinte intérieurement et extérieurement ; elle s'obscurcit et elle ne peut supporter cette situation ; c'est-à-dire, d'être ensevelie dans les ténèbres. C'est pourquoi elle ressent une grande ardeur pour la lumière ; car la matière extérieure est remplie par les élémens, et le sang est dans l'étouffement : alors la teinture s'éloigne ; et c'est là le vrai abîme de la mort. Ainsi l'intérieur est rempli par les essences de la puissance : or, dans cet intérieur s'élève une autre volonté de se porter de la forte puissance des essences, vers la lumière de la douceur ; et dans l'extérieur, il y a le désir de se séparer ; savoir : l'impur d'avec le pur ; car c'est là ce que fait le FIAT extérieur.

30. Nous devons considérer dans la puissance de la vierge SOPHIE , que la volonté premièrement est triple , et que chacune, dans son centre, est fixe et pure ; car elle sort de la teinture : 1°. Dans le premier centre s'élève, entre les parens de l'enfant, le penchant, et le bestial désir de l'acte charnel ; cela est le centre extérieur élémentaire, et il est fixe en lui-même ; 2°. dans le second centre s'élève l'amour ardent pour la copulation, et quand même ils se seroient regardés auparavant l'un et l'autre avec aversion, néanmoins, dans la copulation, le centre de l'amour s'élève (*quoique* seulement dans la copulation), car une teinture pure saisit l'autre ; et, dans la copulation, la masse les reçoit toutes les deux.

31. Enfin , l'amour *inqualifie* avec l'élément in-

térieur ; l'élément avec le paradis, et le paradis est devant Dieu. La semence extérieure a ses essences qui *inqualifient* premièrement avec les élémens extérieurs. Les élémens extérieurs *inqualifient* avec les étoiles extérieures ; les étoiles extérieures *inqualifient* avec l'âpreté extérieure, la colère et la méchanceté ; et la colère et la méchanceté, dans l'âpreté, *inqualifient* avec l'origine de la première âpreté de l'abîme infernal ; l'abîme *inqualifie* avec le démon.

32. C'est pourquoi, ô ! homme, réfléchis à ce que tu as acquis par le corps terrestre ; tu es réduit à manger et à boire du mauvais et du bon ; ce que Dieu cependant avoit défendu. Ici vois dans la base des essences ; et ne dis point avec la raison que c'est simplement pour avoir été désobéissant, que Dieu s'est enflammé, et que sa colère ne peut pas s'éteindre : tu te trompes. Si la claire divinité s'étoit enflammée, elle ne se seroit pas faite homme par rapport à toi, pour te prêter son secours. Regarde seulement le but dans l'éternité, et tu trouveras tout.

33. Ainsi, par la copulation, le royaume des ténèbres et du démon est semé à-la-fois ; et le troisième centre de la grande ardeur s'élève de concert. C'est de là que l'âpreté et la maison de la chair sont engendrées ; car le pur amour qui atteint l'élément, et de-là le paradis, a un centre pudique et chaste, et il est fixe en soi-même.

34. Je te donne de ceci un juste exemple à considérer hautement et avec attention. Regarde deux

jeunes gens qui ont déjà atteint la fleur de la noble
teinture dans la matrice et le *limbus*, de façon
qu'elle soit enflammée : combien ils se portent l'un
à l'autre une fidélité cordiale, et un pur amour
jusque là que chacun d'eux se plairoit délicieusement à partager son cœur avec l'autre, si cela
se pouvoit faire sans danger et sans mourir ! Or,
c'est là la vraie fleur paradisiaque, et cette fleur
atteint et *inqualifie* avec l'élément et le paradis.
Mais aussitôt qu'ils se prennent l'un et l'autre, et
qu'ils se livrent à la copulation, alors ils s'infectent mutuellement par leur ardeur, qui est née
des élémens externes et des étoiles, et qui atteint
l'abîme ; et ils deviennent souvent ennemis jurés
l'un de l'autre. *Même* s'il arrivoit que la complexion fût assez noble pour qu'il restât encore
de l'amour, il ne seroit cependant plus si pur ni
si fidèle qu'étoit le premier avant la copulation ;
lequel *amour* étoit plein de feu, tandis que celui
dans l'ardeur est terrestre et froid. Il est bien vrai
que celui-là doit garder la fidélité, puisque sans
cela il n'y en auroit pas ; ainsi qu'il est reconnu
dans plusieurs comment ensuite, dans le mariage,
on recherche les débauches et les prostitutions,
et comment on cherche le sucre que le démon
jete dans la noble teinture, si l'homme s'y abandonne.

35. Puisque l'on voit donc ici de nouveau que
Dieu n'avoit pas voulu la copulation terrestre,
l'homme auroit dû rester dans l'amour plein de
feu, qui étoit dans le paradis, et engendrer de soi

Mais la femme étoit dans ce monde, dans le règne des élémens extérieurs, dans l'ardeur du fruit défendu, dont Adam ne devoit pas manger. Or, quoiqu'il en ait mangé, et qu'ainsi il nous ait perdus, cependant il en est de lui comme d'un voleur qui a été dans un délicieux jardin, et qui en est sorti pour aller voler : maintenant il y retourne, et voudroit rentrer dans le jardin ; et le jardinier s'y oppose. S'il tend une main dans le jardin pour en avoir un fruit, alors le jardinier vient, et lui arrache le fruit de la main ; et il faut, dans son ardeur et dans sa colère, qu'il s'en aille de là. Il ne revient plus au jardin ; il ne lui reste que son ardeur désirante, au lieu du fruit. Voilà ce qu'il a reçu au lieu du fruit paradisiaque ; nous en devons maintenant manger tous, et vivre dans la femme.

36. Ainsi, je vous donne grandement à penser ce que c'est qu'un homme ; ce que l'homme sème, et ce qui croît dans la semence, c'est-à-dire, dans les trois règnes, comme cela a été dit. Or, puisque maintenant les trois règnes sont semés ainsi, dès lors ils sont aussitôt devant l'arbre de la tentation, où commence la dispute et un grand combat : là les trois règnes sont l'un dans l'autre ; ils éprouvent une grande ardeur et un grand attract l'un pour l'autre. L'élément, dans le paradis, veut conserver pure l'affection, et la volonté qui est dans l'amour, dans la teinture de la semence. Les élémens extérieurs, ou l'écoulement de l'élément veut avoir l'élément, et se mélanger avec lui : ensuite

vient l'extérieure colère des étoiles, qui l'attire en
concours avec le FIAT, et s'établit *souveraine* ;
alors, la volonté intérieure dans l'amour, ainsi
que l'élément et le paradis s'obscurcissent : l'amour
s'en va dans le paradis, dans son Ether. Il s'éteint
dans la teinture de la semence, et le centre céleste disparoît ; car il passe dans son principe.

37. Alors vient la femme avec son sang étouffé,
avec les étoiles et les élémens, et elle s'instale. C'est
ici la mort du paradis, où Adam mourut à son corps
vivant ; c'est-à-dire, qu'il mourut au paradis et au
pur et saint élément, et qu'il vécut au soleil, aux
étoiles et aux élémens extérieurs, dont Dieu lui
avoit dit : Le jour où tu mangeras du bon et du
mauvais, tu mourras de mort. Et c'est là la porte
de la première mort dans le paradis, dans laquelle
maintenant l'homme vit dans la corruptibilité, dans
la femme élémentaire de ce monde.

38. Et il nous faut essentiellement reconnoître
et savoir que quand la semence est semée dans
la matrice, elle est attirée par le FIAT, tandis
que les astres et les élémens extérieurs s'établissent
souverains, et que l'amour et la douceur s'étei-
gnent. Car il se forme une substance colérique dans
l'étouffement de la teinture, de façon qu'avant
l'enflammement de la lumière de la vie, il n'y a
aucune créature céleste dans l'enfant : et quoique
la créature soit figurée avec toutes les formes du
corps, cependant l'image céleste n'est pas dedans,
mais la bestiale ; et si ce même corps périt avant
l'enflammemens de l'esprit de l'âme dans l'élève-

ment de la vie, il n'y a que l'ombre et la figure
de cette image qui paroissent devant Dieu au jour
de la réintégration ; car elle n'a encore jamais eu
aucun esprit.

39. Cette figure ne va point dans l'abîme, comme
plusieurs pensent ; seulement, tels qu'ont été les
parens, telle est aussi cette figure ; car elle est
encore la figure des parens jusqu'à *l'enflammement*
de sa vie ; alors elle n'est plus la propriété des
parens, mais la sienne propre. La mère lui fournit
seulement le logement et la nourriture ; et si elle
la détruit volontairement dans son sein, elle est
une meurtrière ; et la loi divine la condamne à
la mort temporelle.

40. Ainsi donc les étoiles et les élémens s'emparent de la maison après la disparution de l'amour
dans la teinture, et la remplissent le premier mois.
Dans le second, ils partagent les membres par
l'âpre FIAT, comme cela a été dit ; et, dans le
troisième, commence le combat dans la région des
étoiles et des élémens où alors ils se séparent ;
et chaque élément se fait sa maison et sa région,
savoir : le cœur, le foie, les poumons, la vessie
et l'estomac, aussi bien que la tête pour la maison des étoiles ; là elles ont leur région et leur
siége de prince, comme on le verra plus loin.

41. Or, après que les étoiles et les élémens
ont préparé leur région, et la maison où ils doivent demeurer, comme cela a été dit ci-dessus,
alors commence le puissant combat dans une grande
angoisse, au sujet du roi de la vie ; car l'enceinte

où l'édifice se construit est dans une très grande angoisse ; et nous devons ici nous retracer l'origine de l'essence de toutes les essences , la génération éternelle , et la racine de toutes choses ; savoir : que dans la maison d'angoisse il y a d'abord une seule essence , et cette même essence est le mélange de toutes les essences ; et elle a d'abord la volonté d'engendrer la lumière , et cette même volonté est attirante.

42. Car , le désir est *l'attirement* de ce que la volonté désire , et cette volonté est *simple* et pure , n'étant ni ténèbres , ni lumière ; car elle demeure en elle-même , et elle est la porte même de la puissance divine qui remplit tout. Or , le pouvoir qui attire, remplit la volonté avec les choses que la volonté désire ; et quoiqu'elle soit pure et ne désire que la lumière , cependant il n'y a aucune lumière dans l'angoisse ténébreuse qu'elle puisse attirer , mais elle attire en soi l'esprit ou les essences des étoiles et des élémens , dont la volonté de la puissance divine se remplit , ce qui fait que tout devient rude et ténébreux. Ainsi la volonté est établie dans les ténèbres ; cela se passe dans le cœur.

43. Si donc maintenant , la volonté existe dans la ténébreuse angoisse, elle se forme de nouveau une seconde volonté de s'envoler hors de l'angoisse , et d'engendrer la lumière ; et cette seconde volonté est la base affective d'où s'élèvent les pensées de ne pas demeurer dans cette angoisse. Or, la volonté se contemple dans les essences de l'astringence , ou dans la colérique âpreté de la mort ; son coup d'œil

perce au travers des essences de l'astringente dureté
comme un éclair rapide, et s'aiguise dans l'astringente dureté, de façon qu'il devient blanc comme
un éclair de feu : il brise, dans son cours rapide,
l'astringence ténébreuse où se trouve l'âpreté et l'astringence de la mort. Il est comme une roue tournante et brisante qui, dans l'éclair du brisement,
va aussi vite qu'une pensée ; c'est avec cette même
rapidité que sa volonté reconçue, qui est la base
affective, se contemple : or, comme elle ne peut pas
s'envoler devant soi hors des essences, alors elle
doit aller dans la roue tournante ; car elle ne peut
sortir de la place, et elle brise les ténèbres. Quand
elle brise ainsi les ténèbres, le coup d'œil aigu se
contemple dans d'aimables délices, hors des ténèbres, dans l'aigu de la volonté ; savoir : dans la
base affective, et se trouve disposé à habiter en elle :
c'est ce dont l'éclair s'étonne, et il s'élève par une
grande puissance hors du cœur, au travers des essences brisées : il veut se porter vers la bouche, et
tend à s'en aller loin du cœur ; il est toutefois retenu par l'astringent fiat qui lui fait une région
particulière ; savoir : la langue, dans laquelle est
l'explosion des essences brisées : alors il se contemple de nouveau en arrière, dans le cœur ou dans
sa première demeure ; il la trouve délicieuse et lumineuse, en ce que les portes des ténèbres sont brisées ; alors il s'enflamme très ardemment pour la
douceur, dans la volonté de l'amour, et il ne sort
plus au travers de toutes les essences en un éclair
colérique, mais tressaillant dans une grande joie

Or, la puissance de la joie est maintenant mille fois plus forte que n'étoit premièrement l'éclair qui s'élança au travers des âpres et astringentes essences de la mort, et qui passe du cœur dans la tête avec une grande puissance, dans l'intention de posséder la région céleste.

44. Car, la puissance de la joie est le paradis, et elle a sa racine la plus intérieure, là où Adam, dans le péché, mourut de la première mort; là où alors Dieu dit : *La semence de la femme doit briser la tête du serpent.* Cette même parole se représenta dans Adam dans le centre de l'ascension de sa vie ; de-là par la création d'Eve, dans l'ascension de sa vie; et de-là dans tous les hommes, de façon que nous pouvons, dans la ferme résolution de notre ame, briser la tête et la volonté du serpent par la parole et la puissance de Dieu, *au nom* du briseur de serpent, qui s'est fait homme dans le tems ; et si cette puissance ne s'étoit pas trouvée à cette place, alors nous serions demeurés dans l'éternelle mort. Ainsi la base affective est à elle-même et dans la volonté libre ; elle nage dans la puissance de Dieu, et dans sa promesse, comme un être libre.

45. Ainsi donc quand l'explosion joyeuse dans la puissance de Dieu qui a brisé les portes de la profondeur ténébreuse, s'élève dans le cœur, et s'introduit avec l'éclair, dans la tête; alors la puissance de la joie se place en haut comme la plus forte, et l'éclair en bas comme étant le plus foible ; et quand l'éclair vient à son siége dans la tête, il se fait deux portes ouvertes ; car il a brisé les portes de la pro-

fondeur ténébreuse ; c'est pourquoi il ne demeure plus dans les ténèbres , mais il doit être libre comme un conquérant , et ne pas se laisser emprisonner : il nous figure le Christ ressuscité des morts , lequel maintenant est libre , et ne se laisse arrêter par rien , ce qui sera profondément traité en son lieu. Or , ces mêmes portes que l'éclair tient ouvertes , sont les yeux ; et leur racine est l'esprit de joie qui s'élève en premier lieu dans *l'enflammement* de la vie.

46. Si donc la forte volonté reconçue désire ainsi de s'envoler des ténèbres , et d'être dans la lumière qui est engendrée dans le cœur , nous ne pouvons reconnoître là autre chose si ce n'est la noble vierge de la sagesse de Dieu , ou la SOPHIE qui s'élève ainsi dans la joie , et se marie dans le commencement avec l'esprit de l'ame ; qui lui aide à parvenir à la lumière ; qui , après l'ascension de l'ame (c'est-à-dire , après *l'enflammement* de la puissance du soleil dans les essences) , se place dans son centre paradisiaque , et avertit continuellement l'ame de ses voies impies , lesquelles lui sont représentées et apportées dans les essences par les étoiles et les élémens. C'est pourquoi la vierge ou SOPHIE a son trône dans le cœur et aussi dans la tête , pour qu'elle puisse par-tout les défendre et les préserver de l'ame [*ou de la racine de feu*].

47. Il faut en outre réfléchir que lorsque l'explosion ou la *terreur* a fait sa maison , dans sa forte déchirure , hors des portes de l'angoisse ténébreuse qui sont la langue , cette explosion ou *cette terreur* ,

n'avoit pas encore aperçu la vierge ; mais lorsqu'elle se réaperçut en arrière dans le cœur, dans
les ténèbres ouvertes, et les trouva si agréables,
alors d'abord, s'élevèrent en elle la joie, les délices et l'amabilité , et cela devint le paradis. Elle ne
voulut plus avoir désormais sa région dans la langue
mais dans la tête, hors de la source du cœur. C'est
pourquoi on ne doit pas croire la langue en tout ;
car elle ne siége pas dans la région céleste comme
la délicieuse et aimable puissance, mais elle a sa
région et dans l'explosion et dans l'éclair. En effet
l'éclair est aussi près de la région infernale que l'explosion, attendu qu'ils ont été engendrés tous deux
dans le fort aigu, dans les essences ; et la langue
profère le mensonge ou la vérité. Celui *des deux*
dans lequel l'esprit s'arme, la langue s'en empare ;
aussi elle profère souvent des mensonges dans les
hommes puissans quand elle est armée des essences ;
alors, dans son orgueil, elle s'asseoit sur la terreur
comme un cavalier.

La vie de l'ame. La porte.

48. Lors donc que la puissance de la vie , et l'esprit du second principe naquirent dans la première
origine du premier principe, ou dans les profondes
ténèbres, rompues par la volonté de la puissance de
la vierge sophie, dans le très important coup d'œil de
la forte puissance de Dieu, et qu'ils s'établirent
dans la délicieuse joie ; alors les essences des étoiles
et des élémens s'insinuèrent à l'instant dans le coup

d'œil de l'ascension de la vie, c'est-à-dire, aussitôt après la construction de l'aimable habitation.

49. Car l'habitation est l'élément, et la puissance de l'élément intérieur est l'amour du paradis, que les élémens extérieurs ou qui sont nés de l'élément, veulent puiser dans leur mère ; et le FIAT aigu les porte dans l'habitation, où la lumière de la vie est réellement allumée ; ainsi toutes les essences vivent dans l'habitation, et le soleil des étoiles monte dans l'habitation, car, dans le commencement de la vie, chaque principe saisit la lumière.

50. Le premier principe, où les ténèbres saisissent l'éclair igné, colérique et rapide. Lorsque la volonté reconçue, s'aperçoit dans la première volonté des ténèbres attirantes et astringentes, et qu'elle brise les ténèbres dans ce coup d'œil, alors l'éclair de feu resté dans la première volonté des astringentes ténèbres ; il est au-dessus du cœur dans le fiel, et il allume le feu dans les essences du cœur.

51. Et le second principe retient aussi sa lumière pour soi ; ce qui est l'aimable joie, qui brille là où les ténèbres sont dissipées. Là s'élève la très gracieuse et aimable puissance : de là l'explosion ou la terreur, dans la forte puissance, devient ainsi un royaume de joie, et son grand déchirement se tourne en un tressaillement joyeux ; car à cette explosion est suspendu l'éclair de feu du premier principe, ce dont elle est tremblante ; mais sa source est une amabilité et une joie que

personne ne peut écrire, si ce n'est celui qui les éprouve.

52. Le troisième principe retient entièrement sa lumière pour soi. Ce principe, quand la lumière de la vie s'élève, pénètre dans la teinture de l'ame jusqu'à l'élément, et tend après l'élément; mais il n'atteint pas autre chose que la lumière du soleil, qui est provenue de la quintessence et de l'élément. Ainsi les étoiles et les élémens dominent dans la lumière et la puissance de leur soleil: ils *inqualifient* avec l'ame, et apportent plusieurs vices et aussi des maladies dans les essences, d'où résultent en elles des élancemens, des déchiremens, des enflures, des démangeaisons, et enfin, leur dissolution et la mort.

53. Or donc, quand la lumière brille dans les trois principes, alors la noble teinture sort de tous les trois principes; et il est grandement à remarquer que le principe mitoyen ne reçoit aucune lumière de la nature : mais aussitôt que les ténèbres sont dispersées, alors il brille dans une joie très délicieuse; la noble vierge SOPHIE habite dans les délices, ou dans cette même teinture; et la divinité brille hautement et fortement dans l'homme, tellement que nulle part, dans aucune autre chose, nous ne la trouverions aussi brillante, quelqu'objet que nous considérions.

54. Dans le premier principe est l'éclair de feu, et sa teinture est la lumière effrayante du soleil, laquelle *s'originise* très rudement de l'éternelle source;

du premier principe avec sa racine, de la quintessence, au travers de l'élément , ce qui sera
exposé en un autre endroit, et ici il y en a assez.
Cela veut aussi être caché : celui qui le sait le
tait de même que *l'élèvement* des étoiles et des
planètes, car le docteur voudroit bien avoir ceci
dans son école, tandis que, dans la lumière de
la nature, le plus petit le saisit; cela est réservé
au tems du lys. Là tout sera ouvert; et c'est la
teinture de la lumière du monde.

55. Or, on voit très particulièrement ici comment le troisième principe s'unit au premier, et
comment ils n'ont presque qu'une seule volonté;
car l'un sort de l'autre, et si le second principe
n'étoit pas au milieu , le tout ne seroit qu'une
seule chose; mais, puisque nous parlons ici de
la teinture de la vie, nous voulons montrer dans
la lumière de la nature le vrai fondement de toutes
les trois générations.

56. La noble teinture est la demeure de l'esprit,
et a trois formes. La première forme est éternelle
et impérissable ; la seconde est passagère : cependant elle est éternellement permanente chez les
saints, mais elle est passagère chez les impies,
et elle s'envole dans l'Ether; la troisième est périssable, c'est-à-dire, *elle est dans* la mort.

57. La première teinture du premier principe
est proprement la station dans l'éclair de feu :
elle est la source dans le fiel ; elle fait sa demeure
dans l'esprit de soufre (ou dans le ver indissoluble
de l'ame, qui domine puissamment dans les es-

sences aigues , qui est le mobile du corps ; et la
pousse là où le veut la base affective dans le second centre.) Cette teinture se compare à la sévère
et forte puissance de Dieu ; elle enflamme tout le
corps , et fait qu'il est chaud , et ne se roidit
pas , et elle entretient la roue dans l'explosion qui
se fait dans les essences , d'où dérive l'ouïe. Elle
est aigue et essaie l'odeur de toutes choses dans
les essences ; elle fait l'ouïe, quoiqu'elle ne soit
ni l'ouïe ni l'odorat , mais la porte qui laisse passer le bien et le mal : comme elle fait la langue,
elle fait aussi l'oreille. Elle fait tout cela parce que
cette teinture a sa base dans le premier principe ,
et que l'enflammement de la vie arrive dans l'aigu,
dans le brisement , au travers de la porte des éternelles ténèbres.

58. C'est pour cela que les essences de l'esprit
de l'ame sont ainsi aigues et ignées , et qu'une
semblable teinture aigue et ignée sort des essences.
Là-dedans maintenant sont les cinq sens ; savoir :
1. la vue ; 2. l'ouïe ; 3. l'odorat ; 4. le goût ; 5. le
tact. Car l'aigu colérique de la teinture du premier principe éprouve dans ses propres essences ,
c'est-à-dire, dans celles de l'ame ou du ver de
l'ame, à ce même lieu ainsi justement nommé ;
il éprouve, dis-je, les étoiles et les élémens ; c'est-
à-dire , l'extra-génération provenant du premier
principe : et ce qui sympathise avec lui, il l'adopte
dans ses essences du ver de l'ame , comme particulièrement tout ce qui là est astringent , amer,
fort et igné ; tout ce qui s'élève en colérique ;

tout ce qui est une propriété des essences ; ce qui s'élève en concours dans la source de feu, et ce qui s'élève dans le *brisement* de la porte des ténèbres, et bouillonne au-dessus de la douceur ; tout ce qui se compare à l'austère et aigue éternité, et *inqualifie* avec l'aigue et âpre colère du Dieu de l'éternité, dans quoi il a retenu prisonnier le royaume du démon. (O ! homme, pense à toi ici : c'est là le fondement certain ; il est connu de l'auteur, dans la lumière de la nature, dans la volonté de Dieu.)

59. Le démon attaque l'homme dans cette teinture du premier principe ; car c'est sa source dans laquelle il vit aussi. Il l'atteint là-dedans jusqu'au cœur, dans ses essences de l'ame ; il le fait passer de Dieu dans le désir de vivre dans les essences aigues ; savoir : de s'élever dans l'igné, au-dessus de l'humilité et de la douceur du cœur de Dieu, et au-dessus de l'amour et de la douceur le partage des créatures, pour être un ver beau et brillant seulement dans l'éclair de feu, et pour dominer au-dessus du second principe : il rend l'ame de l'homme folle et fière jusqu'à ne pouvoir se concilier en rien avec l'amenité, et seulement avec tout ce qui vit dans une semblable qualité (infernale).

60. Dans cette qualité amère il rend le ver de l'ame piquant, ennemi, envieux, ne trouvant rien de bien dans personne ; comme en effet, l'amertume ne s'arrange amicalement avec rien, mais pique et brise, tempête et ronge, comme l'abîme

de l'enfer ; et c'est la vraie maison de mort, ou le vrai sépulchre de la vie de l'amour.

61. Dans l'essence astringente de la teinture du ver de l'ame, il infecte l'essence astringente qui devient fortement attirante, et acquiert une volonté de tirer tout à soi, et cependant ne le peut pas : Car la volonté conçue ou *concentrée* ne se laisse pas volontiers saisir ; mais elle est une faim sèche, infernale, et ardente de tout avoir ; et quand même elle auroit tout, sa faim cependant n'en seroit pas diminuée. Mais c'est la faim et la soif éternelles de l'abîme ; la volonté du feu infernal, et de tous les démons qui, continuellement, ont faim et soif, et cependant ne mangent rien ; or ils ne s'assouvissent qu'en attirant à eux la source colérique des essences de l'astringent, de l'amer, et de la puissance du feu. C'est en cela que consiste leur vie et le rassasiement de leur colère : tel est aussi l'état de l'abîme infernal.

62. Voilà quelle est la source du premier principe. Il ne peut pas être autrement en le considérant à part de la lumière de Dieu. Il ne peut pas non plus se changer, car il a été ainsi de toute éternité. Or, de cette source ont été extraites les essences du ver de l'ame dans le tems de sa création, par le FIAT de Dieu ; elles ont été créées, dans le paradis, en face de la lumière de Dieu, qui a envisagé l'éclair de feu, et l'a contenu dans une profonde douceur et humilité.

63. Car, puisque l'homme devoit être éternel, il

devoit donc aussi être de l'éternel. En effet rien
n'est créé de la fontaine du cœur de Dieu, attendu
qu'il est la limite de la nature, et n'a aucune semblable essence. Rien de saisissable n'entre là. Autrement ce seroit aussi un encombrement et un
abîme et cela ne peut pas être. Ainsi de toute éternité
il n'y a eu rien autre chose que la source d'où la divinité s'élève aussi toujours de toute éternité,
comme cela a été dit ci-dessus.

64. Or, cette source de l'esprit de l'ame est éternelle ; sa teinture est aussi éternelle, et telle qu'est
la source pendant tout le tems de ce monde,
tant qu'elle tient à cette maison élémentaire de
chair, telle est aussi la teinture et la demeure de
l'ame. Vers quelque source, soit la divine ou l'infernale, que la base affective incline ; dans cette
même source le ver vit, et il mange de ce même
principe, et il est un ange ou un démon, quoique
ce ne soit point dans ce monde que soit son jugement ; car il est entre les deux portes, tant qu'il vit
dans la chair, à moins qu'il ne se plonge dans l'a-
bîme, ce dont je traiterai très profondément et très
exactement lorsque j'écrirai sur les péchés des
hommes. Lisez ce qui concerne Caïn.

65. L'entendement qui ne reconnoît rien dans la
lumière de la nature, s'étonnera d'un tel écrit ; il
croira que cela n'est pas ainsi, et que Dieu n'a point
tiré ni créé l'homme d'une semblable source. Maintenant vois, toi, aimable raison, et cher entendement. Compte ici tes cinq sens ; je veux te montrer
si cela est vrai ; je veux te convaincre que tu n'as pas

le moindre motif de l'appuyer sur une autre base,
à moins que tu ne voulusses laisser le démon aigrir
ton cœur dans la bestiale raison, et mépriser la lumière de la nature qui est cependant en la présence
de Dieu. Or, si tu es sur une semblable voie bestiale,
laisse là mes ouvrages sans les lire; ils n'ont pas été
écrits pour de tels pourceaux, mais pour les enfans
qui doivent posséder le royaume de Dieu; car je
les ai écrits pour moi, et pour ceux qui cherchent,
et non point pour les sages et les prudens de ce monde.

66. Vois ce que sont tes cinq sens, dans quelle
puissance ils existent, ou bien comment ils viennent
dans la vie de l'homme? D'où vient ta vue, pour
que tu voies dans la lumière du soleil; et non autrement? Considère-toi hautement si tu veux être instruit dans la nature, et te vanter de la lumière de
la nature. Tu ne peux pas dire que tu vois seulement par la lumière du soleil; il faut aussi qu'il y
ait quelque chose qui reçoive de la lumière du soleil et ait un commerce avec la lumière du soleil;
de plus la prunelle qui est dans tes yeux n'est
pas le soleil, mais elle est dans le feu et l'eau, et
elle reçoit son éclat de la lumière du soleil; c'est
un éclair qui dérive du feu igné, astringent et amer,
et l'eau le rend doux. A la vérité, il n'est question
ici que de l'extérieur, ou du troisième principe dans
lequel sont le soleil, les étoiles, et les élémens : il
en est ainsi dans toutes les créatures de ce monde.

67. Or, que fait donc l'ouïe pour que tu entendes
ce qui sonne et remue? Diras-tu, que cela vient du
son de la chose extérieure qui sonne ainsi? Non,

cela doit être quelque chose qui saisisse le son , qui *inqualifie* avec le son , et qui distingue le ton qui est joué ou chanté. L'extérieur ne peut pas seul faire que l'intérieur saisisse le son et le distingue. Vois. Ici tu trouves l'ascension de la vie , et la teinture dans laquelle la vie existe. Car la teinture de l'explosion dans l'ascension de la vie , dans le brisement de la porte ténébreuse , existe dans le son ; elle a sa porte le plus près de l'éclair de feu , près des yeux ouverts , et elle saisit tout *son* qui retentit.

68. Car le son extérieur *inqualifie* avec l'intérieur, et est séparé ou *distingué* par les essences ; or, la teinture reçoit tout , soit bon , soit mauvais. Elle démontre par là que ni elle , ni ses essences qui l'engendrent, ne sont nées de la divinité, autrement la teinture ne laisseroit pas *entrer* le bien et le mal dans les essences de l'ame.

69. C'est pourquoi il nous faut ici considérer que le *son* dans la teinture de l'homme est plus haut que dans les animaux : car l'homme approfondit et discerne tout ce qui fait du son ; il sait d'où vient ce *son* et comment il *s'originise* , ce que la bête ne peut faire. Mais elle reste stupéfaite , et ne sait ce que c'est que le son. De là on conçoit comment l'origine de l'homme est de l'éternel , en ce qu'il peut discerner une chose qui est dans la génération de ce qui est éternel , et qui s'en *originise* ; de façon que si toutes les choses ont passé de l'éternel rien en quelque chose qui est saisissable , et si là cependant il n'y a pas un rien, mais une source ; ces choses doivent , après la brisure du corps , rester en une

éternelle figure , et non pas en esprit , puisque le *corps*
n'est pas de l'esprit éternel. Autrement si le corps
venoit de l'esprit , il pourroit aussi approfondir le
commencement de toutes choses , comme fait
l'homme qui , dans le *son* qui lui est propre , saisit
et discerne toutes choses.

70. Ainsi donc la maison du *son* de l'homme ,
dans laquelle est l'intelligence, doit être de l'éternité ,
quoique par la chute d'Adam, *l'homme* se soit plongé
dans la corruption et dans une grande privation d'intelligence , comme on le verra ci-après. Dans cette
même chute nous en trouverons autant au sujet de
l'odorat ; car si l'esprit n'existoit pas dans le *son* ,
l'odeur d'aucune chose ne pénétreroit dans les essences , attendu que l'esprit auroit son complément ,
et seroit entiérement rempli ; mais comme il existe
dans la porte des ténèbres brisées par l'explosion
et le son , alors toutes les *vertus* de toutes choses pé-
nètrent dans ces mêmes portes , et s'éprouvent les
unes et les autres ; or, ce qui compose *l'assemblage*
ou le corps des essences de l'esprit , celui-ci le désire , et l'attire dans la teinture; alors la gueule *ou la*
bouche, et les mains le saisissent , et le jètent dans
l'estomac , dans le vestibule des quatre élémens :
c'est ce dont se nourrissent les essences terrestres des
étoiles et des élémens.

71. Le goût est aussi un essai et un *attire-*
ment de la teinture dans les essences de l'esprit , et le tact également. Si l'esprit de l'homme
avec ses essences n'étoit pas dans le *son* , il n'y
auroit aucun tact. Car lorsque l'essence astringente

attire à soi, elle excite dans l'éclair de feu, qui se
remue lui-même, l'aiguillon amer, soit en pinçant,
soit en heurtant, soit en frappant. Alors par tout
ces stimulans, l'aiguillon amer est éveillé dans
l'éclair de feu ; et le mouvement se trouve là-dedans
aussi bien que dans la teinture.

CHAPITRE SEIZIÈME.

De la noble base affective ; de l'intelligence ; des sens et des pensées :

Du triple esprit ; de la triple volonté ; de la teinture du penchant ; ce qui est engendré dans un enfant dans le sein de sa mère.

De plus.

1o. De l'image de Dieu ; 2o. de l'image animale ; 3o. de l'image de l'abîme infernal , et de la similitude du démon : toutes choses que l'on peut chercher et trouver dans chaque homme.

La noble porte de la chère vierge ou SOPHIE *, et aussi la porte de la femme de ce monde ; ce qui est hautement à contempler.*

1. SI nous nous considérons dans la connoissance qui, par l'amour divin, nous a été communiquée dans la noble vierge de la sagesse de Dieu *ou la* SOPHIE, non point d'après nos propres mérites, sainteté ni dignité, mais de sa *pure* volonté, et d'après le plan éternel et insondable des choses qui nous sont montrées dans son amour ; alors nous

nous reconnoissons réellement, beaucoup trop in-
dignes d'une semblable manifestation, puisque nous
sommes pécheurs. Oui, nous sommes au-dessous de
la gloire que nous devons avoir devant lui.

2. Mais puisque son éternelle volonté et son plan
sont de nous faire du bien, et de nous découvrir
ses secrets d'après son conseil, nous ne devons pas
nous y opposer, ni enfouir dans la terre le talent
qui nous a été donné : car nous devons en rendre
compte lors de la manifestation de son avenir. Ainsi
nous voulons travailler dans notre vigne, en recom-
mander de plus en plus les fruits à Dieu, et écrire
ceci pour notre mémorial, en le lui recommandant;
or nous ne pouvons chercher ni imaginer au de-là de
ce que nous atteignons, mais seulement dans la
lumière de la nature, attendu que c'est là que se
trouve notre porte ouverte; non pas d'après notre
plan et nos combinaisons, ni comme nous voulons
et quand nous voulons; mais d'après le don de
Dieu, quand et comme il le veut. Nous ne pouvons
pas non plus en saisir la plus petite étincelle, à
moins que les portes de la profondeur ne soient ouvertes dans notre base affective; car là l'esprit très
désireux, ardent et enflammé, va comme un feu auquel le corps terrestre est volontiers soumis, ne se
laissant décourager par aucune fatigue dans ce qui
peut servir à la désireuse et ardente base affective;
quand même il n'auroit rien à attendre du monde
que mépris et dédain pour son travail, il doit cependant être obéissant à son maître, puisque son maître
est puissant, et lui dans l'impuissance; que son

maître le conduit et le nourrit, et que lui, dans son
peu d'intelligence, ne sait ce qu'il fait, mais qu'il
vit comme tous les animaux, et que c'est aussi sa
volonté de vivre ainsi. Or il doit suivre la chère
base affective qui recherche la sagesse de Dieu ; et
la base affective doit suivre la lumière de la nature :
car Dieu se manifeste dans cette même lumière,
sans quoi nous ne connoîtrions rien de lui.

3. Si, maintenant, nous considérons notre base
affective dans la lumière de la nature ; ce qu'elle
est ; ce qui nous rend zélés ; ce qui brille là, comme
une lumière, et est ardent comme un feu ; ce qui
désire de recueillir dans une place où nous n'avons
point semé, et de moissonner dans un pays où le
corps n'est point chez lui ; alors la chère vierge de
la sagesse de Dieu ou sophie nous rencontre dans le
siége médiane, dans le centre de la vie, et dit : la
lumière, la puissance, la domination sont à moi,
les portes de la connoissance sont à moi. Je vis dans
la lumière de la nature, et sans moi tu ne peux rien
voir ni reconnoître de ma puissance. Je suis ton
épouse dans la lumière ; et ton ardeur pour ma
puissance est mon *propre attirement* en moi ; je suis
assise sur mon trône, mais tu ne me connois pas ;
je suis en toi, et ton corps n'est pas en moi ; je discerne, et tu n'en vois rien ; je suis la lumière des pensées, et la racine des pensées n'est pas en moi, mais
près de moi. Je suis l'épouse de la racine, mais elle
a revêtu un manteau grossier ; je ne me couche
point dans ses bras jusqu'à ce qu'elle l'ait ôté : Alors
je reposerai éternellement dans ses bras ; j'ornerai la

racine avec ma vertu; je lui donnerai ma belle forme,
et j'en ferai mon époux avec ma belle perle.

4. Il y a trois choses qui possèdent l'âme et qui
la régissent; mais l'âme en elle-même est la volonté désireuse, et les trois choses sont les trois
règnes; ou les trois principes. L'un est éternel, le
second est aussi éternel, et le troisième est périssable: l'un n'a aucun commencement; le second
est engendré dans l'éternel et le non-commençant;
le troisième a un commencement et une fin, et
se brise de nouveau.

5. C'est ainsi que l'âme éternelle dans le grand
et inscrutable abîme est de toute éternité l'indissoluble alliance, l'esprit dans la source, qui s'engendre toujours de lui-même, et ne périt jamais.
Là-dedans, dans le centre de l'abîme, est la volonté reconçue pour la lumière. Or, la volonté
est le désir; le désir attire à soi, et ce qui est
attiré produit les ténèbres dans la volonté; de façon qu'ainsi, dans la première volonté, il s'engendre
de nouveau une seconde volonté de s'envoler hors
des ténèbres. Cette seconde volonté est la base affective qui se contemple dans les ténèbres. Ce
coup d'œil divise les ténèbres, qui alors se trouvent dans le son, et en explosion; car là le coup
d'œil s'aiguise, et est, par ce moyen, éternellement dans les ténèbres brisées; de façon qu'ainsi
les ténèbres restent éternellement dans le son rigide. La volonté reconçue est libre dans la disper-
sion des ténèbres; elle demeure hors des ténèbres
en soi-même, et hors du coup d'œil qui est le bri-

sement et l'aigu : le *son* est la demeure de la
volonté ou de la base affective continuellement
conçue, et le *son* et l'aigu du coup d'œil deviennent affranchis des ténèbres dans la demeure dé
la volonté ; le coup d'œil élève la volonté ; la
volonté triomphe dans l'aigu du coup d'œil ; elle se
contemple à l'infini dans l'aigu du *son*, dans le coup
d'œil de la lumière, hors des ténèbres, dans le
brisement. Or, dans cette même infinité du coup
d'œil, il y a de nouveau dans chaque aperçu du
total, dans la parcelle, dans chaque reflet, un
centre dont *l'engendrement* est semblable *à celui
qui s'opère* dans le tout : ces parcelles sont les pensées ; le total est la base affective d'où les pensées procèdent ; c'est pourquoi les pensées sont
changeantes, et non pas en êtres ; mais la base
affective est complète et substantielle.

6. Ainsi, mon cher lecteur, notre ame est aussi
l'alliance indissoluble que Dieu souffla en Adam
de l'ame éternelle, par le FIAT, en esprit bouillonnant ; et nos éternelles essences ne sont qu'une
parcelle ou une étincelle de l'ame éternelle, qui
a en soi le centre du *brisement*, et dans le *brisement* l'aigu. Or, cette même volonté conduit le
coup d'œil dans le *brisement* ; l'aigu du *brisement*
des ténèbres est dans le coup d'œil de la volonté,
et la volonté est notre base affective : le coup
d'œil est *comme* les yeux dans l'éclair de feu ;
il se contemple en nous dans nos essences, et
aussi hors de nous ; car il est libre, et il a deux
portes ouvertes : l'une dans les ténèbres, et l'autre

dans la lumière. En effet, quoiqu'il luise *constamment*
dans les ténèbres, cependant il brise les ténèbres,
et se fait tout lumière en soi; et là où il est, là
il voit, comme nos pensées qui peuvent voir dans
une chose à plusieurs milles, quoique le corps en
soit loin, et souvent n'ait jamais été dans l'endroit.

7. Le coup d'œil va au travers du bois et des
pierres, au travers de la moelle et des os; et rien
ne peut le retenir: car il disperse par-tout les ténèbres, sans déchirure du corps d'aucune chose,
et la volonté est le coursier sur lequel il monte.
(Ici on doit taire plusieurs choses à cause de
l'enchantement démoniaque; sans cela nous en
découvririons encore ici beaucoup: car le nécro-
mancien est né ici.)

8. Mais en un mot la première volonté dans
l'ame est de la forte angoisse, et son coup d'œil
dans l'origine est l'amer et fort éclair de feu dans
l'aigu qui fait le mouvement, le son et le voir
dans l'éclat de l'aigu de l'éclair; de façon que
les coups d'œil reconçus dans la pensée, ont en
eux une lumière dont ils voient lorsqu'ils courrent
comme un éclair.

9. Il ne convient pas à cette première volonté
de regarder derrière soi dans l'abîme de la colère,
dans lequel est l'âpre méchanceté; mais devant
soi, dans le centre du *brisement*, hors des ténèbres,
dans la lumière; car dans la lumière il n'y a qu'une
pure douceur et humilité, une bienveillance et un
amical désir de sortir de soi, par le moyen de

la volonté reconçue, et de *se manifester*, ainsi que son cher trésor, attendu que, dans la volonté reconçue pour la génération de la lumière, il n'y a aucune source d'angoisse, mais un pur désir d'amour. En effet, le coup d'œil s'élève en soi-même hors des ténèbres, et désire la lumière, et le désir attire la lumière en soi : alors, au lieu d'angoisse, c'est une joie qui s'exhale, une gaîté douce en soi, un agréable délice ; car la volonté reconçue dans la lumière est imprégnée, ou enceinte, et son fruit dans le *corps* ou la *circonscription* est la puissance, que la volonté désire d'engendrer et dans lequel elle souhaite de vivre. Or le désir fait sortir le fruit hors de la volonté imprégnée ; il l'apporte devant la volonté, et la volonté se contemple dans le fruit, dans un amour au-dessus de tout nombre et de toute expression. Alors dans cette immensité d'amour, dans la volonté aperçue, sortent les hautes bénédictions, les faveurs, le bien-être, les agréables inclinations, le goût de la joie, les bienfaits de la douceur ; et ce que ma plume ne peut pas écrire. La base affective voudroit bien être libre de la vanité et vivre là dedans sans variation.

10. Ce sont deux portes l'une dans l'autre. L'inférieure va dans l'abîme, et la supérieure dans le paradis : à ces deux portes il faut joindre maintenant la troisième ou celle des élémens avec les quatre issues ; elle pénètre là avec le feu, l'air, l'eau et la terre. Leur règne c'est le soleil et les étoiles qui *inqualifient* avec la première volonté, et leur désir est de se remplir, de devenir grands et de se saturer

Ils attirent à eux et ils remplissent la chambre de
la profondeur, ou bien la volonté libre et nue dans
l'ame ; ils portent le coup d'œil des étoiles, dans les
portes de l'ame, et ils *inqualifient* avec l'aigu du
coup d'œil ; ils remplissent, avec de la chair, les
portes brisées des ténèbres ; ils combattent constamment pour la domination, par le moyen de la première volonté de laquelle ils sont sortis ; et ils s'a-
bandonnent à la volonté comme à leur père qui seconde volontiers leur puissance : car il est sombre et
ténébreux, et ils sont rudes et astringens ; en outre
amers et froids ; et leur vie est une source de feu
bouillante, avec laquelle ils règnent dans l'ame, dans
le fiel, dans le cœur, les poumons et le foie, ainsi
que dans tous les membres de tout le corps, et
l'homme est leur propriété. L'esprit qui est dans
l'éclair porte la constellation dans la teinture de sa
propriété, et modifie les pensées selon le gouvernement des astres qui s'emparent de la circonscription ou du corps, le domptent, et introduisent
dans lui leur rudesse amère.

11. Entre ces deux régions se trouve alors la porte
de la lumière, comme dans un centre, enfermée par
de la chair ; elle brille en soi-même dans les ténèbres ; elle s'élève contre la puissance de la colère et
des ténèbres ; et elle étend ses rayons dans le *son* du
brisement. De là sortent les portes du *voir*, de l'ouïe,
de l'odorat, du goût et du tact ; et quand les portes
atteignent les rayons doux, agréables et aimables
de la lumière, alors ils deviennent extrêmement
joyeux, et courent dans leur plus haute région,

dans le cœur ou dans leur véritable demeure, dans les essences de l'esprit de l'ame, qui reçoit cela avec joie, et se ravive par ce moyen.

12. Alors s'élève son soleil ou l'aimable teinture dans l'élément eau, qui par la douce joie devient sang : car toutes les régions se réjouissent en elle, et se persuadent qu'elles ont reçu de nouveau la noble vierge SOPHIE, tandis que cependant elles n'en ont que les rayons, de même que le soleil éclaire la terre, ce dont toutes les essences de la terre se ré-jouissent, croissent et poussent. De-là, la teinture s'élève dans toutes les plantes et les fleurs.

13. Et il faut sérieusement ici considérer dans quoi chaque région se réjouit : car le soleil et les étoiles ne saisissent pas la lumière divine comme *font* les essences de l'ame, et encore seulement de l'ame qui est dans la régénération ; mais ils goûtent la douceur qui s'est représentée dans la teinture, attendu que le sang du cœur dans lequel l'ame nage, est si doux qu'il ne se compare à rien.

14. C'est pourquoi Dieu a ordonné à l'homme par Moïse, de ne point manger de la chair dans son sang ; car la vie est dedans. Or, la vie animale ne doit point pénétrer dans l'homme, de peur que son esprit n'en soit infecté.

15. Les trois régions reçoivent chacune leur lu-mière avec le commencement de la teinture dans le sang, et chacune retient sa teinture. La région des étoiles retient la lumière du soleil ; le premier prin-cipe retient l'éclair du feu ; et l'essence des saintes ames reçoit la digne et chère lumière de la vierge ou

de SOPHIE : toutefois dans ce corps périssable, ces saintes ames ne reçoivent que ses rayons seulement, avec lesquels elle combat dans la base affective, contre les assauts industrieux de l'ennemi, comme le témoigne Saint-Paul. (Ephes. 6 : 16.)

16. Et quoique la chère lumière demeure quelque tems dans quelques uns, lorsqu'ils sont dans la régénération, elle n'est cependant pas permanente dans la maison des étoiles et des élémens, dans la génération extérieure ; mais elle demeure dans son centre, dans l'ame.

La porte du langage.

17. Comme maintenant la base affective est dans la libre volonté, alors la volonté se contemple selon ce que les régions ont introduit dans les essences, soit bon, soit mauvais ; soit que cela soit en rapport avec le royaume du ciel ou avec le royaume de l'enfer. Ce que le coup d'œil atteint, il l'introduit dans la volonté de l'ame. Or, le roi demeure dans l'ame, et ce roi est la lumière de tout le corps ; il a cinq conseillers qui siègent tous dans le *son* de la teinture, et chacun d'eux éprouve ou essaie ce que le coup d'œil a introduit dans la volonté par son influence, soit bon, soit mauvais ; et les cinq conseillers sont les cinq sens.

18. D'abord le roi donne cela 1º. aux yeux, pour voir si cela est regulier ou difforme. Les yeux le donnent 2º. aux oreilles pour entendre d'où cela vient, si cela vient d'une région juste ou fausse, si

cela est inventé ou vrai. Les oreilles le donnent
3°. au nez, à l'odorat qui doit sentir ce qui est introduit et est devant le roi, et *juger* si cela vient des
essences bonnes ou mauvaises. Le nez le donne
4°. au goût qui doit l'éprouver pour savoir si cela est
pur ou falsifié. C'est pourquoi le goût tient la langue
afin qu'il puisse cracher cela si cela est impur. Mais
s'il s'agit d'une pensée *à mettre* en parole, alors les
lèvres sont les gardiens de la porte, qui doivent la
tenir fermée, et empêcher la langue de sortir ; elles
doivent conduire *la chose ou la pensée* dans la région
de l'air ou dans les narines et non dans le cœur, et
l'étouffer ; alors c'est une chose morte.

19. Quand le goût a fait son epreuve, et que la
chose est bienfesante pour les essences de l'ame,
alors il la donne 5°. au tact qui doit éprouver de
quelle qualité cela est, si cela est chaud ou froid,
dur ou mol ; epais ou mince ; et quand cela est ad-
missible, le tact le met dans le cœur devant le coup
d'œil de la vie, devant le roi de la lumière de la
vie ; et la volonté de l'ame se contemple plus avant
dans la chose en une grande profondeur, et voit ce
qu'il y a dedans, combien elle veut prendre de cette
chose, et en adopter. Quand il y en a assez, alors la
volonté le donne à l'esprit de l'ame, c'est-à-dire à
l'éternel gouverneur, qui par sa forte et severe puissance dans le *son*, conduit la chose hors du cœur,
sur la langue, au-dessous du palais. Là l'esprit divise
cela d'après les sens, et d'après la manière dont la
volonté s'est contemplée, et la langue le divise
en *son*.

20. Car la région de l'air doit faire passer l'œuvre par la gorge, *ou le col*, attendu que c'est là où les veines de tout le corps tendent, et concourent ensemble. Elles apportent vers cette région la *vertu* de la noble teinture et se mêlent avec la parole. En outre les trois régions de l'ame viennent là, et se mêlent avec les diversités de la parole, et là il y a une scène vraiment étonnante; car chaque région veut partager la parole selon ses *propres* essences, parce que le *son* sort du cœur, et de tous les trois principes.

21. Le premier principe la veut orner selon sa forte puissance et sa pompe; il y mêle son âpreté aiguë, sa colère et sa méchanceté. Le second principe reste avec la vierge SOPHIE au milieu; il répand là ses rayons d'aimable douceur, et résiste au premier principe. Quand l'esprit est allumé dans ce second principe, alors la parole est très douce, joyeuse, et humble, et l'esprit s'incline vers l'amour du prochain: il ne désire d'atteindre personne avec l'aiguillon orgueilleux du premier principe; mais il couvre l'aiguillon de la colère, et figure la parole avec netteté; il arme la langue avec la justice et la vérité; il étend ses rayons dans la volonté du cœur, et quand la volonté reçoit les rayons aimables et gracieux de l'amour, alors il enflamme l'ame toute entière avec l'amour, la justice, la chasteté de la vierge ou de SOPHIE, et avec la *perfection* et vérité des choses qui sont approuvées sur la langue par toutes les régions. Ainsi la langue, et les cinq sens, rendent cela clair; et la noble image de Dieu brille

au-dedans et au-dehors, de façon qu'on peut entendre et voir dans tout l'abîme, quelle en est la forme ou la manière d'être.

O ! homme, vois ce que te montre la lumière de la nature.

22. En troisième, vient le troisième régime ou l'esprit des étoiles et des élémens, pour la formation de la parole ; il se mêle dans la maison et dans les pensées de la base affective ; il veut former la parole de sa propre puissance : car il a la plus grande puissance, attendu qu'il tient prisonnier l'homme tout entier, MEnSCHEn ; qu'il l'a revêtu de chair et de sang, et qu'il a infecté la volonté de l'ame, ce qui fait que la volonté s'aperçoit dans le royaume de ce monde dans l'attract, la beauté, la force et la puissance, la richesse et la domination, le plaisir et la joie ; d'un autre côté, dans les tristesses et les souffrances, les soins, les misères, les maladies et les afflictions ; en outre, dans les arts et la sagesse, et au-contraire dans les folies et les démences.

23. Le coup d'œil des sens ou des pensées, conduit tout cela dans la volonté de l'ame, devant le roi, devant la lumière de la vie, où cela est éprouvé. Le roi le donne d'abord aux yeux qui doivent voir ce qu'il y a de bon parmi toutes ces choses, et ce qui leur convient. Ici commence la forme merveilleuse de l'homme, d'après les complexions dans lesquelles la constellation a ainsi, dans ses régions,

formé l'enfant diversement dans le sein de la mère.
Car tel qu'est l'aspect de la constellation avec une
autre dans sa roue intérieure, dans le tems de l'homification de l'enfant, lorsque la demeure des
quatre élémens, et la maison des étoiles se bâtit par
le FIAT dans la tête, dans le cerveau; telle est aussi
la puissance dans le cerveau, aussi bien que dans
le cœur, dans le fiel, dans les poumons, et le foie:
c'est aussi de ce côté qu'incline la région de l'air,
et c'est de même, selon ce mode, que s'élève une
teinture pour être une demeure de la vie; ce qui se
voit à la merveilleuse variété des pensées de
l'homme et de ses manières d'être.

24. Cependant nous pouvons dire ceci avec l'appui de la vérité, que la constellation ne forme aucun homme, et qu'elle ne figure en lui, ni la similitude de Dieu, ni une image de Dieu, mais un
animal, quant à la volonté, aux mœurs et aux sens.
Elle n'a, en effet, aucune puissance, ni intelligence
pour pouvoir figurer une similitude de Dieu; quand
elle s'élève au plus haut degré dans la volonté, vers
la similitude de Dieu, alors elle n'engendre rien
de plus dans l'homme aussi bien que dans les autres
créatures, qu'un animal aimable et rusé. Seulement les éternelles essences, transmises par Adam
à tous les hommes, demeurent dans l'homme, dans
l'élément concentré dans lequel est l'image, mais
entièrement cachée, excepté dans le cas de la renaissance dans l'eau et l'esprit saint de Dieu.

25. Ainsi il arrive que dans cette habitation où
est son cerveau et son étoile, aussi bien que dans

tous les cinq sens, l'homme dans la région des
étoiles est, tantôt comme un loup, c'est-à-dire,
malicieux, rusé, féroce et dévorant; tantôt comme
un lion, c'est-à-dire, terrible, colérique, fastueux,
et ravageant dans la colère ; tantôt comme un
dogue, c'est-à-dire, hargneux, mordant, envieux,
malin ; tantôt comme une vipère et un serpent,
c'est-à-dire, subtil, piquant, contagieux dans ses
paroles et dans ses œuvres, médisant et menteur,
tel que le démon *qui se montra* en forme de serpent devant l'arbre de la tentation ; tantôt comme
un lièvre, c'est-à-dire, inquiet, fantasque, et en
outre, toujours errant ; tantôt comme un crapaud,
(c'est-à-dire, avec une base affective si empestée
que, par son imagination, il infecte une complexion
délicate, jusqu'à occasionner la mort temporelle,
ce que font souvent des magiciens et des sorciers,
car le premier fondement sert suffisamment pour
cela) ; tantôt comme un animal apprivoisé, modéré
et niais ; tantôt comme un animal enjoué, et ainsi
de suite. Telle que dans l'homification de *l'enfant*
a été la constellation dans la région combattante, et
sa puissance, qu'elle tient de la cinquième essence,
telle se trouve aussi figurée dans sa région la base
affective astrale, quoique l'heure de la naissance
de l'homme puisse très fort altérer et contrarier ce
qui étoit antérieur ; ce dont je traiterai ci-après en
son lieu, lorsque je parlerai de la naissance de
l'homme.

26. Enfin si du sein de cette base affective, du
sein de cette forme ou de toute autre non rapportée

ici, l'éclair, au moyen des yeux, se voit être un, alors il compose sa propre forme de l'extrait de chaque chose ; d'autant que sa région astrale est toujours la plus puissante, à tous les momens du ciel, tant dans le mauvais que dans le bon, tant dans ce qui est faux que dans ce qui est vrai. Cela est apporté devant le roi, où les cinq conseillers doivent l'approuver. Ils sont eux-mêmes d'insignes fripons, infectés par les étoiles et les élémens ; et c'est dans cet état qu'ils règnent dans leur région: aussi ne désirent-ils rien au-delà du royaume de ce monde. Quelque soit la chose vers laquelle la maison astrale du cerveau et du cœur est le plus fortement inclinée, les conseillers donnent aussi leur avis en faveur de cette même chose ; et ils veulent la posséder, soit que ce soit pour la pompe et l'orgueil, pour la richesse, la beauté, la volupté ; soit que ce soit pour les arts et les vertus des choses terrestres : et dans ceci il n'y a pas une seule pensée pour le pauvre Lazare. Là les conseillers sont très promptement d'accord ; car dans leur propre forme ils sont tous les cinq récusables ou illégitimes devant Dieu ; mais, selon la région de ce monde, ils sont permanens. Ainsi ils conseillent le roi, et le roi envoie cela à l'esprit de l'ame, qui ramasse les essences, et les saisit avec les mains et la bouche. Mais s'il s'agit de les exprimer en paroles, il les apporte [ces essences] dans la région de la bouche, où les cinq conseillers les partagent selon la volonté de la base affective ; et de là il les apporte sur la langue, où les sens les subdivisent en un clin d'œil.

27. Là, les trois principes sont en combat. Le premier principe, ou le règne de l'âpreté dit : Hors d'ici ; allez au milieu de la forte puissance du feu, cela est indispensable. Alors le second, qui est dans la base affective, dit : Arrête, et fais attention ; Dieu est ici avec la vierge ou sophie ; crains l'abîme infernal. Et le troisième, ou le royaume de ce monde dit : Nous sommes chez nous ; nous devons nous occuper d'orner et de nourrir le corps, cela doit être. Alors il prend la région de l'air, c'est-à-dire, son esprit, il la conduit à la bouche, et il se conforme au partage fait selon le royaume de ce monde.

28. C'est ainsi que, des pensées et des ames terrestres, il sort le mensonge et la *vérité* [*Wahrheit*, cela doit être une faute ; il faut qu'il y ait, *Narrheit*, folie], la tromperie, la fausseté, un pur désir de s'élever : les uns dans la puissance du feu, savoir, par la force et la colère ; les autres, dans les arts, et la *vertu* de ce monde, qui cependant aussi devant Dieu, est un trompeur et un filou, mais qui tient ferme jusqu'à ce qu'il l'emporte : celui-ci, avec les manières d'un animal paisible et privé, mais très subtil, attirant à soi, sous l'apparence du bien ; celui-là, bouffi d'orgueil, de ses avantages corporels, et plein de prétentions, tandis qu'il est une vraie bête diabolique, méprisant tout ce qui se compare à lui, et s'élevant au-dessus de tout ce qui n'est que douceur et humilité, au-dessus de l'image de Dieu ; enfin les faux penchans sont si nombreux que je ne peux les compter. Chacun suit la région du combat, ou la région astrale, en ce

qui le peut servir dans son attract pour la vie terrestre.

29. En somme, le régime des astres ne donne la sainteté à personne ; quoiqu'un homme y puisse marcher sous un dehors saint, cet homme n'est qu'un hâbleur qui veut être honoré par là ; son ame ne se porte pas moins vers les cupidités de l'orgueil, ainsi que dans l'attrait de la chair, dans de mauvaises passions et de coupables désirs. Ces sortes de gens qui marchent d'après l'impulsion de ce monde, ne sont devant Dieu que de vrais fripons, des orgueilleux, des voleurs pleins d'eux-mêmes, des filoux et des meurtriers. Il n'y en a pas un qui se rende juste par l'esprit de ce monde ; nous sommes tous ensemble des enfans de la tromperie et de la fausseté; et suivant cette image que nous avons reçue de ce monde, nous appartenons à l'éternelle mort, et non point au paradis, à moins que nous ne soyons engendrés de nouveau du centre de la chère vierge sophie, qui par ses rayons détourne l'ame des voies impies du péché et de la méchanceté.

3o. Si l'amour de Dieu qui a aimé l'image de l'homme jusqu'à se faire homme lui-même, n'avoit pas été dans le centre de l'ame, dans la limite de séparation, l'homme seroit un démon vivant, comme il l'est en effet quand il dédaigne la régénération, et marché selon sa nature engendrée du premier et troisième principe.

31. Car, il ne reste plus éternellement que deux principes. Le troisième dans lequel il vit ici, passe. Or, s'il ne veut point ici du second, alors il doit

rester éternellement dans le premier principe originel avec les démons. En effet, après ce tems, il n'y a
pas autre chose ; il n'y a aucune source qui vienne
à son secours, attendu que le royaume de Dieu ne
rétrograde point dans l'abîme ; mais il monte et procède éternellement devant soi dans la lumière de la
douceur. Ce que nous disons est important, et n'est
point un badinage, cela est connu dans la lumière
de la nature, dans le rayon de la noble vierge
sophie.

La porte de séparation entre l'homme et la bête.

32. Ma chère et aimable raison, compte ici tes
cinq sens, et contemple-toi dans les choses ci-dessus exposées ; vois ce que tu es, comment tu as été
créée une image de Dieu, comment tu t'es laissé
infecter en Adam par le démon, et comment tu as
laissé usurper ton paradis par l'esprit de ce monde qui
maintenant est établi à la place de ton lieu de délices.
Diras-tu que tu as été aussi créée pour ce monde en
Adam, au commencement ? Eh bien ! regarde-toi,
et considère-toi dans ta base affective et dans ton langage, et tu trouveras une autre image.

33. Chaque animal a un penchant *dont dérive* une
volonté ; dans cette volonté sont les cinq sens, pour
qu'il puisse discerner là ce qui lui est bon ou mauvais. Mais où demeurent les pensées dans la volonté
qui *source* des portes de la profondeur, là où la
volonté se contemple dans le premier principe en
infinité, et qui engendre l'intelligence, pour qu'un

homme puisse discerner toutes choses dans leur essence, et voir à quelle hauteur chacune est gra-
duée, ce qui est la base de la diversité des langues ?
Si un animal avoit cela, il pourroit aussi parler,
distinguer le *son*, raisonner des choses qui sont là
en essences, et pénétrer dans l'origine ; mais en
raison de ce qu'il ne tient point de l'éternel, il n'a
non plus aucune intelligence dans la lumière de la
nature, quelqu'industrieux et agile qu'il puisse être
d'ailleurs : aussi sa force et sa puissance ne lui
servent de rien pour s'élever dans l'intelligence ; ce
serpit entièrement en vain *qu'il le tenteroit.*

34. L'homme a seul l'intelligence. Ses pensées atteignent dans les essences et les qualités des étoiles
et des élémens, et scrutent la base des choses dans
la région des étoiles et des élémens : or, cela dans
l'homme a son principe dans l'éternel élément, de
façon qu'il est créé de l'élément et non de l'extra-
génération des quatre élémens. C'est pourquoi, l'é-
ternité voit dans l'extra-génération qui *s'originise*
dans la corruptibilité, tandis que l'origine dans l'extra-génération ne peut voir dans l'éternité ; car l'intelligence *s'originise* de l'éternité ou de l'éternelle
base affective.

35. Mais ce qui fait que l'homme est si aveugle et
si peu intelligent, c'est qu'il est prisonnier dans le
régime des étoiles et des élémens qui souvent figurent, dans la base affective de l'homme, une bête
sauvage, un lion, un loup, un dogue, un renard,
un serpent, et autres semblables. Quoique l'homme
ne prenne point un pareil corps, il a cependant une

semblable base affective, ce dont Christ parloit aux
Juifs, en en appelant quelques uns, loups, renards,
vipères et serpens. Jean-Baptiste aussi en disoit autant aux Pharisiens, et il est prouvé visiblement
combien la plupart des hommes vivent tout bestia-
lement par leur âme animale, et sont néanmoins
assez hardis que de juger celui qui vit dans l'image
de Dieu, et qui tient son corps dans la subordination.

36. Or lorsqu'il y a quelque chose de bon dans
les paroles et les jugemens *de l'homme*, il ne parle
point alors par l'image de l'ame bestiale dans laquelle il vit ; mais il parle par l'homme secret qui
est caché dans l'animal, et il juge contre sa propre
vie animale : car la loi secrète de l'éternelle nature
est cachée dans la nature animale, où elle est dans
une grande contrainte, et elle juge contre la méchanceté de l'ame charnelle.

37. Ainsi dans l'homme il y a trois *champions* qui
combattent l'un contre l'autre ; savoir : 1°. *L'homme*
orgueilleux, méchant et colérique, provenant de
l'origine de l'ame ; et 2°., *l'homme* éternel, saint,
chaste et humble qui est engendré de l'éternelle
origine ; et 3°., *l'homme* périssable, bestial, entièrement animal, ne des étoiles et des élémens qui tient
en sa possession tout le *ménage* et toute l'habitation.

38. Il en est ici de l'image de l'homme comme
le dit Saint-Paul : *Celui à qui vous vous abandonnez
en servitude comme un esclave, vous en êtes dominé,
soit du péché pour la mort, soit de l'obéissance à
Dieu pour la justice ; vous en avez l'impulsion.* Si
l'homme s'abandonne par son ame à la méchanceté,

à l'orgueil, à son propre pouvoir, à la pompe, à l'oppression des misérables, alors il est semblable à l'insensé et orgueilleux démon ; il en est l'esclave obéissant ; il perd l'image de Dieu, et cette image ne représente plus qu'un loup, un dragon, un serpent, le tout selon les essences de l'homme, tel qu'il est dans la figure de l'affection.

30. Mais s'il s'adonne à une autre espèce d'animalité grossière, telle que de vivre dans un pur attract bestial, de manger et boire jusqu'à la démence, de paillarder, de voler, de dérober, de massacrer, de mentir et de tromper ; alors l'ame éternelle lui figure aussi une semblable image, telle que d'un animal, sans raison, et d'un reptile hideux : et quoique dans cette vie il porte l'image de l'homme élémentaire, il a cependant une image bestiale, de vipère et de serpent cachée là-dedans, laquelle sera manifestée lors de la rupture du corps, et n'appartient point au royaume de Dieu.

40. Mais s'il s'adonne à l'obéissance en Dieu, et qu'il incline son ame vers Dieu pour abjurer en humilité aux pieds de la croix, la méchanceté, les désirs et les attracts charnels, de même que toute mauvaise vie et mauvaise conduite ; alors son ame éternelle lui figure son image en un ange qui est pudique, pur et chaste ; il conserve aussi son image lors de la brisure du corps, et après il épousera la chère vierge sœur de l'éternelle sagesse, pudicité et chasteté du paradis.

41. Sur cette terre, il doit rester entre la porte et les gonds ; entre le royaume de l'enfer et le

royaume de ce monde, et sa noble image doit se trouver violemment froissée ; car, il n'a pas seulement ses ennemis à l'extérieur, mais il les a aussi en lui-même ; il porte avec soi l'image bestiale, et de plus, l'image infernale colérique, tant que dure cette maison de chair. C'est là la cause des combats et des oppositions avec lui - même, et aussi hors de lui-même, contre la méchanceté du monde, que le démon lui suggère puissamment en l'attaquant de tous côtés, en le trompant, en le froissant et le vexant universellement ; et ses propres commensaux dans son corps sont ses ennemis les plus acharnés. C'est pourquoi les enfans de Dieu sont des porte-croix dans ce monde, dans cette mauvaise image terrestre.

42. Maintenant vois, toi, fils de l'homme, ce que tu as à attendre après la brisure de ton corps, puisque tu es un esprit éternel. Tu seras ou un ange de Dieu dans le paradis, ou un reptile hideux, une bête difforme, un dragon démoniaque, le tout selon celui auquel tu te seras adonné ici dans cette vie ; et elle paroîtra dans l'éternité, cette image que tu as portée ici dans ta base affective : tu paroîtras avec cette même image ; car aucune autre image ne peut sortir de ton corps lors de la brisure, que celle-même que tu as portée ici.

43. Si tu as été adonné à l'orgueil, à la vaine gloire, à l'autorité arbitraire, pour opprimer les malheureux pour ton plaisir, alors il sort de toi un esprit analogue, et de plus il est tel dans l'éternité. Là il ne peut rien saisir ni retenir pour sa cupidité ; il ne peut non plus orner son corps avec autre chose

qu'avec ce qui est là , et cependant il s'élève toujours dans son orgueil ; car il n'y a aucune autre
source en lui : aussi dans son *élèvement* n'atteint-il
rien que la colérique puissance du feu dans son exal-
tation : il incline continuellement vers sa volonté
avec les mêmes plans que dans ce monde. De quelque manière qu'il se soit conduit ici , tout cela paroît dans sa teinture , dans laquelle il s'élève éternellement dans l'abîme infernal.

44. Si tu es un homme vicieux, menteur, trompeur , faux, meurtrier, il sort de toi un esprit analogue, et qui ne désire rien , pendant l'éternité , que
la pure fausseté ; il lance de sa bouche, des flèches
de feu pleines d'abominations et de calomnies ; il est
perpétuellement remuant et brisant dans la colère ,
dévorant en soi , et ne consumant rien ; toutes ses
essences brillent dans sa teinture ; son image est
figurée selon ce que sa base affective a été ici bas.

45. C'est pourquoi je dis qu'un animal vaut mieux
qu'un tel homme qui s'abandonne à l'image infernale : car cet animal n'a pas un esprit éternel ; son
esprit est de l'esprit de ce monde, *ou* de la corruptibilité , et il passe avec le corps jusqu'à *ce que
vienne* la figure sans esprit laquelle restera. Dès que
l'éternelle base affective s'est envisagée par la sophie
ou la vierge de la sagesse de Dieu dans l'extra-génération , pour la manifestation des grandes merveilles
de Dieu , dès lors les merveilles éternelles et figurées doivent rester devant lui , quoique aucune figure, ni ombre animale , n'opère , ni ne souffre ;
mais elle est comme une ombre ou une figure peinte.

46. C'est pourquoi dans ce monde tout est donné à la puissance de l'homme, puisqu'il est un esprit éternel, et que toutes les autres créatures ne sont qu'une figure dans les merveilles de Dieu.

47. Ainsi l'homme doit bien réfléchir à ce qu'il dit, fait, et se propose dans ce monde, car toutes ses œuvres le suivent ; il les a éternellement devant les yeux, et il vit dans elles, à moins qu'il ne soit régénéré de sa méchanceté et de sa fausseté par le sang et la mort du Christ, dans l'eau et l'esprit saint ; alors il passe de l'image infernale et terrestre en une image angélique ; il vient dans un autre royaume où ses souillures ne peuvent pas entrer, et sont noyées dans le sang du Christ, et l'image de Dieu est ressuscitée de la terrestre et infernale.

48. Ainsi il nous faut hautement considérer et reconnoître dans la lumière de la nature le fondement du ciel et de l'enfer, aussi bien que celui du royaume de ce monde ; comment l'homme hérite des trois royaumes dans le sein de la mère ; et comment l'homme, pendant cette vie, porte une triple image que nos parens nous ont transmise par le premier péché. C'est pourquoi nous avons besoin du briseur de serpent qui nous ramène dans notre image angélique ; et il importe à l'homme d'une manière très sérieuse de réprimer son corps et sa base affective, et de se soumettre au joug de la croix, afin de ne pas tant aspirer après le plaisir, la richesse et la beauté de ce monde ; car la perdition est là-dedans.

49. C'est pourquoi Christ dit : *Il est difficile à un*

riche d'entrer dans le royaume des cieux ; puisque
la pompe, l'orgeuil et le plaisir de la chair lui plai-
sent tant, et que la noble base affective demeure
morte au royaume de Dieu, et dans les éternelles ténèbres. Car dans la base affective est l'image de l'esprit de l'ame, et là où la base affective incline et
s'adonne, là son esprit d'ame est intérieurement
figuré par l'éternel FIAT.

50. Maintenant s'il arrive que sans être régénéré,
l'esprit de l'ame demeure dans son premier principe
qu'il a hérité de l'éternité par l'ascension de sa vie,
alors au *brisement* de son corps, son ame manifeste
éternellement une créature semblable à ce qu'a été
dans cette vie sa constante volonté.

51. Si tu as eu une ame mordante et que tu ne te
sois rendu agréable à personne en rien, tel qu'est un
chien autour d'un os qu'il ne peut cependant pas
manger lui-même, alors paroîtra cette même affection de dogue : le ver de ton ame sera figuré selon
cette même source; il retiendra une semblable volonté pendant l'éternité dans le premier principe, et
il n'y a aucun rappel. Toutes tes œuvres cupides,
méchantes, orgeuilleuses brilleront dans ta source,
dans ta propre teinture du ver de l'ame, et y vivront
éternellement; tu ne pourras atteindre ni saisir aucune volonté pour l'amendement, mais tu seras
éternellement l'ennemi de Dieu, et de toutes les
saintes ames.

52. Car les portes de la profondeur de la lumière
de Dieu ne brilleront plus pour toi, vu que tu es
alors une créature complète dans le premier prin-

cipe. Si tu t'élèves, et que tu veuilles briser les portes de l'abîme, cela ne peut jamais être ; car tu es
un esprit complet, et non pas purement réduit à cette
volonté, dans laquelle les portes de la profondeur
peuvent être brisées, mais tu t'élèves au-dessus du
royaume de Dieu, et tu ne peux pas y atteindre :
plus tu montes haut, plus tu es profondement dans
l'abîme; et cependant tu ne vois pas Dieu, qui est
néanmoins si près de toi.

53. C'est pourquoi ce n'est seulement qu'en cette
vie, pendant que ton ame tient à la volonté de la
base affective, qu'il peut arriver que tu brises les
portes de la profondeur, et que tu pénètres dans
Dieu par une nouvelle naissance. Car ici tu as pour
assistante la chère et très noble vierge de l'amour
divin ou SOPHIE. Elle te conduit par la porte de la
noble épouse, qui est dans le centre, dans la limite de
séparation entre le royaume du ciel et de l'enfer ;
elle t'engendre de son sang et de sa mort dans l'eau
de la vie ; elle plonge et lave là-dedans tes fausses
œuvres, afin qu'elles ne te suivent pas, et que ton
ame ne porte pas leur hideuse marque, mais qu'elle
soit figurée selon la première image en Adam avant
la chute : savoir ; en une pure, chaste, et pudique
image de la noble vierge SOPHIE, sans aucune connoissance particulière de tes vices d'ici bas.

54. Diras-tu : Qu'est-ce que c'est que la nouvelle
naissance ou la régénération ? ou comment arrive-
t-elle dans l'homme ? Écoute et vois : n'obstrue
point ta base affective ; ne laisse pas l'esprit de ce
monde, avec sa puissance et sa pompe, remplir cette

base affective ; arme toi de ton courage, et perce d'outre en outre l'esprit de ce monde. Incline ta base affective vers le joyeux amour de Dieu ; fais une ferme et sérieuse résolution dans ton ame, de traverser l'attract de ce monde, et de n'y pas faire attention. Pense que dans ce monde tu n'es pas chez toi, mais que tu es un hôte étranger, enfermé dans une dure prison ; appelle et supplie celui qui a la clef de la prison, soumets toi à lui dans l'obéissance de la justice, de la chasteté et de la vérité ; ne recherche pas le royaume de ce monde si ardemment, il s'attachera assez à toi sans cela ; alors la chaste SOPHIE pénétrera profondément et avec éclat dans ta base affective, et te menera à ton époux qui a la clef de la porte de la profondeur ; reste constamment devant celui qui te donnera à manger de la manne céleste dont tu seras ranimé ; tu deviendras fort, et tu combattras contre les portes de la profondeur ; tu dois les traverser, comme le fait l'aurore, et quand même tu serois ici captif dans la nuit, cependant il te paroîtra des rayons de l'aurore du jour dans le paradis ; là où est ta chaste vierge ou SOPHIE ; et où elle t'attend avec un joyeux chœur-d'anges qui te recevront avec délices dans ton nouvel esprit, et dans ta base affective régénérée.

55. Et quoiqu'en effet, tu doives te baigner avec ton corps dans la nuit ténébreuse, dans les ronces et les épines, de façon que le démon, et aussi ce monde, te froisse et te déchire, et non-seulement te frappe, te méprise, t'avilit et te dédaigne ex-

térieurement, mais souvent retient ta chère base affective, et la conduit prisonnière dans l'attrac de ce monde, dans le bain du péché ; cependant, la noble vierge SOPHIE t'assistera toujours, et t'appellera pour te détourner des voies impies.

56. Considère cela, n'arrête pas ta base affective et ton discernement. Si ta base affective te dit : détourne toi, ne fais pas *ceci* ; alors sache que tu es appelé par la chère vierge ou SOPHIE ; détourne toi aussitôt, et considère où tu es logé, dans quelle dure maison de servitude ton ame est prisonnière, et porte toi vers ton pays natal, d'où ton ame est égarée *ou émigrée* et dans lequel elle doit rentrer.

57. Or donc, si tu veux suivre particulièrement le conseil de la noble SOPHIE ; alors en toi-même, dans ta régénération qui se fera sentir en toi si délicieusement, tu éprouveras et tu reconnoîtras, non-seulement, après cette vie, mais même aussi dans ce monde, par quel esprit cet auteur a écrit.

Fin du premier volume.

SOMMAIRE.

Des chapitres du 1er. volume.